Anselm Grün

Einfach nur Glück

Anselm Grün

Einfach nur Glück

Inspirationen für ein gutes Leben

PATTLOCH

Besuchen Sie uns im Internet:
www.pattloch.de

© 2012 Pattloch Verlag GmbH & Co. KG, München
Alle Rechte vorbehalten. Das Werk darf – auch teilweise –
nur mit Genehmigung des Verlags wiedergegeben werden.
Redaktion: Franz Leipold, Violau
Umschlaggestaltung: ZERO Werbeagentur, München
Umschlagabbildung: picture alliance / © Frank May
Satz: Adobe InDesign im Verlag
Druck und Bindung: C. H. Beck, Nördlingen
Printed in Germany
ISBN 978-3-629-13015-0

2 4 5 3 1

Inhalt

Vorwort: Was ist Glück?

Die Sehnsucht nach Glück bewegt heute viele Menschen. Sie sehnen sich danach, dass ihr Leben gelingt. Und so gibt es zahlreiche Bücher, welche die besten Wege zum Glück behandeln. Dabei wird Glück oft sehr oberflächlich verstanden als etwas, das man machen oder kaufen kann. Glück meint jedoch etwas anderes: dass man im Einklang mit sich selbst ist, dass das Leben gelingt, dass man ganz der wird, der man vom Wesen her ist, in Übereinstimmung mit dem innersten Wesen.

Die klassischen Wege zum Glück sind die Tugenden. Wenn ich über Glaube, Hoffnung und Liebe schreibe, dann geht es auch hier um den Weg zum wahren Menschsein. Daher möchte ich weniger inhaltlich und rein theologisch über den Glauben sprechen und über das, was ich glauben soll, oder über die Hoffnung und das, worauf ich hoffe, und auch nicht so sehr über das Gebot Jesu, dass wir lieben sollen. Ich möchte vielmehr diese drei Haltungen als Weg zu einem gelingenden Leben beschreiben. Dabei greife ich natürlich auf die biblischen Bilder für diese drei Haltungen zurück. Aber ich versuche, sie immer so in das Leben hinein zu übersetzen, dass sie uns helfen, wirklich und erfüllt zu leben. Und ich werde diese drei Tugenden durch Einsichten und Weisheiten der Benediktiner ergänzen, die uns konkrete geistliche Erfahrungen im Lebensalltag vermitteln und zeigen, wie wir heute in einer säkularisierten Welt Gott erfahren können.

Die Trias »Glaube, Hoffnung und Liebe« geht auf die berühmte Stelle im Hohen Lied der Liebe zurück, das uns Paulus im 1. Korintherbrief besingt. Er schließt seinen Lobgesang der Liebe mit den Worten: »Für jetzt bleiben Glaube,

Hoffnung, Liebe, diese drei; doch am größten unter ihnen ist die Liebe« *(1 Kor 13,13)*. Paulus hat die Verbindung dieser drei Haltungen nicht erfunden. Vermutlich fand er sie in der hellenistischen Gemeinde vor. Schon in seinem ersten Brief hat er diese Tugenden miteinander verbunden, und seither gebraucht er sie in vielen Formulierungen. So schreibt er in *1 Thess 1,3*: »Unablässig erinnern wir uns vor Gott, unserem Vater, an das Werk eures Glaubens, an die Opferbereitschaft eurer Liebe und an die Standhaftigkeit eurer Hoffnung.« Offensichtlich kann Paulus die Haltung des Christen am besten durch diese drei Tugenden beschreiben. Die frühe Kirche hat diese drei Tugenden übernommen und sie mit den vier Kardinaltugenden verglichen, die die griechische Philosophie seit Platon verkündet hat: »Gerechtigkeit, Tapferkeit, Maß und Klugheit«. Die mittelalterliche Theologie nennt die drei Tugenden dann göttliche Tugenden, um zu bekennen, dass sie nicht allein dem menschlichen Willen, sondern der Gnade Gottes entspringen. Schon der Begriff ist eigenartig: »göttliche Tugend«. Er verbindet eine menschliche Haltung mit einer göttlichen Gabe. In dem Begriff ist schon ein Miteinander von Gott und Mensch enthalten.

Das deutsche Wort »Tugend« kommt von »taugen«. Die Tugend ist die Bedingung, dass das Leben gelingt. Die Griechen sprechen von »arete« und meinen damit eine Fertigkeit und Kraft. Die Lateiner übersetzen es mit »virtus«. Darin steckt einmal die Kraft, zum andern der Mann. Es ist eine männliche oder mannhafte Kraft. Griechen und Römer denken daher in erster Linie an den Sportler und Soldaten. Von ihm her übernehmen sie diese Haltungen auch für den Philosophen. Der Philosoph übt sich in der Tugend, damit sein Leben gelingt, damit es seinem wahren Wesen entspricht.

Josef Pieper, der katholische Philosoph, der die Philosophie des heiligen Thomas von Aquin in unsere Zeit übersetzt hat, stellt die Tugendlehre der Gebotelehre oder Pflichtenlehre gegenüber. Bei den Geboten geht es um von außen gegebene Forderungen Gottes an den Menschen. Wenn wir von Pflichten sprechen, dann geht es um das, was wir eigentlich tun sollten. Es ist eine Sollenslehre. Bei den Tugenden geht es aber darum, das Sein des Menschen zu beschreiben, denn die Tugenden sind Haltungen, die dem Menschen innewohnen. Er soll sie pflegen und entfalten, aber sie sind in ihm angelegt. Pieper definiert die Tugend als »die Haltung, kraft deren der Mensch geneigt ist, das Gute zu tun«. Die Tugend – so sagt Thomas von Aquin – ist ein »habitus«. Gemeint ist damit eine besondere Weise des »Sich-selber-Habens«. Der Mensch besitzt die Tugend. Sie ist in ihm. Sie zeigt ihm, wer er eigentlich ist und was in ihm für Möglichkeiten stecken. Für Thomas von Aquin ist die Tugend die Kraft im Menschen, die ihn dazu antreibt, seinem Wesen gemäß zu leben und das zu verwirklichen, was in ihm angelegt ist.

Wenn Thomas nun bei der paulinischen Trias von Glaube, Hoffnung und Liebe von göttlichen Tugenden spricht, dann meint er, dass diese Tugenden im Menschen angelegt sind. Sie sind ihm in der Schöpfung schon mitgegeben, damit er durch sie das verwirklicht, was Gott ihm zugedacht hat. Aber zugleich werden diese Tugenden dem Menschen, der sich auf Gott hin ausrichtet, von Gott her aus Gnade geschenkt. Sie sind göttliche Tugenden, weil in ihnen der Heilige Geist im Menschen wirkt. In den Tugenden erfährt der Mensch also auf der einen Seite das, was in ihm ist, auf der anderen Seite das, was ihm immer wieder neu von Gott geschenkt wird, auf das er angewiesen ist, dass Gott es ihm schenkt und dass Gott darin in ihm wirkt. Glaube, Hoffnung und Liebe sind also im Menschen angelegt von seiner Natur her. Doch zugleich wirkt in diesen drei Haltungen Gott an und im Menschen. Gott zeigt in diesen drei Tugenden den Menschen sein Wohlwollen, seine Liebe. Er sorgt aus Gnade für die Menschen, damit ihr Leben gelingt. Im Glauben, in der Hoffnung und in der Liebe fließt das göttliche Leben in den Menschen ein, da wird der Mensch ganz und gar von Jesus Christus erfasst, durchdrungen und verwandelt. Diese drei Tugenden beziehen sich nicht nur auf das reine Menschsein, sondern auch auf unsere Beziehung zu Gott. Wir werden erst ganz Mensch, ganz zu dem Bild, das Gott uns zugedacht hat, wenn wir das göttliche Leben und die göttliche Liebe in uns einlassen, wenn wir – um mit den griechischen Kirchenvätern zu sprechen – vergöttlicht werden.

In diesem Spannungsbogen müssen wir die drei göttlichen Tugenden sehen. Der Glaube zeigt eine Grundbefindlichkeit des Menschen. Jeder Mensch glaubt etwas. Er glaubt anderen, die ihm etwas erzählen. Und er glaubt in dem Sinn, dass er sich getragen weiß von einer größeren Wirklichkeit. Und doch ist der Glaube an Gott als den eigentlichen Grund unseres Lebens ein Geschenk Gottes. Wenn wir mitten im Dunkel dieser Welt an Gottes Liebe glauben, dann ist das nicht selbstverständlich. Dann erfahren wir das als Gnade. Und trotzdem dürfen wir die Gnade nicht so verstehen wie manche, die sagen: »Nun, wenn Glaube Gnade ist, dann habe ich die Gnade eben nicht. Da kann man halt nichts machen.« Wir können den Glauben nicht machen, aber wir können uns trotzdem nach ihm ausstrecken! Und wir können in Berührung kommen mit den Bedingungen des Glaubens, die in unserer menschlichen Seele verankert sind. Wir können es einfach probieren, auf Gott zu setzen, ihm zu vertrauen. Wir können gleichsam mit dem Glauben ein Experiment machen. Wir leben einfach einmal so, als ob die Worte der Bibel stimmen. Glaube ist dann einfach eine Offenheit für etwas, was wir nicht mit unseren Händen fassen und besitzen können. In dieser Offenheit kann der Glaube wachsen. Und wir können Gott bitten, dass er unseren Glauben stärke.

Der Glaube bezieht sich jedoch nie nur auf Gott, sondern auch auf den Menschen. Es geht darum, Gott zu trauen und auf ihn unser Leben zu setzen. Und es geht auch darum, an den Menschen zu glauben. Indem wir an den Menschen glauben, wecken wir das Gute, das Gott in ihn hineingelegt hat, zum Leben. Unser Glaube an den Anderen ermöglicht es ihm, an sich selbst zu glauben, anstatt sich aufzugeben. So ist der Glaube der Grund, auf dem unser Leben beruht und auf dem ein gutes Miteinander mit den Menschen erst möglich wird.

Hoffnung ist auch beides: eine menschliche Haltung und ein Geschenk Gottes. Und Hoffen bezieht sich auf den Menschen und auf Gott. Wenn ich Hoffnung in mir habe, gebe ich mich selbst nicht auf. Ich hoffe, dass ich mich entwickeln und entfalten kann, dass ich immer mehr in die Gestalt hineinwachse, die Gott mir mitgegeben hat. Und ich hoffe für andere Menschen. Ich gebe den Anderen nicht auf, wenn es ihm gerade nicht gutgeht, wenn er durchhängt. Ich bleibe bei ihm. Ich hoffe, dass er wieder mit seiner Kraft in Berührung kommt und die Krise überwindet. Und ich hoffe auf Gott und auf all das, was er mir verheißen hat, auf die wunderbaren Verheißungen, die mir in der Bibel verkündet werden. Es gibt Menschen, bei denen die Hoffnung von ihrer psychischen Struktur und von ihrer Erziehung her stärker ausgeprägt ist. Und es gibt Menschen, die sich schwertun mit der Hoffnung. Da ist es wichtig, um die Hoffnung auch zu beten, sie als Geschenk von Gott her anzunehmen. Sie ist aber nicht ein Geschenk, das einem gegeben wird, der noch gar keine Hoffnung hat. Vielmehr stärkt die Gnade Gottes die Hoffnung, die in meiner Seele angelegt ist.

Die gleiche Spannung nehmen wir bei der Liebe wahr. Jeder Mensch hat Liebe erfahren. Auch wenn die Liebe, die die Eltern ihm geben konnten, nicht genug war für ihn, ohne jede Liebe ist niemand in die Welt gekommen und aufgewachsen. Und selbst wenn er in seinem Umfeld wenig Liebe spüren konnte, so spürt er sie doch in seinem Herzen. Er weiß in seinem tiefsten Inneren, was Liebe ist. In jedem Menschen ist zumindest die Sehnsucht nach Liebe. Und zugleich erfahren wir unsere Liebe als begrenzt. Die Liebe ist die Tugend, die uns mit unserem Menschsein gegeben ist, aber zugleich ist sie ein Gnadengeschenk Gottes. Paulus beschreibt sie als eine Gabe, die Gott uns Menschen gibt und die unser Leben verwandelt. Wer diese Liebe in sich hat, die von Gott stammt und daher unbegrenzt und unerschöpflich ist, dessen Leben bekommt einen neuen Geschmack, den Geschmack der Liebe.

Warum hat Paulus diese drei Haltungen immer wieder miteinander verbunden? Was ist der innere Zusammenhang dieser Tugenden? Die deutsche Sprache hat schon von den Worten her einen inneren Zusammenhang gesehen, wenn sie für glauben und lieben die gleiche Wurzel »liob = gut« sieht. Glauben heißt das Gute sehen, und lieben, den, den ich als gut ansehe, auch gut zu behandeln. Paulus stellt die Beziehung von Glaube und Hoffnung her. Beides zielt letztlich auf etwas, was wir nicht sehen. Der Glaube vertraut dem Gott, der das Tote lebendig macht. Gegenüber dem Erfüllen der Gebote, das in die Augen fällt, vertraut der Glaube der bedingungslosen Liebe Gottes. Für den Glaubenden ist sie sichtbar geworden in Jesu Tod am Kreuz. Wer aber die Augen verschließt, für den bleibt diese Liebe unsichtbar. Der Glaube öffnet uns für die Liebe Gottes. Und der Glaube ist voller Hoffnung, dass Gottes Liebe uns immer mehr bestimmen wird.

Der Hebräerbrief verbindet in seiner Definition des Glaubens die beiden Haltungen von Glaube und Hoffnung: »Glaube aber ist: fest stehen in dem, was man erhofft, überzeugt sein von Dingen, die man nicht sieht« *(Hebr 11,1).* Das ist eine interessante Verbindung von Glaube und Hoffnung. Der Glaube hat mit Stehen zu tun. Doch wir stehen nicht auf dem Boden der Wirklichkeit. Wir stehen fest in dem, was wir erhoffen, also in einem Zukünftigen, das aber jetzt schon unter uns ist und uns auf dieser Erde einen anderen, einen göttlichen Stand verleiht. Das Überzeugtsein von Dingen, die man nicht sieht, meint letztlich die Liebe. Die Liebe spüren wir, aber wir können sie nicht sehen. Wir können zwar die Liebe eines Menschen in seinen Augen sehen. Doch es ist nur der Widerschein der Liebe in den Augen. Die Liebe selbst bleibt unsichtbar. So ist der Glaube letztlich ein Überzeugtsein von der Liebe Gottes, die wir nicht direkt sehen können, die uns aber in Jesus Christus sichtbar geworden ist und die uns auch sichtbar begegnet im liebenden Blick eines Menschen oder auch in der Schöpfung, die voll ist von Gottes Liebe.

Wenn ich über Glaube, Hoffnung und Liebe schreibe, dann nicht in dem Sinn: »Du sollst glauben, du sollst hoffen, du sollst lieben.« Das wäre die typische Pflichtenlehre. Tugendlehre meint etwas anderes: Der Glaube ist schon in dir als eine Möglichkeit, die dir mit deinem Menschsein gegeben ist. Die Hoffnung ist in dir angelegt. Sie zeigt dir, wozu du fähig bist. Und die Liebe ist deine innerste Wirklichkeit. Es tut dir gut, mit der Liebe, die schon in dir ist, in Berührung zu kommen, damit sie dich noch mehr prägt. Die Gedanken über die drei Tugenden wollen uns mit dem in Kontakt bringen, was schon in uns ist. Die Quelle des Lebens ist schon in uns. Manchmal allerdings brauchen wir einen Anstoß von außen, damit die Quelle wieder lebendiger in uns strömt und alle Bereiche unseres Leibes und unserer Seele durchfließt.

Die Kirchenväter haben diese Spannung zwischen Sein und Entfalten des inneren Potenzials in dem Wort aus dem Schöpfungsbericht der Bibel herausgelesen: »Gott schuf also den Menschen als sein Abbild; als Abbild Gottes schuf er ihn. Als Mann und Frau schuf er sie« *(Gen 1,27)*. Die griechischen Kirchenväter übersetzen die beiden hebräischen Worte »selem« und »demut«, die die Einheitsübersetzung gleicherweise mit »Abbild« wiedergibt, mit »kat'eikona« (nach seinem Bild) und »kat'homoiosin« (zu seinem Gleichnis, nach seiner Ähnlichkeit). Zu Beginn ist der Mensch als Bild Gottes geschaffen. Doch seine Aufgabe besteht darin, Gott immer ähnlicher zu werden. Das wahre Abbild Gottes war für die Kirchenväter Jesus Christus. Der Christ soll Christus immer ähnlicher werden und dadurch hineinwachsen in die Gestalt, die Gott ihm zugedacht hat. Indem wir Christus ähnlicher werden, werden wir mehr und mehr zu dem Bild Gottes. Und Gottes Bild, das wir durch die Sünde verdunkelt haben, wird in seinem ursprünglichen Glanz in uns wiederhergestellt.

So geht es in den drei göttlichen Tugenden Glaube, Hoffnung und Liebe darum, dass wir das ursprüngliche Bild Gottes in uns wieder in seinem wahren Glanz erstrahlen lassen und dass wir zugleich immer mehr hineinwachsen in die Gestalt Jesu Christi, der auf eine die ursprüngliche Schöpfung überbietende Weise das Bild Gottes in dieser Welt dargestellt hat. In Christus ist die Vollendung des göttlichen Bildes im Menschen aufgeleuchtet. Durch Glaube, Hoffnung und Liebe, die in uns angelegt sind und zugleich durch die Gnade Gottes in uns gestärkt werden, wachsen wir immer mehr zu dem ganzen und vollständigen Menschen, wie er uns in Jesus Christus begegnet. Da werden wir wahrhaft ganz und heil, da werden wir authentisch. Da erfahren wir, was Menschsein bedeutet. Da gelingt unser Leben, und wahres Glück wird möglich.

So wünsche ich Ihnen, liebe Leserinnen und Leser, dass die Gedanken über Glaube, Hoffnung und Liebe und die Eckpfeiler benediktinischer Lebenskunst Sie in Berührung bringen mit dem Potenzial, das in der eigenen Seele bereitliegt. Ich möchte mit meinen Gedanken in niemandem ein schlechtes Gewissen erzeugen, nach dem Motto: »Eigentlich müsste ich mehr glauben und stärker hoffen und intensiver lieben.« Ich möchte in Ihnen vielmehr das Gefühl wecken: Ich bin dankbar für die Möglichkeiten des Menschseins, die Gott mir geschenkt hat, für die Tugenden von Glaube, Hoffnung und Liebe, die ich in mir spüre. Und ich möchte Lust vermitteln, diese Tugenden zu üben. Das Wesen der Tugend besteht nach Josef Pieper darin, das Gute mit Freude zu tun. So sollen die Gedanken dieses Buches in Ihnen Freude hervorrufen, das Leben zu leben, das Gott Ihnen zugedacht hat. Dann wird sich auch das Glück einstellen. Und wenn es nicht so gelingt, wie Sie es sich vorstellen, wenn die Tugenden Ihnen abhandenkommen, dann dürfen Sie Gott um die Gnade bitten mit den Worten, mit denen wir es beim Rosenkranz tun, in Ihnen den Glauben zu vermehren, die Hoffnung zu stärken und die Liebe zu entzünden.

Glaube – sich in der Welt willkommen fühlen

*Der Glaube übersteigt die Vernunft;
er ist ihr nicht entgegengesetzt.*
Mahatma Gandhi

In der Umgangssprache gebrauchen wir das Wort Glauben häufig im Sinne von: »Ich glaube dir. Ich glaube, was du sagst. Ich vertraue darauf, dass du mir die Wahrheit sagst.« Glaube ist also durchaus eine Grundhaltung des menschlichen Lebens. Wenn wir einander nicht glauben würden, wäre das Miteinander sehr schwierig. Es würde nur Misstrauen herrschen.

Zum Glauben gehört das Vertrauen. Der Psychologe Erik Erikson spricht vom Urvertrauen, das ein Kind vor allem durch die Begegnung mit der Mutter von Anfang an mitbekommt. Wer dieses Urvertrauen entwickelt, der fühlt sich in der Welt willkommen. Er hat das Gefühl, dass es gut ist, zu leben und in dieser Welt zu sein. Die Welt, so wie sie ist, ist gut. Wem es an diesem Urvertrauen mangelt, der geht mit einem Grundmisstrauen in die Welt. Er traut den Menschen nicht, den Umständen nicht, der Zukunft nicht. Er lebt in Angst, dass alles schiefgehen könnte. Das Urvertrauen ist die Grundbedingung dafür, dass menschliches Leben gelingt. Im eigentlichen Sinn hat Glauben immer etwas mit Gott zu tun. Wir benutzen das Wort Glauben oft im religiösen Sinne.

Der Glaubende ist der, der an Gott glaubt. Er setzt mitten in dieser Welt auf etwas, das diese Welt übersteigt. Er lebt nicht religionslos und atheistisch, sondern er hat seinen Grund in Gott, den er nicht sehen kann. Glauben wird hier in Gegensatz gesetzt zu: sehen, wahrnehmen, greifen. Und oft genug wird der Glaube gegen die Vernunft ausgespielt. Der Glaube übersteigt die Vernunft. Dort, wo wir mit unserem Erkennen an ein Ende kommen, bleibt nur der Glaube. Mein Namenspatron, der hl. Anselm von Canterbury, spricht vom Glauben, der nach Einsicht sucht, von *fides quaerens intellectum*. Der Glaube ist also kein Gegensatz zur Erkenntnis. Im Gegenteil, für Anselm befähigt der Glaube den Verstand, zu einer tieferen Einsicht zu kommen. Und für Anselm gibt es keinen Gegensatz. Was ich glaube, das darf ich auch mit meinem Verstand prüfen. Ich brauche also im Glauben nicht einfach Sätze zu übernehmen, die mir die Kirche vorsetzt. Vielmehr darf ich mit dem hl. Anselm bei jedem Dogma auch fragen: »Was heißt es wirklich? Wie kann ich das verstehen?« Ich selber habe keine Probleme mit irgendeinem Dogma der katholischen Kirche. Aber wenn ich darüber nachdenke, frage ich mich immer: »Was ist damit gemeint? Welche Erfahrung steckt dahinter? Wie kann ich diese Sätze für mich so erklären, dass ich sie verstehe?« Der hl. Anselm befreit mich von dem Zwang, den ich manchmal in meiner Jugend gehört habe, man müsse halt blind glauben. Nein, ich brauche nicht blind zu glauben. Ich darf auch meinen Verstand einschalten und versuchen, das, was ich glaube, mit dem Verstand zu durchdringen. Allerdings ist für Anselm der Glaube die Grundlage, auf der dann der Verstand seine Arbeit leistet.

Ich möchte in diesem Buch keine Theologie des Glaubens entwickeln. Dazu gibt es lange Abhandlungen, etwa über den Glauben bei Paulus, den Glauben im Alten und im Neuen Testament, den Glauben in einer religionslosen Zeit usw. Ich beschränke mich darauf, ein paar Aspekte des Glaubens aufzuzeigen, die der wichtigsten Absicht meines Schreibens entsprechen: Lebenshilfe aus dem Glauben zu sein. Mein Onkel, P. Sturmius Grün, hat im Jahre 1950 ein

Buch geschrieben mit dem Titel: »Glaube als Last und Er-lösung«. Er hat darin versucht, Antworten auf die vielen Fragen zu geben, die ihm die Zuhörer seiner Vorträge ge-stellt haben. Unsere Zeit hat andere Fragen an den Glauben als damals nach dem Zweiten Weltkrieg. Dennoch fühle ich mich in meinem Versuch, über den Glauben zu schreiben, meinem Onkel verpflichtet. Wie er möchte ich Antwort ge-ben auf Glaubensfragen, die ich immer wieder höre und die mir selber bedeutsam geworden sind.

Glaube als Vertrauen

Die Theologen sind sich darin einig, dass Glaube nicht in erster Linie ein Für-wahr-Halten von Tatsachen ist, sondern ein Vertrauen Gott gegenüber. Sie sprechen vom Du-Glau-ben im Gegensatz zu einem bloßen Dass-Glauben. Glauben heißt, dass ich auf Gott vertraue. Das deutsche Wort »ver-trauen« kommt von »treu« und meint: Festigkeit. Wer auf Gott vertraut, der hat einen festen Grund unter den Füßen. Das Vertrauen auf Gott ist zugleich eine Stütze, um Selbst-vertrauen zu lernen und Vertrauen in andere Menschen zu entwickeln. Die Frage ist, wie ich dieses Vertrauen lernen kann. Bin ich da allein von den Erfahrungen meiner Kind-heit abhängig? Wenn ich Urvertrauen gelernt habe, kann ich Gott und dem Nächsten und mir selbst vertrauen? Wenn nicht, ist es dann eben nicht möglich?
So einfach kann man es sicher nicht sagen. Natürlich hängt das Vertrauen auf Gott davon ab, ob ich als Kind das Urver-trauen mitbekommen habe. Es fällt mir leichter, auf Gott zu vertrauen, wenn in mir eine Grundstimmung ist, dass alles gut ist, wie es ist, dass Gott der Garant dieses Gutseins ist. Doch Glaube und Vertrauen sind für die Bibel immer auch

Ausdruck der Gnade Gottes. Aber bin ich dieser Gnade Gottes ausgeliefert? Ist es so, dass ich sie entweder habe oder nicht? Vertrauen ist ein Geschenk Gottes an den Menschen. Trotzdem kann ich Vertrauen auch lernen.

Die frühen Mönche haben die Methode der sogenannten ruminatio (Wiederkäuen) entwickelt. Sie haben in das Misstrauen und in die Angst ein Vertrauenswort aus der Bibel hineingesprochen und es über längere Zeit wiederholt, etwa das Wort: »Der Herr ist mit mir; ich fürchte mich nicht. Was können Menschen mir antun?« *(Ps 118,6)*. Wenn ich dieses Wort in meine Angst hineinspreche, komme ich langsam mit dem Vertrauen in Berührung, das auch in mir ist. Keiner von uns hat nur Angst oder nur Vertrauen. Wir kennen beide Pole in uns. Durch die Meditation von Bibelworten kann ich das Vertrauen entdecken, das auf dem Grund meiner Seele schon in mir ist. Aber ich kann Vertrauen nicht erzwingen. Wenn ich mir vorsage: »Der Herr ist mein Hirt. Nichts wird mir fehlen« *(Ps 23,1)*, dann kann in mir das Vertrauen wachsen, dass Gott für mich sorgen wird, dass mir nichts, was wirklich notwendig ist, fehlen wird. Aber ich kann das Vertrauen durch solche Psalmverse nicht erzwingen.

Bei allen Versuchen, Vertrauen zu lernen, gibt es eben doch den Aspekt der Gnade. Manchmal dürfen wir einfach eine Erfahrung machen, dass Gott uns ganz nahe ist. Wenn ich in einem Gottesdienst oder in der stillen Meditation das Gefühl von Gottes heilender Nähe habe, dann ist in diesem Augenblick das Vertrauen in mir. Ich brauche dann nichts zu tun. Das Vertrauen ist einfach da. Meine einzige Aufgabe besteht darin, mich diesem Vertrauen zu überlassen. Solche Erfahrungen sind immer Gnadenerfahrungen. Ich kann sie nicht durch irgendeine Technik erzeugen. Ich darf sie nur dankbar wahrnehmen, wenn sie über mich kommen.

Auf Gott vertrauen heißt aber nicht, naiv zu vertrauen, dass mir kein Unglück geschehen kann, dass ich nie einen Unfall erleiden werde oder dass in meinem Beruf nichts schiefgeht. Das Vertrauen auf Gott ist nicht Leichtfertigkeit oder Naivität. Es kann sein, dass ich krank werde oder dass sich der Ehepartner anders entwickelt oder eine Entscheidung zu Belastungen führt. Vertrauen heißt für mich: Meinem Kern kann nichts Negatives widerfahren. Ganz gleich, ob ich krank werde, einen Unfall erleide, im Beruf Pech habe – meinem innersten Kern, meinem wahren Selbst, kann nichts geschehen. Im Innersten bin ich in Gottes Hand. Da bin ich von Gottes guter Hand geschützt. Solches Vertrauen gibt mir Gelassenheit. Es tut der Seele gut. Und zu solchem Vertrauen muss ich mich immer wieder entscheiden.

Vertrauen heißt nicht, dass ich keine Angst mehr habe. Gläubige Christen werden genauso von Ängsten heimgesucht wie Atheisten, denn die Ängste entspringen traumatischen Erfahrungen in der Kindheit. Oder sie haben mit archetypischen Ängsten zu tun, die mit dem Menschsein einfach gegeben sind, wie: Angst vor dem Verschlungenwerden, Angst vor dem Verhungern, Angst vor dem Verlassenwerden und Angst vor dem Sterben. Es hilft wenig, wenn wir uns selbst beschuldigen, sobald wir in uns Angst spüren. Ich kenne Christen, die sagen, als Christ dürfte ich doch gar keine Angst haben, ich müsste nur auf Gott vertrauen, dann wäre die Angst weg. Solche Sätze helfen nicht weiter. Ein besserer Weg wäre, die Angst zuzulassen und ihr bis zu ihrem Ende zu folgen. Dann wird mich die Angst in den Grund meiner Seele führen, in der das Vertrauen bereitliegt, das Gott mir ins Herz gegeben hat. Auf dem Grund meiner Angst werde ich dann erkennen: Mit meiner Angst bin ich in Gottes Hand. Die Angst darf sein, aber sie ist umfasst von Gottes guter Hand.

Jesus will uns zu diesem kindlichen Vertrauen in Gott, unseren Vater, einladen. Im Lukasevangelium vergleicht Jesus

Gott mit dem Vater, der seinem Sohn gute Gaben gibt: »Oder ist unter euch ein Vater, der seinem Sohn eine Schlange gibt, wenn er um einen Fisch bittet, oder einen Skorpion, wenn er um ein Ei bittet? Wenn nun schon ihr, die ihr böse seid, euren Kindern gebt, was gut ist, wie viel mehr wird der Vater im Himmel den Heiligen Geist denen geben, die ihn bitten« *(Lk 11,11–13)*.

> Glaube ist Vertrauen, nicht Wissenwollen.
> *Hermann Hesse*

Wir sollen voll Vertrauen den Vater im Himmel bitten, dass er uns von der Angst befreit, dass er uns das Misstrauen nimmt und dass er uns, die wir an mangelndem Selbstvertrauen leiden, innerlich stärkt. Die eigentliche Gabe, die uns der himmlische Vater gibt, ist jedoch der Heilige Geist. Der Heilige Geist ist tiefer als der Geist der Angst, der Enge und des Misstrauens. Er ist nicht einfach ein menschliches Gefühl, so wie Vertrauen ein Gefühl ist. Doch wenn wir dem Heiligen Geist trauen, der unterhalb unserer Gefühle in uns ist, dann können sich langsam auch unsere Gefühle wandeln. Die Angst wandelt sich in Vertrauen, die Enge in Weite. Wir hören auf, uns an irgendetwas festzuklammern. Wir halten unsere leeren Hände Gott hin, damit er sie mit seinem Geist erfüllt.

Glauben – das Gute sehen

Die deutsche Sprache verbindet den Glauben mit dem Sehen. Der Glaube ist eine ganz bestimmte Weise, die Wirklichkeit zu sehen. Das deutsche Wort Glauben geht auf die althochdeutsche Wurzel »liob« zurück, die »gut« bedeutet.

Glauben heißt dann: gut sehen, das Gute sehen, etwas für lieb halten, es gutheißen. Glauben scheint hier auf den ersten Blick nichts mit Gott zu tun zu haben. Es geht vielmehr darum, das Gute im Menschen zu sehen, das Gute in der Welt wahrzunehmen und mit einem guten Blick auf alles zu schauen, was sich mir anbietet. Es gibt Menschen, die immer sofort das Haar in der Suppe sehen. Glauben heißt: bewusst die Dinge mit einem guten Auge anschauen, das Gute in allem entdecken.

Letztlich hat aber diese Sichtweise durchaus etwas mit Gott zu tun, denn es geht darum, Gott in allem zu sehen, Gott auch im menschlichen Antlitz zu erkennen. Gott ist der Urgrund des Guten. Das Gute kann ich nur sehen, wenn ich glaube, dass Gott in allem ist. So hat es der hl. Benedikt verstanden, wenn er die Mönche auffordert, im Bruder und in der Schwester Christus zu sehen. Ob ich an Gott glaube, das zeigt sich für Benedikt auch daran, dass ich an den Menschen glaube, dass ich an den göttlichen Kern, an Christus in jedem Menschen glaube. Wenn ich an das Gute im Anderen glaube, dann ermögliche ich auch ihm, dass er sich selbst mit einem guten Blick anschaut, anstatt sich zu verurteilen. Wohin es führt, wenn ich den Anderen immer nur misstrauisch anschaue, das zeigt uns Markus in der Geschichte von dem besessenen Sohn. Jesus deckt dem Vater auf, dass er zu wenig an den Sohn geglaubt hat. Er hat im Sohn nur das Negative gesehen, das er bekämpfen wollte, etwa seine Aggression und seine Sexualität. Das hat dazu geführt, dass der Sohn diese beiden Kräfte unterdrückt hat und von ihnen ins Feuer und Wasser geworfen wurde. Er wurde von seiner Aggression zu Boden geworfen und hat sie zähneknirschend ausagiert. Der Vater entdeckt in der Begegnung mit Jesus seinen mangelnden Glauben an das Gute in seinem Sohn. Sein Wort »Ich glaube, hilf meinem Unglauben« *(Mk 9,24)* zeigt, dass er an das Gute im Sohn glauben möchte. Und nur wenn er diesen Glauben erlangt, wird sich der Sohn gut entwickeln können.

Im Johannesevangelium wird der Glaube als ganz bestimmte Sehweise verstanden. Glauben heißt: hinter die Dinge sehen, den Schleier wegziehen, der über allem liegt, und Gott als den Grund allen Seins sehen und erkennen. Glauben ist hier das eigentliche Erkennen. Im Glauben erkenne ich die Wirklichkeit so, wie sie ist. Jesus ist gekommen, um uns diesen Glauben zu lehren. Dieser Glaube entdeckt in allem das Geheimnis Gottes und seines Sohnes Jesus Christus. Er sieht im Weinstock ein Bild für die Beziehung Jesu zu uns. Jesus ist der wahre Weinstock. Er sieht in der Tür ein Bild für Christus, der die eigentliche Tür ist. Jesus ist der, der uns die Tür aufschließt zu unserem wahren Selbst. Der Glaubende sieht im Brot das Geheimnis Jesu. Jesus ist es, der uns eigentlich nährt. Das Brot ist vergänglich. Das Brot des Lebens aber, das Jesus gibt, nährt uns auf unserem Weg zum ewigen Leben.

Wenn ich Glauben als Sehen verstehe, dann ist er nicht widervernünftig. Vielmehr ist unsere Vernunft immer auch begrenzt. Wir sehen nur das Vordergründige. Glauben heißt, hinter die Dinge zu schauen, den Schein zu durchschauen und mit der eigentlichen Wirklichkeit in Berührung zu kommen. Für die Griechen ist das Schauen der eigentliche Ort der Gotteserfahrung. Die Mystik gipfelt im Schauen Gottes, in einem Schauen, in dem ich mich selbst vergessen kann und eins werde mit dem Geschauten. Mystisches Schauen ist Aufwachen zur Wirklichkeit: die verschlafenen Augen öffnen, um die Illusionen zu durchschauen, die ich mir von der Wirklichkeit gemacht habe, und die Wirklichkeit so zu schauen, wie sie von Gott her geschaffen wurde.

Glauben als Umdeuten

Vor über zwanzig Jahren habe ich einmal ein Buch mit dem Titel »Glauben als Umdeuten« geschrieben. Ich bezog mich mit diesem Begriff des Umdeutens auf die berühmte Geschichte von Tom Sawyer, der als Strafe für sein Verhalten einen 20 m langen Zaun streichen musste. Als die Kameraden ihn dabei verspotteten, drehte er den Spieß um und deutete sein Tun als Vergnügen um. Die Kameraden wurden auf einmal neugierig. Alle wollten den Zaun streichen. Doch nun mussten sie Tom Sawyer erst einmal Geld zahlen, damit sie in den Genuss kamen, den Zaun streichen zu dürfen. Der Glaube ist eine Weise, das, was wir tun und erleben, umzudeuten, es in einem anderen Licht zu sehen. Dann wird es uns auch anders dabei gehen.

Mit dem Titel »Glauben als Umdeuten« will ich den Leser provozieren, damit er einmal anders über den Glauben nachdenkt. Es gibt kein Leben ohne Deutung. Die Frage ist, ob unsere Deutung der Wirklichkeit entspricht oder nicht. Wie wir die Situationen unseres Lebens erfahren, hängt immer von der Deutung ab. Der Glaube ist ein ganz bestimmtes Deutungsmuster. Wenn ich morgens in die Arbeit gehe und nur meiner Frustration nachhänge, werde ich alles negativ erleben. Wenn ich die Arbeit aber bewusst unter den Segen Gottes stelle, wenn ich mir bewusst mache, dass ich im Dienste Gottes stehe, dann bekommt alles ein anderes Gesicht. Wenn ich daran glaube, dass ich mit meiner Arbeit Menschen helfen kann und am schöpferischen Wirken Gottes teilnehme, dann wird die Arbeit nicht zur Last, sondern für mich und andere zum Segen.

Oft ist die Deutung, die wir unserem Leben geben, unbewusst. Wir übernehmen einfach Deutungsmuster von anderen. Und oft sind diese Muster eher lebenshemmend. Wenn ich beispielsweise meine Krankheit als Strafe Gottes deute, tue ich mir damit keinen Gefallen. Der Glaube ist keine fest-gelegte Deutung. Er fragt vielmehr bei allem, was uns be-gegnet, was Gott wohl damit sagen möchte, was der Sinn des Ganzen sein könnte. Der Glaube legt Gott nicht fest, aber er öffnet meinen Geist für die tiefere Bedeutung des Geschehens.

In schwierigen Situationen spüren wir, dass uns die Deutung aus dem Glauben guttut. Wenn wir einen lieben Menschen verlieren, sind wir ratlos. Wir erfahren den Verlust eines na-hen Menschen als sinnlos. Da ist es wichtig, im Glauben zu fragen, was es bedeuten könnte. Wir sollen dabei nicht gleich eine feste Deutung entwickeln. Allein das Fragen hilft. Oder wenn ich in meinem Beruf oder in einer Freundschaft schei-tere, kann ich mich selbst verurteilen und beschimpfen oder aber ich kann fragen, was Gott mir damit für eine Aufgabe stellt, welche Chance darin liegen könnte. Der Glaube öff-net mir die Augen, dass ich nach neuen Möglichkeiten Aus-schau halte, anstatt mich in mein negatives Deutungsmuster festzubeißen. Glauben heißt nicht, die Dinge beliebig um-zudeuten. Letztlich deute ich die Wirklichkeit im Lichte Gottes um. Ich deute sie so, wie Gott sie sieht. Und das ist im Vergleich zu den Deutungen, die wir oft geben, eben ein Umdeuten.

Glauben als Feststehen

Glaube aber ist : fest stehen in dem,
was man erhofft, überzeugt sein von Dingen,
die man nicht sieht.
Hebr 11,1

Der Prophet Jesaja wird von Gott zum König von Judäa, zu
Ahas, gesandt, dem beim Nahen des Feindes das Herz zit-
tert, »wie die Bäume des Waldes im Wind zittern« *(Jes 7,2)*.
Der Prophet macht dem König Mut. Und er schließt seine
Rede ab mit dem berühmten Wort: »Glaubt ihr nicht, so
bleibt ihr nicht« *(Jes 7,9)*. Man könnte diesen Vers auch so
übersetzen: »Glaubt ihr nicht, so habt ihr keinen festen
Stand.« Der Glaube verleiht mitten in der Angst und in der
Gefahr einen festen Stand. Wer im Glauben fest steht, der
lässt sich nicht so leicht von den Gefahren oder einem
drohenden Unheil umwerfen. Der Glaube lässt ihn in Gott
einen festen Grund finden, auf dem er stehen kann. Ähnlich
definiert der Hebräerbrief den Glauben: Es ist eine paradoxe
Formulierung, die der Hebräerbrief hier wagt. Wie kann ich
fest stehen in dem, was ich erhoffe, was also in der Zukunft
verborgen liegt und was ich jetzt gar nicht sehen kann? Im
Glauben bekomme ich festen Grund unter den Füßen, aber
dieser Grund ist unsichtbar. Es ist letztlich Gott, auf dem ich
stehe wie auf einem Fels. So haben es viele Psalmen immer
wieder beschrieben: Gott ist der Fels, auf dem ich fest stehen
kann. Dieses Feststehen in dem, was ich nicht sehe, sondern
erhoffe, gibt mir Standfestigkeit gegenüber allen sichtbaren
Gefährdungen.
Wenn ich in Gott fest stehe, dann werfen mich die Verletzungen und Kränkungen der Mitmenschen nicht so leicht
um. Es trifft zwar meine Gefühle, wenn mich jemand be-
schimpft. Aber den Grund, auf dem ich im Glauben stehe,

kann mir weder Beschimpfung noch Beleidigung unter den Füßen wegziehen. Wer glaubt, der flattert nicht im Wind, der wird kein Wendehals. Er hat in Gott einen festen Grund, der ihm Stehvermögen schenkt. Doch zugleich zeigt mir mein Stehen an, ob ich wirklich im Glauben fest stehe oder ob ich nur vom Glauben spreche. Mein Leib ist ein wichtiger Test darauf, ob ich wirklich glaube. Der Glaube muss sich im Leib ausdrücken, sonst wird er unwirklich. Ich kann zwar sagen: Ich glaube an Gott und vertraue auf ihn. Aber wenn ich mit hochgezogenen Schultern dastehe und unsicher von einem Fuß auf den anderen trete, dann drückt mein Leib das Gegenteil aus von dem, was ich von mir behaupte. Der Glaube lässt sich im Leib überprüfen. Und er will den Leib verwandeln. Wer glaubt, der lernt, zu sich zu stehen und einen Standpunkt zu vertreten, und er zeigt Standfestigkeit und Stehvermögen.

Neue Lebensqualität im Glauben – der Evangelist Johannes

Glauben heißt leben.
Honoré de Balzac

Im Johannesevangelium kommt das Wort »glauben« wesentlich häufiger vor als in den sogenannten synoptischen Evangelien. Glaube ist bei Johannes Ausdruck der christlichen Existenz. Nur wer glaubt, lebt wirklich. Wer nicht glaubt, ist eigentlich tot. So sagt es Jesus in einem Streitgespräch mit den Juden: »Wer mein Wort hört und dem glaubt, der mich gesandt hat, hat das ewige Leben; er kommt nicht ins Gericht, sondern ist aus dem Tod ins Leben hinübergegangen« *(Joh 5,24)*. Wer nicht glaubt, ist letztlich im Tod. Er lebt nur vordergründig. Er lebt so dahin. Der Glaube gibt uns eine neue Lebensqualität. Im Johannesevangelium heißt diese neue Qualität »ewiges Leben«. Ewiges Leben meint den Augenblick, in dem Zeit und Ewigkeit zusammenfallen, in dem Gott und Mensch miteinander eins werden. Im Glauben übersteige ich diese Welt und gelange in Gott hinein. Ich identifiziere mich nicht mehr mit der Welt, d. h., ich beziehe meine Identität nicht mehr aus der Anerkennung und Zuwendung anderer oder aus dem Erfolg und dem Besitz. Vielmehr definiere ich mich von Gott her. Ich bin – wie Johannes es ausdrückt – »nicht aus dem Willen des Fleisches, nicht aus dem Willen des Mannes, sondern aus Gott geboren« *(Joh 1,13)*. Ich habe meine wahre Identität aus Gott.

Dieses mystische Verständnis des Glaubens im Johannesevangelium hat die transpersonale Psychologie als echte Lebenshilfe entdeckt. Die transpersonale Psychologie hat erkannt, dass unsere häufigsten Probleme daher rühren, dass wir uns von der Zuwendung und Anerkennung anderer Menschen abhängig machen. Wir meinen, die Beziehung zu den anderen sei die wesentliche Quelle unseres Wohlbefindens. Damit aber machen wir uns völlig von anderen abhängig. Im Glauben übersteige ich die Ebene der Beziehungen und entdecke in mir den Raum des Schweigens, in dem Gott in mir wohnt. Im Griechischen steht hier *metabainein* und im Lateinischen *transire*. Beides heißt »hinübergehen«, von einer Welt zur anderen hinübergehen. Johannes bringt dieses Wort nochmals bei der Fußwaschung: »Es war vor dem Paschafest. Jesus wusste, dass seine Stunde gekommen war, um aus dieser Welt zum Vater hinüberzugehen« *(Joh 13,1)*. *Pascha* heißt eigentlich »hinübergehen«. Das Volk Israel ist aus dem Sklavenhaus Ägypten hinübergegangen in das Gelobte Land, in dem es ganz es selber sein konnte. Im Tod am

Kreuz geht Jesus aus dieser Welt in die Welt Gottes hinüber und nimmt uns mit in diesen Übergang. Die Welt hat im Kreuz ihre Macht über uns verloren. Wir gehen hinüber in die Welt Gottes. Die Welt Gottes erwartet uns aber nicht erst im Tod. Wir ziehen mit Christus jetzt schon aus dieser Welt in die innere Welt Gottes, die in unserer Seele ist, in den inneren Raum der Stille und des Schweigens. Dieser Raum der Stille in mir ist der Macht und dem Zugriff dieser Welt entzogen. Da bin ich ganz frei, da bin ich ganz ich selbst. Da kann mich niemand verletzen. Da hat niemand Macht über mich. Der Glaube ist daher für das Johannesevangelium auch ein Weg in die Freiheit. Im Glauben beziehe ich meine wahre Würde von Gott und nicht von dieser Welt her. Das Wort Jesu vor Pilatus drückt diesen Aspekt des Glaubens aus: »Mein Königtum ist nicht von dieser Welt« *(Joh 18,36)*. Dieser Satz gilt auch von uns. Da unsere königliche Würde nicht von dieser Welt ist, hat die Welt auch keine Macht über sie. Niemand kann sie uns nehmen. Der Glaube befreit uns aus der Macht irdischer Könige und Kaiser und lässt uns im inneren Raum des Schweigens, in der inneren Heimat unseres Herzens, unsere unzerstörbare Würde finden.

Glaube, der heilt

Alles ist möglich dem, der da glaubt.
Mk 9,23

Wenn Jesus einen Kranken heilt, schreibt er seine heilende Kraft oft dem Glauben zu. Der blutflüssigen Frau, die von ihm geheilt wurde, sagt er: »Meine Tochter, dein Glaube hat dir geholfen. Geh in Frieden! Du sollst von deinem Leiden geheilt sein« *(Mk 5,34)*. Ähnlich antwortet Jesus dem blinden

Bartimäus: »Geh! Dein Glaube hat dir geholfen« *(Mk 10,52).*
Beim römischen Hauptmann von Kafarnaum lobt Jesus
ausdrücklich den Glauben: »Amen, das sage ich euch: Einen
solchen Glauben habe ich in Israel noch bei niemand gefunden« *(Mt 8,10).* Und ihm selbst spricht er die Heilung seines
Knechtes zu: »Geh! Es soll geschehen, wie du geglaubt hast«
(Mt 8,13). Es ist also der Glaube, der letztlich heilt. Aber es
ist nicht nur der Glaube des Kranken, der für seine Heilung
Voraussetzung ist. Oft ist es auch der Glaube der Umstehen-
den, der die Heilung eines Menschen bewirken kann. Beim
Gelähmten sind es die vier Männer, die den Gelähmten auf
einer Bahre zu Jesus bringen und dafür das Dach abdecken
müssen. Zu Jairus, dem die Leute sagen, dass seine Tochter
soeben gestorben sei, sagt Jesus: »Sei ohne Furcht; glaube
nur!« *(Mk 5,36).* Wenn der Vater an die Heilung der Tochter
glaubt, dann wird sie geheilt werden. Unser Glaube kann also
auch für andere zur Quelle der Heilung werden.
Der Glaube ist aber kein Wundermittel, mit dem ich jede
Krankheit zu heilen vermag. Ich kann also nicht sagen: Ich
brauche nur mit aller Kraft zu glauben, dann muss ich auch
gesund werden. Oder ich brauche nur an die Heilung meines Freundes zu glauben, dann wird er auch genesen. Der
Glaube ist die Bedingung, dass Heilung geschehen kann. Im
Glauben jedoch überlasse ich es immer Gott, ob er heilt
oder nicht. Ich traue Gott zu, dass er jede Krankheit zu heilen vermag. Und oft genug geschieht das Wunder der Heilung. Davon gibt es genügend Berichte. Doch ich kann das
Wunder nicht erzwingen. Heute ist es sogar wissenschaft-
lich erwiesen, dass der Glaube eine gute Bedingung dafür ist,
dass Krankheiten geheilt werden können. Aber er ist eben
kein Trick, den ich immer dann anwenden kann, wenn ich es
will. Glaube ist vielmehr: seine eigenen Wünsche loslassen
und sich und den Kranken ganz und gar Gott übergeben. Es
ist immer Gottes Wille, ob jemand geheilt wird oder nicht.

Glaube, der Berge versetzt

Jesus spricht von einem Glauben, der Berge versetzen kann: »Amen, das sage ich euch: Wenn jemand zu diesem Berg sagt: Hebe dich empor und stürz dich ins Meer!, und wenn er in seinem Herzen nicht zweifelt, sondern glaubt, dass geschieht, was er sagt, dann wird es geschehen« *(Mk 11,23)*. Im Lukasevangelium gebraucht Jesus ein anderes Bild. Als die Apostel ihn bitten: »Stärke unseren Glauben!«, antwortet er: »Wenn euer Glaube auch nur so groß wäre wie ein Senfkorn, würdet ihr zu dem Maulbeerbaum hier sagen: Heb dich samt deinen Wurzeln aus dem Boden und verpflanz dich ins Meer!, und er würde euch gehorchen« *(Lk 17,6)*.
Was bedeuten diese beiden Sätze? Will Jesus uns zu Zauberkunststücken animieren? Sicher nicht! Wir müssen diese Worte bildhaft verstehen. Oft stehen wir vor einem Berg von Problemen. Der Blick in die Zukunft ist uns verstellt. Wir kommen auf unserem Weg nicht weiter. Ein Berg steht im Weg. Wenn wir die Fixierung auf den Berg, der vor uns liegt, aufgeben und uns im Glauben festmachen, dann stürzt der Berg in sich zusammen, dann werden die Probleme auf einmal kleiner. Sie türmen sich nicht mehr wie ein hoher Berg vor uns auf. Der Glaube versetzt uns auf eine höhere Ebene, von der aus wir auf den Berg hinabblicken können. Der Berg ist nicht mehr bedrohlich. Er stürzt sich ins Meer. Das Meer ist in Träumen immer ein Bild für das Unbewusste. Aus dem Unbewussten steigen oft Ängste in uns auf, die sich wie Berge vor uns aufbauen. Im Glauben stürzen diese Berge in sich zusammen.
Bei Lukas ist es ein anderes Bild. Der Maulbeerbaum krallt seine Wurzeln tief in die Erde. Man nimmt an, dass so ein Baum 600 Jahre in der Erde fest stehen kann. Für mich ist dieser Baum ein Bild für einen Menschen, der sich an sich selbst festklammert, der einen festen Stand in der Erde, im

Sichtbaren und im Trockenen sucht. Doch der Glaube entwurzelt diesen Baum. Er verpflanzt ihn ins Meer. Im Meer bekommt unser Lebensbaum Wasser. Da wird er fruchtbar. Ohne Glauben verkrampfen wir uns. Wir halten alles fest, unseren Besitz, unseren Erfolg, unsere Gesundheit und Kraft. Im Glauben können wir all das loslassen. Wir tauchen es ein in das Meer. Der Glaube wirkt hier nicht nur ein Wunder, sondern er gibt uns einen neuen Stand, keinen krampfhaften mehr, sondern einen Stand im fruchtbaren Meer des Unbewussten. Der Glaube bringt uns in Berührung mit der Quelle des Heiligen Geistes, die in uns ist und unser Leben befruchtet und nährt.

Der Glaube Abrahams

Abraham gilt für Paulus als das Urbild des Glaubens. Er hat sich eingelassen auf den Anruf Gottes, der ihn weglockt aus seinem Vaterhaus und aus seiner Verwandtschaft in das Land, das er ihm zeigen wollte. Glaube hat hier mit Wagnis zu tun und mit Ausziehen. Ich lasse das Vertraute los und lasse mich ein auf das, was Gott mir zutraut. Ich weiß nicht, was Gott mir zeigen wird. Dennoch ziehe ich aus und lasse meinen Besitz, meine Beziehungen, meine Vergangenheit los, um mich auf die Zukunft einzulassen.

In *Gen 15,6* heißt es: »Abraham glaubte dem Herrn, und der Herr rechnete es ihm als Gerechtigkeit an.« Dieser Satz wurde für den Apostel Paulus wichtig. Für ihn ist es der Glaube, der den Menschen rechtfertigt, und nicht die Werke des Gesetzes. Im Glauben bekommt der Mensch eine neue Existenz. Da wandert er heraus aus dem Zwang, sich selbst rechtfertigen zu müssen. Da wandert er heraus aus dem eigenen Leistungsdruck, sich vor anderen und vor sich selbst beweisen zu müssen. Im Glauben lässt er sich ein auf Gottes barmherzige Liebe. Und da erfährt er seinen wahren Wert. Da erfährt er, dass er von Gott bedingungslos angenommen ist. Es ist ein Urbedürfnis des Menschen, sich selbst etwas zu schaffen, auf das er stolz schauen kann. Der Glaube ist Loslassen all dessen, was ich in der Hand habe, um mich auf den Weg zu machen zu Gott, der meine tiefste Sehnsucht erfüllt. Als Abraham auszog, wusste er nicht, wohin er kommen würde *(vgl. Hebr 11,8)*. Trotzdem wagte er es. Glauben heißt auch für uns, die alten Zelte abzubrechen, ohne zu wissen, wo wir uns niederlassen können. Es ist ein Risiko, so auszuziehen, aber dieses Risiko gehört wesentlich zum Glauben. Es ist eine Verheißung, der wir folgen, keine absolute Gewissheit. Wer glaubt, der vertraut darauf, dass Gott seine Sehnsucht stillen wird und dass er ihn in das Land führt, in dem er wahrhaft daheim sein kann. Alles, was wir uns selbst erbauen, bietet uns keine Heimat. Das ist das letzte Ziel des Glaubens, eine Heimat zu suchen, in der wir für immer daheim sind. So sieht es auch der Hebräerbrief. Die Glaubenden, so sagt der Autor dieses hochtheologischen Schreibens, »geben zu erkennen, dass sie eine Heimat suchen. Hätten sie dabei an die Heimat gedacht, aus der sie weggezogen waren, so wäre ihnen Zeit geblieben zurückzukehren; nun aber streben sie nach einer besseren Heimat, nämlich der himmlischen« *(Hebr 11,14–16)*. In diesem Vertrauen, dass uns eine bessere Heimat erwartet, die Heimat in Gott, können wir immer wieder das Vertraute loslassen, Sicherheiten aus der Hand geben und uns auf den Weg machen. Der Glaube hält uns in Bewegung. Er befreit uns von allen Abhängigkeiten und Bindungen, von denen unsere Existenz oft genug bestimmt ist.

Der Glaube Jesu

Der Glaube an Gott
ist wie der ewige Beginn einer Liebe.
Jean Giraudoux

Manche meinen, Jesus bräuchte als der Sohn Gottes keinen Glauben. Er würde doch selbst Gott sein. Doch Jesus war wahrer Mensch. Und als Mensch glaubte er genauso wie wir. Wenn wir den Glauben Jesu betrachten, so stoßen wir einmal auf seine Aussagen über den Glauben. In dem, was Jesus uns über den Glauben sagt, können wir sein eigenes Vertrauen entdecken. Wir haben oben schon gesehen, dass Jesus von dem Glauben spricht, der die Wunden heilt, vom Glauben, der Berge versetzt, und vom Glauben an Gott als den guten und barmherzigen Vater. Der Glaube Jesu wird aber auch sichtbar in seinem Handeln und in seiner Verkündigung. Als Jesus mit seinen Jüngern zusammen im Boot in einen heftigen Sturm gerät, brechen die Jünger in Panik aus. Jesus jedoch liegt im Boot und schläft. In diesem Schlafen drückt sich sein Vertrauen aus. Ihm wird nichts geschehen, was nicht von Gott gewollt ist. Er weiß sich in Gottes Schutz sicher. Wenn Jesus Kranke heilt, so drückt sich darin auch sein Vertrauen auf die heilende Kraft Gottes aus. Jesus zweifelt nicht, dass Gott ihn mit seiner heilenden Kraft erfüllt. Die Kranken gehen auf Jesus zu. Offensichtlich geht von Jesus eine solch vertrauenerweckende Ausstrahlung aus, dass die Menschen sich von ihm angezogen fühlen. Vor ihm kann die blutflüssige Frau ihre ganze Wahrheit aussprechen. Es geht von Jesus etwas aus, das den Menschen, die an sich leiden und die ihre innerste Wahrheit vor den anderen verbergen möchten, Mut macht, sich zu öffnen und sich mit ihren Wunden Jesus zu zeigen.
In der Verkündigung Jesu erkennen wir, wie er von Gott

spricht und wie er zu diesem Gott steht, von dem er uns verkündet. Es ist ein Gott, der uns bedingungslos annimmt, der uns die Sünden vergibt, der uns aufrichtet und uns in die Freiheit führt. Aus den Worten Jesu erkennen wir seine Beziehung zum Vater. Er spricht nächtelang im Gebet zum Vater. Glauben ist für ihn eine intime Beziehung zu Gott. Die Jünger waren vom Gebet Jesu so fasziniert, dass sie ihn darum bitten, er solle sie lehren, wie sie beten könnten. Im Vaterunser wird der Glaube Jesu deutlich. Jesus wendet sich vertrauensvoll an den Vater. Und es geht ihm in erster Linie darum, dass der Vater verherrlicht wird. Jesus benutzt Gott nicht für sich und seine Wundertätigkeit. Es geht ihm vielmehr darum, ganz durchlässig zu sein für den Vater, damit sein Reich sichtbar wird. Wenn wir beten, so sollen wir uns nicht unter Leistungsdruck setzen, als ob wir Gott mit möglichst vielen Worten dazu drängen könnten, unsere Bitten zu erfüllen. Für Jesus ist das ein Bild dafür, wie es die Heiden tun: »Macht es nicht wie sie; denn euer Vater weiß, was ihr braucht, noch ehe ihr ihn bittet« *(Mt 6,8)*. In diesem Wort wird das Vertrauen Jesu sichtbar. Gott hört uns, wenn wir beten. Und er wird an uns erfüllen, worum wir ihn bitten.

Glaube ist für Jesus vor allem Freiheit von Angst. So mahnt er seine Jünger, sie sollten sich vor niemandem fürchten, weder vor der eigenen Wahrheit, vor dem, was im eigenen Herzen verborgen liegt, noch vor Menschen, die sie verfolgen und sie mit dem Tod bedrohen *(vgl. Mt 10,26–33)*. Der Glaube gibt uns Halt in Gott. Wer in Gott ist, dem kann nichts Schlimmes widerfahren. Selbst wenn andere meine geheimsten Sünden herausposaunen, kann es mir nicht schaden, denn ich bin mit allem, was in mir ist, von Gott geliebt. Diesen Glauben, den Jesus uns rät, hat er selbst in seiner Passion gezeigt. Da ist er ohne Angst vor Pilatus getreten. Da hat er im Kreuz nicht an sich festgehalten. Sein Glaube kommt am Kreuz zur Vollendung, wenn er sterbend den *Psalm 31* betet, den die frommen Juden als Abendgebet verrichteten: »Vater, in deine Hände lege ich meinen Geist« *(Lk 23,46)*. Selbst im Tod weiß er sich von Gottes guten Händen umgeben. In diese zärtlichen Hände Gottes lässt er sich im Tod fallen. Jesus hat uns nicht nur zum Glauben ermahnt. Er hat selbst einen Glauben gelebt, der sich durch nichts erschüttern ließ. Und so können wir im Blick auf ihn Glauben lernen.

Für das Matthäusevangelium ist das Thema des Kleinglaubens typisch. Die Jünger glauben zwar an Gott und an Jesus, aber ihr Glaube ist klein. Jesus lehrt sie, wirklich zu glauben. Matthäus erzählt uns die Geschichte vom Seesturm anders als Markus. Jesus ist nicht im Boot, sondern er wandelt über den See, um den bedrängten Jüngern zu Hilfe zu kommen. Sein erstes Wort ist: »Habt Vertrauen, ich bin es; fürchtet euch nicht!« *(Mt 14,27)*. Dieses Wort weckt in Petrus ein so starkes Vertrauen, dass er das Boot verlässt und auf Jesus zugeht. »Als er aber sah, wie heftig der Wind war, bekam er Angst und begann unterzugehen« *(Mt, 14,30)*. Jesus rettet ihn und spricht ihn dabei an: »Du Kleingläubiger, warum hast du gezweifelt?« *(Mt 14,31)*. Jesus will uns, die wir nur einen kleinen Glauben haben, in unserem Glauben stärken. Wir sollen vertrauen, dass er uns nicht alleinlässt in der größten Not. Dort, wo wir unterzugehen drohen, ist er bei uns. Und wenn er bei uns ist, dann dürfen wir Vertrauen haben, dass uns nichts widerfahren kann, das uns zu schaden vermag. In der Nähe Jesu bekommen wir Anteil an seinem Glauben, an seinem abgrundtiefen Vertrauen, das er in den Vater setzte.

Jesus hatte diesen Glauben nicht von Anfang an. Er musste ihn lernen. Wilhelm Bruners hat ein Buch geschrieben mit dem Titel: »Wie Jesus glauben lernte«. Manche meinen, Jesus hätte schon als Kind immer in der Gewissheit gelebt, dass er Gottes Sohn ist. Doch Bruners zeigt auf, wie Jesus als jüdisches Kind in die Schule des Glaubens ging. Diese Schule des Glaubens begann bei Vater und Mutter. Von Josef, der gerecht und zugleich barmherzig war, lernte er den Glauben an den guten und barmherzigen Vater. Von Maria, die in ihrem Lobgesang vertraut, dass Gott die Armen sättigt und die Reichen leer ausgehen lässt, lernt er den Glauben an den Gott, der alle menschlichen Maßstäbe umstürzt, der ganz anders denkt als die Menschen. Und er lernt von Maria den Glauben an den Gott, der unser Herz jubeln lässt und uns mit Freude erfüllt. Es ist ein faszinierendes Gottesbild, das ihm seine Mutter vermittelt hat. Und Jesus lernt in der jüdischen Schule, die Psalmen zu beten. Darin kommt sein Vertrauen zum Ausdruck, dass Gott ihn aus jeder Not erretten werde. Dieses Vertrauen hält er durch bis zum Tod. Jesus hat den Glauben durch andere gelernt. Er hat ihn aber auch durch seine eigene Erfahrung gelernt. Er hat gelernt, im Gebet eine immer intimere Nähe zu Gott zu erleben. Die Erfahrung der liebenden Nähe seines Vaters hat ihn dann anders von Gott sprechen lassen. Wenn er von Gott sprach, klang das völlig neu, nicht so wie die Worte der Schriftgelehrten und Pharisäer. Markus gibt die Reaktion des Volkes treffend wieder: »Die Menschen waren sehr betroffen von seiner Lehre; denn er lehrte sie wie einer, der (göttliche) Vollmacht hat, nicht wie die Schriftgelehrten« (Mk 1,22). Die Leute spürten, dass Jesus richtig von Gott sprach. Wenn er redete, war Gott gegenwärtig. Da spürte man seine Kraft, aber auch seine Liebe. Da wurde es leicht, an diesen Gott zu glauben, denn in der Ausstrahlung Jesu wurde dieser Gott auch für die Zuhörer und Zuschauer erfahrbar.

Der Glaube Marias

Der Evangelist Lukas stellt uns Maria als Urbild und Vorbild des Glaubens vor Augen. Als der Engel zu ihr kommt und ihr verkündet, dass sie ein Kind gebären sollte, das »Sohn des Höchsten« genannt wird, da glaubt sie dem Engel. Zacharias, der Mann und Priester, hat der Botschaft des Engels nicht geglaubt. Maria aber zeigt uns, wie Glauben geht. Sie lässt sich ein auf den Engel. Sie beginnt ein Gespräch mit ihm. Wir denken heute, wir würden auch glauben, wenn da ein Engel mit Flügeln zu uns hereinschwebt. Doch so eindeutig und klar dürfen wir uns die Erscheinung des Engels nicht vorstellen. Der Engel, das kann ein Mensch gewesen sein, der Maria etwas zusagte. Es kann auch ein innerer Impuls gewesen sein, der in der Stille in Marias Seele auftauchte, oder ein Traum, der über sie kam. Die Größe Marias besteht darin, dass sie diese leise Stimme des Engels nicht überhört und mit rationalen Argumenten weggewischt hat. Sie hat sich darauf eingelassen. Sie hat diese Stimme ernst genommen und versucht, sie zu verstehen. Sie hat Einwände gegen die Stimme des Engels: »Wie soll das geschehen, da ich keinen Mann erkenne?« *(Lk 1,34).* Doch der Engel entkräftet ihr Argument: »Für Gott ist nichts unmöglich« *(Lk 1,37).* Auf dieses Wort hin ergibt sich Maria dem Willen Gottes: »Ich bin die Magd des Herrn; mir geschehe, wie du es gesagt hast« *(Lk 1,38).* Maria stellt sich Gott zur Verfügung. Sie lässt sich ein auf das, was er mit ihr vorhat, ohne zu wissen, was das alles für sie bedeuten wird. Im Vertrauen auf das Wort des Engels macht sie sich auf den Weg und geht über die Berge der Zweifel, der Ängste, der Vorurteile hinweg, um ihre Verwandte Elisabeth zu besuchen. Elisabeth preist ihren Glauben: »Selig ist die, die geglaubt hat, dass sich erfüllt, was der Herr ihr sagen ließ« *(Lk 1,45).* Maria ist für Lukas die große Glaubende. Sie glaubt den

Worten Gottes, die ihr der Engel verkündet hat. Zacharias hat nicht geglaubt und ist verstummt. Maria glaubt und beginnt zu singen. Ihren Jubel über Gott drückt sie aus im Magnifikat: »Meine Seele preist die Größe des Herrn.« Sie vertraut dem Gott, der alle menschlichen Verhältnisse und Maßstäbe umstürzt, der die Niedrigen erhebt und die Hungernden mit seinen Gaben beschenkt. Es ist der Gott, der auf sie, das unbedeutende Mädchen aus Nazareth, herabgeschaut und Großes an ihr getan hat. »Siehe, von nun an preisen mich selig alle Geschlechter« *(Lk 1,48)*. Aus diesem Wort wird deutlich, wie der Glaube an Gott ihr auch Selbstvertrauen gibt. Sie, die nichts vorzuweisen hat, vertraut dennoch darauf, dass kommende Geschlechter sie seligpreisen werden. Die wahre Größe kommt uns von Gott zu, aber zu dieser Größe dürfen und sollen wir auch stehen.

Der Glaube Marias bewährt sich nach der Geburt ihres Kindes, indem sie alles, was sie über dieses Kind von den Hirten und aus dem Mund des greisen Simeon hört, in ihrem Herzen bewahrt und darüber nachdenkt. Glauben heißt nicht sofort verstehen, was geschehen ist, sondern es ins Herz aufnehmen, es hin und her bewegen, bis einem irgendwann der Sinn aufgeht. Im Griechischen steht hier: *symballousa*, d.h., sie fügt die Worte zusammen. Sie fügt das, was sie an unverständlichen Worten oder Erlebnissen in ihrem Herzen aufnimmt, meditierend zusammen, so dass sie es verstehen kann. Es sind wunderbare Worte, die Maria staunend in ihr Herz aufnimmt. Aber es sind auch schmerzliche Worte, die sie im Herzen bewahrt. Simeon verkündet ihr nicht nur, dass in ihrem Kind die Herrlichkeit Gottes für alle Welt aufleuchtet, sondern auch, dass ein Schwert durch ihre Seele dringen wird. Es wird auch ein schmerzlicher Weg für Maria werden, wenn sie sehen muss, dass ihr Sohn von den offiziellen jüdischen Kreisen abgelehnt und von den Römern ans Kreuz geschlagen wird. Lukas erzählt uns im Anschluss an die Begegnung mit Simeon und Hanna dann schon ein erstes schmerzliches Erlebnis, das Maria mit ihrem 12-jährigen Sohn hatte. Der Sohn bleibt im Tempel, um mit den Lehrern Israels zu diskutieren. Er lässt die Eltern drei Tage lang im Ungewissen. Sie suchen ihn mit Schmerzen. Als sie ihn finden, antwortet er auf den Vorwurf Marias, warum er ihnen das angetan habe: »Wusstet ihr nicht, dass ich in dem sein muss, was meinem Vater gehört?« *(Lk 2,49)*. Maria versteht die Worte ihres Sohnes nicht. Aber sie bewahrt sie in ihrem Herzen, bis sie sich in ihrem Inneren zusammenfügen als Weisheit Gottes, der sie andere Wege führt, als sie sich selbst ausgedacht hat. Das ist die Größe des Glaubens bei Maria, dass sie all das, was sie erlebt, in ihrem Herzen bewahrt und immer wieder hin und her bewegt, bis sich ein Sinn daraus ergibt und sie Gottes weise Führung darin erkennt.

Hoffnung – die Kraft zu leben

Im Jahre 1964 veröffentlichte der evangelische Theologe Jürgen Moltmann seine »Theologie der Hoffnung«. In kurzer Zeit erlebte sie mehrere Auflagen. Die sechziger Jahre des letzten Jahrhunderts waren Jahre der Hoffnung. In der katholischen Kirche hat das Konzil die Hoffnung in den Mittelpunkt gerückt, etwa in der Konstitution »Gaudium et spes«. Sie beginnt mit den Worten: »Freude und Hoffnung, Bedrängnis und Trauer der Menschen von heute, besonders der Armen und Notleidenden aller Art, sind zugleich auch Freude und Hoffnung, Trauer und Bedrängnis der Jünger Christi.« Damals verband man die christliche Haltung der Hoffnung mit ihrer Verantwortung für die Welt. Für Jürgen Moltmann ist das Kreuz die Hoffnung der Erde. Es zeigt, dass die Hoffnung sich der zerstörten Erde und der geschundenen Menschen annehmen muss. »Wer auf Christus hofft, kann sich nicht mehr abfinden mit der gegebenen Wirklichkeit, sondern beginnt an ihr zu leiden, ihr zu widersprechen.«

Es gab eine regelrechte Euphorie der Hoffnung. Katholische wie evangelische Theologen entfalteten die Theologie der Hoffnung im Dialog mit dem großen Werk des atheistischen Philosophen Ernst Bloch »Prinzip Hoffnung«. Bloch hat die Hoffnung als Grundexistential des Menschen beschrieben. In allem Tun des Menschen ist die Hoffnung der eigentliche Beweger. Die Malerei verweist auf die noch nie gesehene Schönheit, die Architektur ist getrieben von der Hoffnung auf Heimat, im Tanz drücken wir die Hoffnung nach dem ganz anderen aus, nach einer noch nie erlebten schönen Bewegung. Und am Ende hofft der Atheist Bloch doch mit dem christlichen Hymnus »Te deum laudamus –

Gott, wir loben dich«: »Non omnis confundar – Ich werde nicht ganz zuschanden.« Das Buch faszinierte viele christliche Theologen. Sie sahen darin eine philosophische Bestätigung der christlichen Hoffnung.

Karl Rahner und andere Theologen bemühten sich um den Dialog mit marxistischen Philosophen. Im Gespräch mit ihnen versuchte die Theologie, die christliche Hoffnung als entscheidende Kraft der Erneuerung und der Arbeit an einer menschlicheren Zukunft zu beschreiben. Heute ist diese Euphorie längst vorbei. Die Hoffnung ist wieder zum Nebenthema geworden. Gerade deshalb scheint es mir wichtig, über diese genuin christliche Tugend der Hoffnung nachzudenken. Auch heute entscheidet sich unser Christsein daran, ob wir aus der Hoffnung leben und Hoffnung in dieser Welt verbreiten.

Hoffnung als Tugend

Hoffen heißt: an das Abenteuer der Liebe glauben, Vertrauen zu den Menschen haben, den Sprung ins Ungewisse tun und sich ganz Gott überlassen.
Aurelius Augustinus

Die Theologie nennt Glaube, Liebe und Hoffnung die drei göttlichen Tugenden. Es sind Tugenden, die nicht aus der Kraft des Menschen kommen wie die vier Kardinaltugenden, die der griechische Philosoph Aristoteles beschrieben hat: Gerechtigkeit, Klugheit, Tapferkeit und Maß. Vielmehr werden sie dem Menschen von Gott geschenkt, von Gott durch den Heiligen Geist eingegossen. Die Tugend der Hoffnung ist also eine Begabung des Menschen. Das deutsche Wort »Tugend« kommt von taugen. Die Hoffnung als

Tugend ist die Voraussetzung, dass der Mensch zu seinem Leben taugt, dass sein Leben gelingt. Josef Pieper nennt die Tugend »das Äußerste dessen, was ein Mensch sein kann; sie ist die Erfüllung menschlichen Seinkönnens. Tugend ist die Vollendung des Menschen zu einem Tun, durch das er seine Glückseligkeit verwirklicht.«

Die Hoffnung ist die Tugend des Menschen, der noch auf dem Weg ist, der noch nicht alles hat, was er ersehnt. Der Mensch schwankt hin und her zwischen dem schon Gegenwärtigen und dem »Noch nicht«. In der Hoffnung streckt er sich aus nach dem, was ihn erwartet und was er ersehnt. Die Hoffnung prägt sein Daseinsgefühl. Sie verjüngt den Menschen. Thomas von Aquin meint: »Jung sein ist die Ursache der Hoffnung. Die Jugend nämlich hat viel Zukunft und wenig Vergangenheit.« Aber dann müssten die älteren Menschen weniger hoffen. Das Paradox der göttlichen Tugend Hoffnung ist nun, dass die Hoffnung jeden Menschen verjüngt. Hoffnung ist nicht an das natürliche Jungsein gebunden. Die Spannkraft der Hoffnung lässt auch den älteren Menschen wieder jung erscheinen. Josef Pieper übersetzt Jesaja 40,31 vor dem Hintergrund seines Hoffnungsverständnisses so: »Die auf den Herrn hoffen, werden eine neue Tapferkeit gewinnen. Es werden ihnen Schwingen wachsen gleich den Adlern. Sie werden laufen: unangestrengt. Sie werden wandern: unermüdbar.«

Das griechische Wort für Hoffnung, »elpis«, bezieht sich auf die Erwartung sowohl positiver als auch negativer Ereignisse in der Zukunft. In der Bibel beschreibt »elpis« immer nur die Erwartung einer guten Zukunft.

Der Garant dieser Zukunft ist in der Bibel Gott selbst. Gott wird dem Menschen eine gute und heile Zukunft schaffen. Die Zukunft, die Gott für uns bereithält, ist besser als die Vergangenheit und als die Gegenwart.

Das deutsche Wort »hoffen« ist mit der Wortgruppe »hüpfen« verwandt. Hoffen hat daher für die Germanen ursprünglich »vor Erwartung zappeln, aufgeregt umherhüpfen« bedeutet. Im deutschen Wort »hoffen« steckt also die Erfahrung eines freudigen Wartens auf ein Ereignis oder auf das Kommen eines Menschen, den man herbeisehnt. Hoffen ist von Freude geprägt. Und hoffen hat mit warten zu tun. Es ist ein aktives Tun des Menschen. Er streckt sich aus nach dem, was kommt. Wer hoffnungsvoll lebt, dessen psychische Verfassung ist von Freude und Lebendigkeit geprägt. Hoffnung richtet auf, während Hoffnungslosigkeit niederdrückt. Wer keine Hoffnung mehr hat, verliert die innere Spannkraft. Er verliert sein Jungsein. Dante hat in seiner göttlichen Komödie das berühmte Wort geprägt, als er in den Abgrund der Hölle schaut: »Lass alle Hoffnung fahren!« Ohne Hoffnung zu leben ist letztlich Hölle. Ohne Hoffnung lässt sich das Leben kaum aushalten.

Wenn eine Frau schwanger wird, sagen wir, sie sei guter Hoffnung. Wir bringen Hoffnung in Verbindung mit dem neuen Leben, das in der Mutter heranwächst. Und wenn ein Kind geboren wird, keimt in jedem Menschen die Hoffnung auf, dass es Licht bringt in diese Welt, dass mit diesem Kind etwas Neues, etwas Besseres beginnt. Christus, der als Kind in der Krippe geboren wird, wird zum Hoffnungsträger schlechthin. Wenn wir an Weihnachten seine Geburt feiern, verbinden wir mit dem Fest die Hoffnung, dass unsere Welt heller und heiler wird.

Philosophie der Hoffnung
bei Gabriel Marcel

Die einzige echte Hoffnung ist die,
die auf das abzielt,
was nicht von uns abhängt.

Der französische Existenzialphilosoph Gabriel Marcel hat
vor dem Hintergrund seines christlichen Glaubens eine Philosophie der Hoffnung entworfen. Er unterscheidet das absolute »ich hoffe« und das »ich hoffe, dass«. Das absolute
»ich hoffe« zielt letztlich immer darauf, dass wir Menschen,
die wir uns gefangen fühlen, auf Licht und Freiheit hoffen,
nicht als äußere Objekte, sondern als Hellwerden unserer
Existenz und als Freiwerden in unserem Innersten. Marcel
setzt die Hoffnung dem Optimismus entgegen. Der Optimist ist der festen Überzeugung, dass die Dinge »sich ein-
richten« werden. Der Optimist sieht die Dinge mit einer
ganz bestimmten Haltung. Der Hoffende dagegen ist in
einen Prozess des Werdens verwickelt. Die wahre Hoffnung
gilt nicht einem bestimmten Ereignis, das kommen soll, sondern dem Neuwerden der eigenen Existenz und des Lebens
insgesamt. Hoffnung kann es nur dort geben, wo auch die
Versuchung zur Verzweiflung auftritt.

Wenn der Vater eines Sohnes, der in die Fremde gezogen ist
und der ihm schon sehr lange keinen Brief mehr geschrieben
hat, immer noch hofft, dass der Briefträger ihm eine Nach-
richt von seinem Sohn bringen wird, dann kann diese Hoffnung auch enttäuscht werden. Solange wir uns zu genau
vorstellen, wie unsere Hoffnung erfüllt werden sollte, sind
wir in Gefahr, Hoffnung mit bloßem Wunschdenken zu
verwechseln. Gabriel Marcel meint, die Hoffnung übersteige die Einbildungskraft. Wir sollen darauf verzichten,

uns genaue Bilder von dem zu machen, was wir erhoffen. Wenn der Kranke hofft, nach einer bestimmten Zeit gesund zu werden, wird er in Verzweiflung geraten, wenn die Gesundung nicht eintritt. Er gesteht sich damit ein, dass er gegen die Verzweiflung kein Mittel hat, wenn seine konkrete Hoffnung enttäuscht wird. Hoffen heißt nicht, sich an etwas Konkretem festzuklammern, etwa an der Heilung dieser Krankheit.

Hoffen heißt vielmehr, seine Vorstellungen zu übersteigen. Dann wird die Idee der Heilung eine Verwandlung und Reinigung erfahren. Es ist nicht alles verloren, wenn man nicht gesund wird. In der Hoffnung wächst die Ahnung von einem tiefergehenden Heil, das auch durch die Krankheit nicht zerstört werden kann. Wer in der Hoffnung die konkreten Vorstellungen übersteigt und damit seiner Hoffnung keine Grenze setzt, der erfährt eine innere Sicherheit und Gelassenheit, »die der grundlegenden Unsicherheit des Habens entgegensteht«. Diese absolute Hoffnung braucht als Grundlage den Glauben. Ohne Glauben gibt es letztlich auch keine Hoffnung, die diese Welt übersteigt.

Und für Gabriel Marcel gibt es keine Hoffnung ohne Gemeinschaft und ohne Liebe. »Ich hoffe« ist im Grunde immer ein »ich hoffe auf dich« und letztlich ein »ich hoffe auf dich für uns«. In der Hoffnung bleibe ich nicht bei mir und meiner Einsamkeit stehen, sondern ich öffne mich dem Austausch mit anderen, letztlich dem Austausch mit Gott, dem Grund meines eigenen Seins. Marcel meint, die Haltung des »Habens« verhindere die Hoffnung. Nur der, der sich von den Ketten des Besitzes in jeder Form befreit hat, ist imstande, »die göttliche Leichtigkeit eines Lebens in der Hoffnung zu erfahren«. Auch für den Philosophen Gabriel Marcel ist die Hoffnung eine göttliche Gabe, aber die Gabe ist auch ein Ruf. Wir können uns der Hoffnung verweigern. Die Hoffnung kann nur gelingen in einer Zusammenarbeit zwischen »einem guten Willen, der schließlich der einzige uns mögliche positive Beitrag ist, und jenen Initiativen, deren Ursprung unserem Zugriff entzogen ist und da liegt, wo die Werte der Gnaden sind«. So hat Gabriel Marcel die Philosophie der Hoffnung schon geöffnet für eine theologische Reflexion über die Grundtugend des Christen. Und er hat als Philosoph aufgezeigt, dass es Hoffnung nicht ohne Glaube und Liebe geben kann.

Der Hymnus
auf die Hoffnung bei Péguy

Schon lange vor Gabriel Marcel hat der französische Dichter Charles Péguy ein wunderbares Buch über die Hoffnung geschrieben. Er hat es »Das Mysterium der Hoffnung« genannt. Er lässt Gott in diesem Gedicht sprechen:

> »Was mich erstaunt, spricht Gott,
> ist die Hoffnung.
> Das wundert mich über die Maßen.
> Diese kleine Hoffnung,
> die nach so gar nichts aussieht.
> Dieses kleine Mädchen Hoffnung.
> Die Unsterbliche.«

Für Péguy ist die Hoffnung die schwerste Tugend, »vielleicht die einzige schwere Tugend«. An ihr hat Gott am meisten Wohlgefallen. Der Glaube – so meint Péguy – kommt von allein. Doch die Hoffnung kommt nicht von selbst. »Man muss eine große Gnade erlangt und empfangen haben.« – »Die Hoffnung sieht das, was noch nicht ist und

sein wird. Sie liebt das, was noch nicht ist und sein wird.«
Péguy stellt die Hoffnung in Gestalt eines kleinen Mädchens
dar, weil ein Kind die Hoffnung am besten widerspiegelt,
ein Kind, das nach außen hin keine Macht hat, das noch un-
schuldig, einfach, klar und lauter ist.

Die Gründe, nicht zu hoffen, sind für Péguy stärker als
die Gründe, die für die Hoffnung sprechen. Daher stellt er
die Hoffnung als kleines, hilfloses Kind dar. Und dennoch
steckt in dieser Hoffnung eine große Kraft. Das Kind setzt
sich durch. Ihre Kraft bezieht die Hoffnung daraus, dass
Gott zuerst auf uns gehofft hat. »Gott hat seine Hoffnung,
seine arme Hoffnung auf jeden von uns gesetzt, auf den
elendsten Sünder. Wird es heißen, dass wir, die elendsten
Sünder, nicht unsere Hoffnung auf ihn setzen?« Jesus hat
uns durch seine Worte und Taten Mut gemacht zu dieser
Hoffnung. Jesus nimmt das kleine Mädchen Hoffnung an
der Hand, um es zu stärken, damit wir nicht an uns selbst
verzweifeln, an unserem Versagen, an unseren Fluchtver-
suchen vor uns selbst. Wir müssen uns die Worte Jesu
immer wieder in unsere Verzweiflung und Selbstentwertung
hineinsprechen, damit die Hoffnung in uns wächst. Die
eigentlichen Parabeln der Hoffnung sind für Péguy die drei
Gleichnisse Jesu, die Lukas uns im 15. Kapitel erzählt: das
Gleichnis vom verlorenen Schaf, von der verlorenen Drach-
me und vom verlorenen Sohn: »Alle Parabeln sind schön,
mein Kind, alle Parabeln sind groß. Und besonders die drei
Parabeln der Hoffnung. Und all die Parabeln der Hoffnung
sind überdies jung, mein Kind.« Die Hoffnung vertraut darauf, dass es morgen früh bessergehen werde. Und das, obwohl die Menschen täglich die Widerlegungen ihrer Hoffnung sehen. All das zählt nicht. Sie hoffen dennoch. Das
wundert Gott. Darin sieht er ein Wunder seiner Gnade:

»Dass sie glauben: nun schön, heute Morgen
wird es schon gehen.
Es wird sich schon machen.
Dass sie trotzdem glauben, heute Morgen
werde es recht sein.
Das, ja das verschlägt mir die Sprache.
Das übersteigt mich.
Und selbst mich wundert es über die Maßen.
Und meine Gnade
muss wirklich überaus groß sein.«

Rechenschaft ablegen über die Hoffnung, die uns erfüllt *(1 Petr 3,15)*

Der erste Petrusbrief richtet sich an Christen, die von außen bedrängt werden und leiden müssen. Wir werden heute selten von Nichtglaubenden verfolgt, aber die Situation der Bedrängnis von innen oder außen kennen wir alle. Die Botschaft der Hoffnung, die uns Jesus verkündet hat, erklingt heute nicht in einer heilen Welt, sondern in einer Welt, die der des ersten Petrusbriefes gleicht. Doch die Botschaft der Hoffnung empfängt ihre Kraft gerade in der gegenteiligen Erfahrung von Bedrohung und Bedrückung. Die Hoffnung soll uns davor bewahren zu resignieren. Sie entlastet uns von der bedrängenden Nähe uns feindlich gesinnter Menschen oder deprimierender Stimmungen. Wenn die Christen aus der Hoffnung heraus leben, dann werden sich ihre heidnischen Mitbürger wundern, denn sie verhalten sich so ganz anders als die übrigen Menschen. So werden sie von ihren Mitbürgern gefragt werden, was denn der Grund ihres eigenartigen Verhaltens sei.

Der Autor des 1. Petrusbriefes ermahnt die Christen: »Seid stets bereit, jedem Rede und Antwort zu stehen, der nach der Hoffnung fragt, die euch erfüllt« *(1 Petr 3,15)*.

In diesem Wort wird deutlich, dass die Hoffnung das konkrete Verhalten des Christen verändert. Der Christ lässt sich aufgrund seiner Hoffnung nicht so leicht nach unten ziehen, weder von Menschen, die ihn bedrängen, noch von unglücklichen Ereignissen wie Unfall oder Tod. Aber – so mahnt der Autor – der Christ muss sich immer wieder auch vergewissern, was der Grund seiner Hoffnung ist. Er muss für sich selbst und dann auch vor anderen eine Antwort wissen, warum er sich nicht von den gegenwärtigen Bedrängnissen bestimmen lässt und warum er selbst im Leiden noch glücklich sein kann *(vgl. 1 Petr 3,14)*. Der Grund der Hoffnung ist Christus selbst, der wie wir gelitten hat und der für uns gestorben ist: »Er, der Gerechte, für die Ungerechten, um euch zu Gott hinzuführen« *(1 Petr 3,18)*.

Unsere Situation ist heute anders als die der Adressaten des 1. Petrusbriefes: Nicht das Leiden an einer antichristlichen Umwelt ist unser Hauptproblem, sondern das Leiden an uns selbst, an unserer Resignation, an unserem Selbstmitleid, an unseren Depressionen, aber auch das Leiden an einer Umwelt, die immer bedrängender wird, die immer mehr eingreift in unser persönliches Leben durch Gesetze, Normen, Steuern usw. In uns gibt es die unbewusste Erwartung, dass unser Leben gelingen muss, dass alles glattgeht, dass wir gesund und ohne psychische Probleme durchs Leben kommen. Doch die Realität sieht anders aus. Manche Christen meinen dann, der Glaube hätte keinen Sinn. Er würde uns ja auch nicht weiterhelfen. Der erste Petrusbrief verweist uns nicht nur auf die Auferstehung als den eigentlichen Grund unserer Hoffnung, sondern auch auf Christus, der wie wir gelitten hat. Der leidende Christus gibt uns das Gefühl, dass wir nicht allein gelassen sind mit unserem

Leiden. Und zugleich verheißt er uns auch, dass wir nicht im Leiden stecken bleiben, sondern wie er auferstehen werden. Unsere Hoffnung, die uns ein anderes Verhältnis zu unserem Leben ermöglicht, ist nicht einfach eine optimistische Lebenshaltung. Wir müssen uns selbst immer wieder Rechenschaft darüber ablegen, warum wir denn Grund zur Hoffnung haben. Der eigentliche Grund ist Jesus Christus. Der erste Petrusbrief will uns nicht zu einem missionarischen Verhalten auffordern.

Das Erste, das er von uns verlangt, ist, aus der Hoffnung heraus das Leiden anzunehmen und so der Verzweiflung zu wehren, sogar im Leid sich noch zu freuen, weil wir Anteil haben an Christi Leiden. Nur wenn wir uns aufgrund unserer Hoffnung anders verhalten als die übrigen Menschen, sollen wir ihnen gegenüber auch den Grund für unsere Hoffnung angeben, wenn wir gefragt werden. Für mich genügt es nicht, mich einfach hinter Formeln zu verstecken, wenn ich nach dem Grund meiner Hoffnung gefragt werde. Ich kann nicht einfach die Antwort wiederholen, die die Bibel gibt. Ich muss erst einmal mir selbst mit meinen eigenen Worten klarmachen, warum ich Hoffnung habe und warum diese Hoffnung die Kraft hat, voll Zuversicht und innerer Freude zu leben, auch wenn die inneren und äußeren Umstände dagegen sprechen. Die Antwort finde ich nie ein für alle Mal. Ich muss sie mir immer wieder neu erarbeiten. Erst dann kann ich auch vor anderen darüber sprechen.

Der Anker der Hoffnung (Hebräerbrief)

Wie übel wären wir Menschen dran,
wenn unsere Hoffnung auf Menschen ruhte.
Adolf Kolping

Der Hebräerbrief spricht davon, dass wir Christen »unsere Zuflucht dahin genommen haben, die dargebotene Hoffnung zu ergreifen. In ihr haben wir einen sicheren und festen Anker der Seele, der hineinreicht in das Innere hinter dem Vorhang; dorthin ist Jesus für uns als unser Vorläufer hineingegangen« *(Hebr 6,18–20).* Die Hoffnung ist für den Hebräerbrief ein sicherer Anker der Seele. In der Hoffnung macht sich die Seele fest im Inneren des Allerheiligsten. Der Hebräerbrief versteht die Erlösung durch Christus so, dass Christus als unser Vorläufer hineingeschritten ist in das Allerheiligste, zu dem bei den Juden nur der Hohepriester Zutritt hatte. Dieses Allerheiligste ist nicht mehr der äußere Tempel, sondern der innere Tempel in jedem Menschen. In der Hoffnung sind wir schon eingetreten in diesen Raum des Allerheiligsten in unserer Seele. In uns ist der Raum des Heiligen, in dem allein Gott wohnt und nicht die Mächte dieser Welt. In diesem Raum sind wir dem Terror der Welt entzogen. Im heiligen Raum berühren wir das Heilige in uns. Dort kommen wir in Berührung mit dem heilen Kern in uns, mit dem wahren Selbst, das nicht durch die Sünde infiziert ist. Die Hoffnung ist der Anker, der uns in diesem inneren Raum festmacht.

Und so ermahnt uns der Hebräerbrief immer wieder, an unserer Hoffnung festzuhalten: »Wir wünschen aber, dass jeder von euch im Blick auf den Reichtum unserer Hoffnung bis zum Ende den gleichen Eifer zeigt, damit ihr nicht müde werdet« *(Hebr 6,11 f.).* Die Hoffnung verwandelt also unser alltägliches Leben. Wenn wir aus der Hoffnung leben, dann sind wir nicht mehr resigniert und müde, so wie es offensichtlich die Empfänger des Hebräerbriefes waren. Der Hebräerbrief will durch seine Theologie der Hoffnung den auf ihrem Weg erschlafften Christen neuen Schwung verleihen. Wenn die Christen am Reichtum ihrer Hoffnung festhalten, dann werden sie in dieser Welt selbst zu einem Sauerteig der Hoffnung werden.

Der Autor des Hebräerbriefes versteht Jesus als den, der uns eine bessere Hoffnung geschenkt hat als das Gesetz. Diese bessere Hoffnung bringt uns Gott nahe *(Hebr 7,19)*. Alles eigene Bemühen, das Gesetz zu erfüllen, führt uns nicht so in die Nähe Gottes wie die Hoffnung, die uns in Christus aufgegangen ist. Und so ermahnt der Autor seine Leser: »Lasst uns an dem unwandelbaren Bekenntnis der Hoffnung festhalten, denn er, der die Verheißung gegeben hat, ist treu. Lasst uns aufeinander achten und uns zur Liebe und zu guten Taten anspornen. Lasst uns nicht unseren Zusammenkünften fernbleiben, wie es einigen zur Gewohnheit geworden ist, sondern ermuntert einander, und das umso mehr, als ihr seht, dass der Tag naht« *(Hebr 10,23 – 25)*. Diese Mahnung zeigt, dass die Hoffnung das ganze Leben der Christen prägt. Die Hoffnung ist der Grund, dass die Christen einander lieben und gute Taten vollbringen, denn die Hoffnung lässt die Christen über den gegenwärtigen Tag hinausschauen auf Christus, den Vorläufer und Vollender ihres Glaubens. Und die Hoffnung ist der Grund, dass die Christen zum gemeinsamen Gottesdienst zusammenkommen. Die Hoffnung zeigt ihnen, dass der Tag des Herrn nahe ist. Die Hoffnung bringt die Christen einmal in Berührung mit dem inneren Tempel in ihrer Seele, zum anderen öffnet sie ihren Blick auf das Kommende, auf die Erfüllung, wenn Christus, der Vorläufer ihres Glaubens, erscheinen wird. Die Hoffnung ist der Grund, warum die Christen ihren Weg in dieser Welt mit Ausdauer laufen: »Lasst uns mit Ausdauer in dem

Wettkampf laufen, der uns aufgetragen ist, und dabei auf Jesus blicken, den Urheber und Vollender des Glaubens« *(Hebr 12,1 f.).*

Hoffnung bewirkt Geduld

Wir müssen endliche Enttäuschungen annehmen,
aber wir dürfen nie
die unendliche Hoffnung verlieren.
Martin Luther King

Der eigentliche Theologe der Hoffnung im Neuen Testament ist Paulus. Im 8. Kapitel des Römerbriefes schreibt er über die Hoffnung: »Wir sind gerettet, doch in der Hoffnung. Hoffnung aber, die man schon erfüllt sieht, ist keine Hoffnung. Wie kann man auf etwas hoffen, das man sieht? Hoffen wir aber auf das, was wir nicht sehen, dann harren wir aus in Geduld« *(Röm 8,24 f.).* Jesus Christus hat uns schon erlöst und von der Sünde befreit. Wir haben schon Anteil an der göttlichen Liebe, aber wir sind noch nicht am Ziel. Wir haben erst teil in der Hoffnung. Wir sehen die Erlösung durch Christus nicht. Wir können daran glauben und wir vermögen, auf sie zu hoffen. Hoffen kann ich nur auf etwas, was ich nicht sehe. Sonst wäre es keine Hoffnung. Das, was Christus in der Tiefe unserer Seele bewirkt hat, ist unsichtbar. Durch seinen Tod am Kreuz hat Christus uns gerecht gemacht. Wir brauchen unseren Wert nicht mehr zu beweisen. Das Kreuz ist die Botschaft: »Du bist bedingungslos von Gott geliebt. Auch deine Schuld ist von Gottes Liebe umfangen.« Doch diese Botschaft kann man nicht beweisen. Sie betrifft etwas Unsichtbares. Die Hoffnung gibt uns jetzt schon Anteil an dieser Realität, dass wir ganz und gar von Gott geliebt sind, dass unsere Schuld vergeben ist. Wenn wir auf das Heil, das Christus für uns schon gewirkt hat, hoffen, dann harren wir in Geduld auf das Heil, das schon da ist, das aber in seiner Fülle erst offenbar werden wird. Hier ist es die Hoffnung, die uns geduldig warten lässt.

Im 5. Kapitel hat Paulus den Zusammenhang von Hoffnung und Geduld anders gesehen: »Wir wissen: Bedrängnis bewirkt Geduld, Geduld aber Bewährung, Bewährung Hoffnung. Die Hoffnung aber lässt nicht zugrunde gehen; denn die Liebe Gottes ist ausgegossen in unsere Herzen durch den Heiligen Geist, der uns gegeben ist« *(Röm 5,3–5)*.

Paulus mahnt uns, vor den Bedrängnissen dieser Welt nicht auszuweichen. Die Hoffnung, die er predigt, darf nicht zur Weltflucht führen. Vielmehr befähigt sie uns, die Bedrängnisse in Geduld auszuhalten und uns darin zu bewähren. Hier ist es die Bewährung, die Hoffnung bewirkt. Doch eigentlich ist es ein Kreis, den man von allen Seiten aus betrachten kann und der von allen Seiten zum gleichen Ergebnis führt. Die Hoffnung bewirkt Geduld. Und umgekehrt führt die Geduld im Aushalten der Bedrängnisse zur Hoffnung. Die Hoffnung aber hat ihren letzten Grund darin, dass der Heilige Geist schon in uns ausgegossen ist. Der Heilige Geist wird hier identifiziert mit der Liebe, die durch den Geist Gottes in unsere Herzen geflossen ist. In der Liebe ist schon die Erfüllung unserer Sehnsucht in unseren Herzen. Diese Liebe ist der Garant, dass unsere Hoffnung nicht ins Leere geht. Die Hoffnung ist für Paulus die Haltung, die uns in dieser Welt ausharren lässt, ohne zu resignieren und ohne uns von den Konflikten dieser Zeit bestimmen zu lassen. Die Hoffnung ist keine Flucht vor den täglichen Auseinandersetzungen. Sie gibt uns vielmehr den Mut, uns den Bedrängnissen dieser Zeit zu stellen und sie zu bestehen. Da wir unseren Grund in der Hoffnung haben, können wir uns ohne Angst auf die Probleme unserer Zeit einlassen.

Hoffnung ist für Paulus aber nicht nur eine Haltung des Menschen, die ihm hilft, seinen Alltag zu bewältigen. Er spricht auch von der Hoffnung, die die ganze Schöpfung durchdringt: »Die Schöpfung ist der Vergänglichkeit unterworfen, nicht aus eigenem Willen, sondern durch den, der sie unterworfen hat; aber zugleich gab er ihr Hoffnung« *(Röm 8,20)*. Die Schöpfung ist also von Hoffnung erfüllt. Sie wird nicht ins Verderben kommen, sondern ihre Herrlichkeit soll offenbar werden, wenn die Christen sich als Söhne und Töchter Gottes erweisen werden. Hoffnung ist also ein Grundzug der ganzen Schöpfung. Sie hindert uns daran, uns in Untergangsphantasien zu ergehen oder pessimistische Szenarien für die Zukunft der Menschheit zu entwerfen.

Der Grund unserer Hoffnung: die Auferstehung Jesu

In der Apostelgeschichte zeigt uns Lukas an verschiedenen Stellen, dass der eigentliche Grund der christlichen Hoffnung die Auferstehung Jesu ist. Lukas versucht, das Geheimnis der Auferstehung Jesu durch den Psalm 16 zu erklären: »Mein Leib wird in sicherer Hoffnung ruhen; denn du gibst mich nicht der Unterwelt preis, noch lässt du deinen Frommen die Verwesung schauen« *(Apg 2,26; vgl. Ps 16,8–10)*. Jesus hat die Psalmen immer wieder gebetet und aus der Hoffnung gelebt, die ihm die Psalmen vermittelt haben. Daher – so meint Lukas – konnte er selbst mit der Hoffnung auf die Auferstehung in den Tod gehen, denn der Psalm 16 verhieß ihm, dass Gott seinen Leib nicht der Verwesung preisgeben würde. Selbst im Tod ruht Jesu Leib in sicherer Hoffnung. Die Hoffnung ist so für Lukas Grund der Auferstehung Jesu. Sie ist aber auch der Grund unseres Glaubens an die Auferstehung. Auch wir dürfen darauf hoffen, dass wir im Tod nicht der Unterwelt preisgegeben werden, sondern in Gott hinein auferstehen werden.

In den Reden, die Lukas dem Paulus in den Mund legt, lässt er den Apostel immer wieder davon sprechen, dass er wegen der Hoffnung auf die Auferstehung vor Gericht steht und dass das seine eigentliche Botschaft ist. Vor dem römischen Statthalter Felix sagt Paulus: »Ich habe dieselbe Hoffnung auf Gott, die auch diese hier haben: dass es eine Auferstehung der Gerechten und Ungerechten geben wird« *(Apg 24,15)*. Und vor dem jüdischen König Agrippa bekennt Paulus: »Jetzt stehe ich vor Gericht wegen der Hoffnung auf die Verheißung, die von Gott an unsere Väter ergangen ist« *(Apg 26,6)*. Da Jesus von den Toten auferweckt wurde, gibt es nun für uns die sichere Hoffnung auf unsere Auferstehung. Sie ist das Charakteristikum des neuen Weges, den Paulus in der Apostelgeschichte verkündet. Die Auferstehungshoffnung zeigt, »dass das Ende der menschlichen Möglichkeiten nicht zugleich das Ende der Möglichkeiten Gottes darstellt«. Unsere Hoffnung geht über diese Welt hinaus. Sie beschränkt sich nicht auf den Frieden, den Christus uns in diesem Leben schenkt, oder auf die Vergebung der Sünden, die wir jetzt schon erfahren. Die Hoffnung hat ein Ziel, das letztlich erst im Tod zur Vollendung kommt.

Für Paulus ist die Hoffnung auf die Auferstehung zentral für den christlichen Glauben: »Wenn wir unsere Hoffnung nur in diesem Leben auf Christus gesetzt haben, sind wir erbärmlicher daran als alle anderen Menschen« *(1 Kor 15,19)*. Christlicher Glaube besagt mehr, als die Hoffnung hier in diesem Leben auf Christus zu setzen, also darauf zu vertrau-

en, dass er meine Wunden heilt und mich in meiner Nieder-
geschlagenheit aufrichtet.

Die eigentliche Hoffnung zielt auf den Christus, der uns
im Tod auferwecken und in die Herrlichkeit Gottes führen
wird. Und nur eine Hoffnung, die dem Tod standhält, trägt
uns wirklich. Die Auferstehung Jesu ist Grund unserer
Hoffnung, die durch nichts mehr zerbrochen werden kann,
weder durch Bedrängnisse noch durch den Tod der Menschen, die wir lieben, noch durch den eigenen Tod.

Der Gott der Hoffnung

Hoffnung ist nichts anderes als das Vertrauen
auf die Endlosigkeit der göttlichen Liebe.
Charles de Foucauld

Christus ist für Paulus Grund unserer Hoffnung auf die
Auferstehung. Paulus sieht aber als letzten Grund unserer
Hoffnung Gott selbst an. Er kann Gott den Gott unserer
Hoffnung nennen *(Röm 15,13).* Paulus sieht Abraham als
Vorbild der Hoffnung: »Gegen alle Hoffnung hat er voll
Hoffnung geglaubt, dass er der Vater vieler Völker werde«
(Röm 4,18). Abraham hat auf Gott seine Hoffnung gesetzt,
den Gott, »der die Toten lebendig macht und das, was nicht
ist, ins Dasein ruft« *(Röm 4,17).* Gott ist als der Schöpfer,
der die Welt aus dem Nichts erschaffen hat und alles immer
wieder neu macht, der Grund unserer Hoffnung. Gott als
Schöpfer schafft auch in uns die Hoffnung und teilt sie uns
in Fülle aus. Gott schenkt uns die Hoffnung im Heiligen
Geist. Der Heilige Geist ermutigt uns, unsere Hoffnung
nicht auf diese Welt und all das Vordergründige zu setzen,
sondern auf Gott, der uns wunderbar geschaffen, aber noch

wunderbarer erneuert hat. Die Hoffnung lässt uns über diese Welt hinausschreiten. Wir trauen nicht nur den Möglichkeiten, die diese Welt in sich birgt. Wir trauen Gott mehr zu. Er hat immer neue Möglichkeiten mit uns und mit dieser Welt. Er kann uns aus der Todesnot erretten. Er kann uns aus der Hand der Menschen befreien.

Wer dagegen nur auf seine eigenen Fähigkeiten oder gar auf seinen Besitz seine Hoffnung setzt, der wird enttäuscht werden und leer ausgehen. Die Hoffnung auf Gott, der denen, die ihn lieben, Großes bereitet hat, lässt uns in dieser Welt gelassen und froh leben.

Wir brauchen nicht ängstlich an uns selbst und an dem, was wir haben, zu hängen. Gott hat uns bereitet, »was kein Auge gesehen und kein Ohr gehört hat, was keinem Menschen in den Sinn gekommen ist« *(1 Kor 2,9)*. In den sechziger Jahren des letzten Jahrhunderts hat die Hoffnung zu sehr den menschlichen Möglichkeiten getraut, eine neue und menschlichere Zukunft zu schaffen. Heute ist diese Hoffnung zerbrochen. Gerade deshalb ist es wichtig, die christliche Hoffnung neu ins Bewusstsein treten zu lassen. Die christliche Hoffnung lässt uns die eigenen Möglichkeiten einer neuen Zukunft realistischer sehen. Sie verbietet uns den heute weit verbreiteten Pessimismus. Aber sie bewahrt uns auch vor einer Euphorie, die blind ist für die Hindernisse, die sich uns in den Weg zu einer neuen Zukunft legen. Die christliche Hoffnung arbeitet an dieser Welt mit, aber sie übersteigt zugleich diese Welt, weil sie auf Gott hofft, der jenseits dieser Welt ist. Ganz gleich, ob unsere Anstrengungen für eine neue Zukunft glücken oder nicht, die Hoffnung auf die Auferstehung kann uns niemand rauben. Und sie lässt uns gelassen und zuversichtlich für diese Welt und ihre Verbesserung arbeiten.

Die selige Erfüllung unserer Hoffnung
(Tit 2,13)

*Und wenn ich wüsste, dass morgen die Welt
in tausend Stücke zerbräche, ich würde heute noch
einen Baum pflanzen.*
Martin Luther

Der Titusbrief versteht die Erlösung durch Jesus Christus als Erscheinen der Gnade Gottes oder als Erscheinen der Güte und Menschenfreundlichkeit Gottes. In Jesus ist uns Gottes Gnade erschienen. Sie hat die Aufgabe, uns dazu zu erziehen, »uns von der Gottlosigkeit und den irdischen Begierden loszusagen und besonnen, gerecht und fromm in dieser Welt zu leben, während wir auf die selige Erfüllung unserer Hoffnung warten: auf das Erscheinen der Herrlichkeit unseres großen Gottes und Retters Christus Jesus« *(Tit 2,12 f.)*. Es ist ein eigenartiges Wort, das da in der Bibel steht. Es berührt mich jedes Mal neu, wenn ich es höre. Doch wie soll ich es verstehen?

Der Titusbrief beschreibt die Erlösung in hellenistischen Begriffen. Da ist einmal der Begriff der Epiphanie, der Erscheinung. Gottes Gnade ist uns erschienen. Sie ist sichtbar geworden. Und dann ist da der Begriff der Erziehung. Gott erzieht uns durch das Erscheinen seiner Gnade in Jesus Christus zu einem neuen Leben, zu einem Leben, das Jesus Christus entspricht.

Dieses neue Leben wird wieder mit Begriffen beschrieben, die dem Ideal hellenistischer Lebensweise entsprechen, wie sie etwa die philosophische Ethik der damaligen Zeit entwarf. Die Christen sollen sich von der Hoffnung nicht verleiten lassen, diese Welt zu meiden. Vielmehr sollen sie die Verantwortung wahrnehmen, die sie in der Welt haben.

Und sie sollen durch ein rechtschaffenes Leben Vorbild sein für ihre Umwelt. Drei Haltungen sollen die Christen auszeichnen: Besonnenheit, Gerechtigkeit und Frömmigkeit. Sie sollen das Bild des wahren Menschen verwirklichen, das in Jesus aufgeleuchtet ist, aber sie sollen es tun in der Erwartung der seligen Erfüllung unserer Hoffnung. Das Wort »makarios« (= selig, glücklich) ist eine Eigenschaft Gottes. Unsere Hoffnung wird erfüllt, wenn Gottes Herrlichkeit bei der zweiten und endgültigen Epiphanie Christi aufleuchten wird. Da werden wir hineingenommen in die Herrlichkeit Gottes. Das wird uns selig und glücklich machen. Doch die Aussicht auf dieses große Glück darf uns nicht dazu verleiten, nur auf die Vollendung zu schauen. Der Blick auf die herrliche und glückliche Zukunft, die uns in Christi Erscheinen erwartet, soll uns vielmehr sensibel machen, in dieser Welt frei von allen irdischen Begierden zu leben und das Bild des gottgemäßen Menschen zu verwirklichen, der besonnen, gerecht und fromm in dieser Welt lebt. Und die Erwartung der Vollendung unserer Hoffnung treibt uns an, uns für diese Welt zu engagieren und mit allen, denen es um das Wohl des Menschen geht, an einer menschlicheren Zukunft mitzuarbeiten.

»Erhebt eure Häupter; denn eure Erlösung ist nahe« *(Lk 21,28)*

Hoffnung bedeutet, überzeugt zu sein,
dass es niemals zu spät ist.
Ludek Pachmann

Matthäus, Markus und Lukas haben uns jeweils eine Rede Jesu von der Endzeit überliefert. Die Theologie spricht hier von apokalyptischer Rede. Das letzte Buch der Bibel, »Offenbarung des Johannes«, wird oft auch das Buch der Apokalypse genannt. Um die Zeit Jesu gab es bei den Juden eine eigene apokalyptische Literatur. Sie schildert das Zusammenbrechen dieser Welt. Alles, was wir in dieser Welt sehen, wird vernichtet werden. Gott wird eine ganz und gar neue Welt schaffen. Jesus übernimmt den Stil dieser Rede. Doch er beschließt bei Lukas die Schilderung der Katastrophe mit dem hoffnungsvollen Satz: »Wenn all das beginnt, dann richtet euch auf und erhebt eure Häupter; denn eure Erlösung ist nahe« *(Lk 21,28)*.

In der Vergangenheit haben sich vor allem Sekten der apokalyptischen Texte angenommen und sie immer so ausgelegt, dass sie genau den Zeitpunkt angeben, wann diese Welt zusammenstürzen wird, wann das Ende der Welt sein wird. Und sie haben den Menschen mit ihren Schilderungen oft Angst gemacht vor dem Weltuntergang.

Die Exegeten sind sich einig, dass wir diese Texte nicht historisch auslegen sollen, etwa als Voraussage bestimmter Ereignisse. Vielmehr geht es darum, diese Texte eher psychologisch auszulegen – als Ausdruck einer ganz bestimmten pessimistischen Grundhaltung. Wenn wir die Bilder der Apokalypse als Beschreibung der menschlichen Seele nehmen, dann bekommen sie eine neue Aktualität. Es gibt Menschen, die sich in dieser Welt nicht zurechtfinden. Sie haben eine katastrophale Grundstimmung. Und diese Grundstimmung projizieren sie nach außen. Sie sind hoffnungslos. Die Sterne ihrer Hoffnung sind vom Horizont ihrer Seele gefallen. Ihre Sonne hat sich verfinstert. Ja, selbst der Mond hört auf zu scheinen. »Die Menschen werden vor Angst vergehen in der Erwartung der Dinge, die über die Erde kommen; denn die Kräfte des Himmels werden erschüttert werden« (Lk 21,26). Jesus beschreibt mit diesen Bildern Menschen, die voller Angst sind, dass für sie alles zusammenbrechen wird. Ihre Psyche hat keine Kraft mehr. Sie können sich nicht mehr wehren gegen die innere Dunkelheit und Verzweiflung. Sie fühlen sich ohne Aussicht auf Besserung. Sie sind sich sicher: »Es hat doch alles keinen Zweck. Ich kann nichts machen. Die Katastrophe wird über mich kommen. Über mir wird alles zusammenbrechen. Ich stehe vor den Bruchstücken meines Lebens.« Angst ist die Grundstimmung und Kraftlosigkeit das Grundgefühl. »Die Kräfte des Himmels werden erschüttert.« Das heißt: Der Glaube an den Himmel, der Glaube an ein göttliches Eingreifen hat keine Kraft mehr. Gott hat sich zurückgezogen. Der Himmel gibt den Blick nicht mehr frei. Er ist verhangen. Er hat sich verfinstert.

Die Beschreibungen der apokalyptischen Texte geben die innere Situation von psychotisch erkrankten Menschen wieder, über denen alles zusammenstürzt. Doch wir sollten nicht auf andere sehen. Etwas von dieser Sichtweise kennen wir alle. Mitten in dieser hoffnungslosen Situation will uns Jesus Trost und Hoffnung schenken. Das Ende ist der Anfang von etwas Neuem. Der Menschensohn kommt »mit großer Macht und Herrlichkeit« (Lk 21,27). Wenn alles zu Ende kommt, wenn ich mit mir selbst ans Ende meiner Kraft und meiner Möglichkeiten gelange, dann schafft Gott etwas völlig Neues. Dann naht meine Erlösung. Ich soll also nicht mehr geduckt und bedrückt meinen Weg gehen, sondern mich aufrichten und mein Haupt erheben, denn meine Erlösung, mein Heil ist nahe. Die Fesseln lösen sich, das Unheile, Bedrohliche, Feindliche weicht dem Heil Gottes.

Was Jesus in der apokalyptischen Rede, wie sie uns die drei Synoptiker überliefern, angesprochen hat, das hat Johannes in seiner Offenbarung lang und breit ausgeführt. Das letzte Buch der Bibel ist ein Trost- und Hoffnungsbuch. All das, was uns bekämpft, der Drache, das Tier, der Satan, wird vernichtet. Die Feinde brechen in sich zusammen. Und über allem erscheinen ein neuer Himmel und eine neue Erde. Das neue Jerusalem, die heilige Stadt, steigt vom Himmel herab, »wie eine Braut, die sich für ihren Mann geschmückt hat« *(Offb 21,2)*. Die heilige Stadt ist ein Bild dafür, dass das Chaos ein Ende hat. Alles fügt sich neu zusammen. Und das Ziel ist die heilige Hochzeit. Alles, was in uns ist, wird eins werden mit Gott, wird von Gottes Licht und Herrlichkeit erfüllt. Jesu apokalyptische Rede und die Offenbarung des Johannes verkünden die Hoffnung gerade den Menschen, die sie am wenigsten haben, die an sich selbst leiden, die verzweifelt sind, in denen alles dunkel und trostlos ist. So gipfelt die christliche Hoffnung in der Gewissheit: Ganz gleich, wie die äußere oder innere Welt sich entwickelt, selbst wenn alles an ein Ende kommt, selbst wenn alle Sterne vom Himmel fallen und keine Hoffnung mehr in mir zu sein scheint: das ist nicht das Ende. Das Ende wird vielmehr sein, dass Christus selbst kommt, das Lamm, das uns zur Hochzeit lädt. Wenn Gott in unserer Mitte wohnt, dann wird er alle Tränen von uns abwischen: »Der Tod wird nicht mehr sein, keine Trauer, keine Klage, keine Mühsal. Denn was früher war, ist vergangen. Er, der auf dem Thron saß, sprach: Seht, ich mache alles neu« *(Offb 21,4f)*. Und der Hoffnungsruf des Christen, der selbst die größte Verlassenheit und Dunkelheit durchdringt, ist das Wort, mit dem die Offenbarung, ja, mit dem die ganze Bibel schließt: »Amen. Komm, Herr Jesus!« *(Offb 22,20)*.

Liebe – die höchste Tugend

Die Liebe ist die göttliche Tugend, in der alle anderen Tugenden gipfeln. Über kaum ein anderes Thema wird mehr geschrieben und gesprochen als über die Liebe. Doch jeder versteht unter der Liebe etwas anderes. Liebe ist für viele zu einem verbrauchten Wort geworden. Manche sind allergisch gegen dieses Wort. Sie erinnern sich an die vielen Appelle in ihrer Jugendzeit, sie sollten einander lieben. Andere fühlen sich verletzt durch zu abgehobene Worte über die Liebe. Sie decken sich nicht mit ihren Erfahrungen. Sie haben die Brüchigkeit ihrer Liebe erkannt. Sie haben alle Hoffnung auf die Liebe gesetzt und sind dann bitter enttäuscht worden.

Manchmal sprechen wir über die Liebe Gottes so selbstverständlich. Doch wo und wie können wir diese Liebe Gottes erfahren? Manch einer, der über die Liebe Gottes zu uns mit großem Pathos predigt, strahlt nichts von dieser Liebe aus. Man sieht seinem Gesicht nicht an, dass die Liebe Gottes ihn berührt. Ähnlich ist es mit der Forderung der Nächstenliebe. Das Sprechen über die Nächstenliebe muss nicht unbedingt Liebe vermitteln.

Wenn wir über die Liebe sprechen, möchten wir sie auch erfahren. So hoffe ich auch, dass in diesem Buch nicht nur über die Liebe geschrieben wird, sondern dass der Leser und die Leserin auch etwas von der Liebe spüren, die ihnen in den Worten entgegenströmt.

Sehnsucht nach Liebe

*Ein Tropfen Liebe ist mehr
als ein Ozean Verstand.*
Blaise Pascal

Seit jeher sehnt sich der Mensch danach, zu lieben und geliebt zu werden. Viele denken beim Wort Liebe sofort an die Liebe zwischen Mann und Frau, an das Verliebtsein, das einen verzaubert und in ein Hochgefühl versetzt. Wenn ich unterwegs im Auto einmal das Radio einschalte, schallen mir fast auf jedem Sender Schlager entgegen, die das Geheimnis der Liebe besingen, die Sehnsucht nach Liebe, die Erfüllung durch die Liebe, aber auch den Schmerz, der entsteht, weil der geliebte Mann oder die geliebte Frau einen anderen gefunden haben, den sie lieben. Dann fühlt sich der Verliebte alleingelassen. Traurigkeit überschwemmt sein Herz. Er sehnt sich nach einer Liebe, die ihn nicht traurig zurücklässt. Manche verabschieden sich auch von der Liebe. Sie haben die Hoffnung verloren, noch einmal so lieben zu können und geliebt zu werden, wie sie es erfahren haben; sie trauern um das, was in ihnen nun zerbrochen ist. Nicht nur die Schlager künden von der Sehnsucht nach Liebe, auch die Weltliteratur ist voll von diesem Thema. Und schon zuvor haben Märchen und Sagen von der Kraft der Liebe geschrieben, genau wie die Bibel vom Geheimnis der Liebe kündet. Im Anfang schuf Gott Himmel und Erde. Und zuletzt schuf er den Menschen: »Als Mann und Frau schuf er sie« *(Gen 1,27)*. Im zweiten Schöpfungsbericht formt Gott den Adam aus dem Ackerboden und setzt ihn in den Garten Eden. Dort umgibt er ihn mit schönen Pflanzen und Früchten. Er schafft für ihn die Tiere, aber Adam sehnt sich nach seinesgleichen. Da formt Gott aus der Rippe des Mannes die Frau. Sie erfüllt die Sehnsucht des Mannes nach Gemeinschaft.

Und so ist schon in der Schöpfung die Sehnsucht des Mannes nach der Frau grundgelegt: »Darum verlässt der Mann Vater und Mutter und bindet sich an seine Frau, und sie werden *ein* Fleisch« *(Gen 2,24)*. Seit Anbeginn der Schöpfung also ist die Liebe zwischen Mann und Frau das zentrale Thema, um das das Sinnen von Mann und Frau kreist. Die Dichtung, die Musik, die Malerei, sie alle besingen das Geheimnis dieser Liebe.

Doch die Liebe beginnt früher. Sie beginnt bei der Liebe der Mutter zu ihrem Kind. Schon das Kind kann nur gesund heranwachsen, wenn es sich bedingungslos geliebt fühlt. Ohne Liebe verkümmert das Kind. Der Mangel an Liebe ist die größte Verletzung, die Eltern dem Kind antun können. Die Liebe ist also der Nährboden, auf dem der Mensch gedeiht. Zunächst lieben die Eltern ihre Kinder. Aber auch das Kind liebt die Mutter und den Vater, je auf seine Weise. Die Eltern spenden Liebe und empfangen Liebe. Das Kind nimmt die Liebe der Eltern und gibt sie zurück. Und manche Erwachsene kreisen immer noch darum, endlich einmal die Liebe der Mutter zu erfahren, nach der sie sich ein Leben lang gesehnt haben.

In der Pubertät bricht dann mit Gewalt die Sehnsucht auf, von einem Mädchen oder Jungen geliebt zu werden. Der junge Mann verliebt sich in ein Mädchen und schwärmt von ihm. All sein Denken und Fühlen kreist nur noch um das Mädchen. Er kennt sich mit sich selbst gar nicht mehr aus. Das Verliebtsein verzaubert ihn. Aber wenn es nicht erwidert wird, bringt sie unendliches Leid über ihn. Manche vergraben sich dann in die Isolation oder in ihren Weltschmerz. Viele junge Männer und Frauen definieren sich durch die Liebe: »Ich werde geliebt, also bin ich.« In vielen Gesprächen mit Jugendlichen habe ich immer wieder erfahren, wie schmerzlich es für viele ist, dass sie zu schüchtern sind, auf ein Mädchen oder einen Jungen zuzugehen, dass sie sich gerade in die verlieben, die schon vergeben sind, oder dass sie sich einfach übersehen fühlen. Die Liebe will nicht gelingen. Das Thema der Liebe bedrängt dann die Menschen bis ins hohe Alter. Wenn die Liebe gelingt, heiraten die Partner. In der Ehe wandelt sich die Liebe. Bei manchen wird sie immer fester, aber zugleich auch nüchterner und tragfähiger. Bei anderen verkommt sie zur Routine und verliert ihre Lebendigkeit.

In der Lebensmitte erfahren dann die Partner oft, dass sie sich in einen anderen Mann oder eine andere Frau verlieben. Sie haben den Eindruck, ihre Liebe sei nie so stark gewesen, wie sie sie jetzt in der neuen Beziehung erleben. Diese Erfahrung des erneuten Verliebtseins zwingt sie, die eigene Liebe neu zu bedenken und sie wieder lebendiger werden zu lassen. Die Sehnsucht nach Lieben und Geliebtwerden wird immer wieder aufbrechen. Auch alte Menschen verlieben sich und erleben sich auf einmal wie junge Männer oder Mädchen.

Die Liebe, welche die Theologie als die dritte göttliche Tugend sieht, meint nicht nur die Liebe zwischen Mann und Frau. Die Liebe, von der die Bibel und die theologische Tradition sprechen, meint vielmehr die Liebe zum Nächsten und zu Gott und die Liebe zu uns selbst. Diese Liebe ist das Ziel des geistlichen Strebens. Sie ist der Gipfel, auf den Glaube und Hoffnung hinstreben. An der Liebe entscheidet sich, ob ein Leben gelingt oder nicht, ob einer Gott versteht und erfährt oder nicht.

Eros, Philia und Agape

Während es im Deutschen nur ein Wort für Liebe gibt, kennen die Griechen drei verschiedene Wörter: Eros, Philia und Agape. Offensichtlich haben die Griechen mehr Erfahrung mit der Liebe gehabt. Und sie konnten besser unterscheiden zwischen den Arten der Liebe.

Eros, das ist die begehrliche Liebe, die Liebe zwischen Mann und Frau, die Liebe, die den Mann drängt, nach der Frau Ausschau zu halten und sie zu erobern. Es ist eine Liebe voller Sehnsucht. Es ist die Liebe, von der die Schlager singen. Das Hohelied im Alten Testament besingt diese erotische Liebe als das größte Geschenk, das Gott dem Menschen gegeben hat. Der Dichter dieser wunderbaren Liebeslieder sagt von dieser Liebe: »Wie schön ist deine Liebe, meine Schwester Braut; wie viel süßer ist deine Liebe als Wein« *(Hld 4,10)*. Und am Schluss muss die Braut bekennen: »Stark wie der Tod ist die Liebe … Auch mächtige Wasser können die Liebe nicht löschen; auch Ströme schwemmen sie nicht weg. Böte einer für die Liebe den ganzen Reichtum seines Hauses, nur verachten würde man ihn« *(Hld 8,6 f.)*. Die Griechen haben den Eros auf zwei verschiedene Weisen verstanden. Da gibt es den Mythos, in dem Eros der Erste der Götter ist. Er schlüpft aus dem Weltei und verbindet das Gegensätzliche miteinander. Der Eros hat also eine einende Kraft. Er bringt Mann und Frau zusammen. Andere Mythen schildern den Eros als wilden Knaben, der seine Liebespfeile verschießt. Wen er trifft, sei er alt oder jung, der wird in seinem Herzen verwundet und entflammt in Liebe zu einem Mann oder einer Frau. Er ist dem Eros ausgeliefert. Er kann sich nicht dagegen wehren. Es ist eine Erfahrung, die wir alle kennen. Wenn die Liebe zu einem Mann oder einer Frau in einen fällt, ist man ihr gegenüber machtlos.

Philia ist die Freundesliebe. Es ist die Liebe, die den Freund nicht begehrt, sondern die Freude hat an ihm, so wie er ist. Diese Freundesliebe gipfelt für die Griechen in der Bereitschaft, für den Freund sein Leben einzusetzen. Jesus bezieht sich auf dieses griechische Ideal, wenn er von sich sagt: »Es gibt keine größere Liebe, als wenn einer sein Leben für seine Freunde hingibt« *(Joh 15,13)*. Die Griechen singen immer wieder das Lied der Freundschaft. Für Epikur ist die Freundschaft das Größte, was uns die Weisheit zur Glückseligkeit unseres Lebens zu schenken vermag. Die Griechen waren das Volk der Freundschaft. Da heute immer mehr Ehen scheitern, sind viele fasziniert vom Geschenk der Freundschaft.

Agape ist die göttliche Liebe, die reine und lautere Liebe. Sie ist ein grundsätzliches Wohlwollen, nicht nur zum Freund, sondern zu jedem Menschen. Und sie ist die Liebe Gottes zu uns und unsere Liebe zu Gott. Die Agape will nichts vom Anderen oder von Gott, sondern sie liebt den Anderen um seiner selbst willen. Die Agape ist nicht vermischt mit Besitzansprüchen und Kontrollieren-Wollen. Es ist die keusche Liebe, die etwas von der göttlichen Liebe durchscheinen lässt. Die Agape ist der Gipfel der Liebe, nach dem wir uns im Tiefsten sehnen.

Es ist nun nicht so, dass wir vom Eros über die Philia zur Agape aufsteigen und die anderen beiden Arten der Liebe hinter uns lassen. Vielmehr gehören alle drei Formen der Liebe zusammen. Die Philia hat teil an der Kraft des Eros. Und auch die Agape braucht den Eros, sonst wird sie kraftlos und bedeutungslos. Und die Agape kann in der erotischen Liebe genauso anwesend sein. Es ist dann eine keusche, klare Liebe. Als der Film »Die Brücke« von Bernhard Wicky anlief, da schrieben die Kritiker, dass es Wicky gelungen sei, eine reine Jugendliebe darzustellen. Es war durchaus eine erotische Liebe zwischen dem jungen Mann und dem Mädchen, aber es war eine so lautere Liebe, die da mitten im Eros aufleuchtete. Da war der Eros von der Agape durchdrungen. Und umgekehrt war bei den Mystikern ihre Liebe zu Gott von der Kraft des Eros befruchtet.

Lieben = gut umgehen (liob)

*Wer einen Menschen liebt,
setzt für immer seine Hoffnung auf ihn.*
Gabriel Marcel

Jedes Volk hat andere Erfahrungen mit der Liebe gemacht. Die Sprache verrät am besten, welcher Aspekt von Liebe dem jeweiligen Volk wichtig geworden ist. Das deutsche Wort geht auf die althochdeutsche Wurzel »liob« zurück. Liob heißt: gut umgehen, gernhaben, liebhaben. In diesem Wort schwingt weniger das Gefühl mit, das das griechische Wort Eros stark prägt. Lieben ist in der deutschen Sprache vor allem ein gutes Umgehen mit dem, was ich als gut erkannt habe, von dem ich glaube, dass es gut ist. Lieben und glauben und loben haben die gleiche Wurzel. Um einen anderen lieben zu können, muss ich erst einmal das Gute in ihm erkennen und sehen. Dann kann ich den Anderen auch gut behandeln. Liebe ist also mehr als Gefühl. Es bedeutet ein neues Verhalten.

Wenn die Liebe in einer Ehe nur auf Gefühlen aufbaut, vergeht sie rasch, denn unsere Gefühle sind flüchtig. Wenn wir uns in einen Mann oder eine Frau verlieben, werden wir von starken Gefühlen überschwemmt.

Die Gefühle lassen uns anfangs gar nicht mehr klar denken. Liebe macht blind, sagt das Sprichwort. Doch allmählich lassen die Gefühle nach. Dann braucht es ein Verhalten, das die Liebe zum Anderen widerspiegelt: die Rücksichtnahme, das achtsame und gute Umgehen mit dem Anderen, mit seinen Stimmungen, mit seinen Zweifeln, seinen Ängsten, seinen Traurigkeiten. Die Liebe wirft dem Anderen nicht vor, dass er so oder so ist. Sie geht mit ihm gut um. Sie glaubt an das Gute in ihm, auch wenn sich der Andere momentan nicht gut fühlt, weil er entweder schuldig geworden ist oder weil er von inneren Zwängen oder Ängsten heimgesucht wird. Die Liebe muss sichtbar werden in einem neuen Verhalten. Sonst hat sie nicht die Kraft, Mann und Frau ein Leben lang miteinander zu verbinden.

Das Gleiche gilt von einer Gemeinschaft. Wenn man sich in der Gemeinschaft immer wieder seiner Gefühle vergewissern muss, dass man sich in der Gemeinschaft wohl fühle, dass man die anderen liebe, dann steht die Gemeinschaft auf tönernen Füßen. Die Gefühle allein tragen auf Dauer nicht. Natürlich braucht es auch den Austausch über die Gefühle und die Zusage, dass man den Anderen gern hat. Doch diese Liebe muss sich in meinem konkreten Tun ausdrücken. Ich muss der Gemeinschaft zeigen, dass ich treu zu ihr stehe, dass sie sich auf mich verlassen kann. Meine Liebe zeigt sich, indem ich die Konflikte nicht unter den Teppich kehre, sondern sie behutsam zu lösen versuche, indem ich darauf verzichte, über andere schlecht zu reden. Die Liebe drückt sich also darin aus, dass ich gut von den anderen spreche, dass ich das Gute auch benenne, das ich sehe. Das Sprechen bewirkt etwas. Wenn einer immer nur über andere schimpft und nörgelt, dann vergiftet er die Atmosphäre einer Gemeinschaft. Es braucht das gute Sprechen und das gute Handeln, damit die Liebe die Gemeinschaft wirklich aufbaut.

Von dieser Liebe, die aufbaut, hat Paulus immer wieder gesprochen. Den Römern schreibt Paulus: »Seid einander in brüderlicher Liebe zugetan, übertrefft euch in gegenseitiger Achtung!« *(Röm 12,10)*. Die Korinther, die vor lauter ekstatischen Charismen als Gemeinschaft auseinanderzubrechen drohten, ermahnt er: »Alles, was ihr tut, geschehe in Liebe« *(1 Kor 16,14)*. Und im Kolosserbrief sagt er von der Liebe: »Vor allem aber liebt einander, denn die Liebe ist das Band, das alles zusammenhält und vollkommen macht« *(Kol 3,14)*. Die Liebe hat also die Kraft in sich, das Auseinanderstrebende einer Gemeinschaft zusammenzuhalten und es in die

Einheit zu führen. In diesem Einssein erfährt die Gemeinschaft etwas von der Vollkommenheit Gottes. Da hat sie teil an Gottes Einssein. Paulus meint in all diesen Mahnungen weniger das Gefühl der Liebe, sondern ein konkretes Verhalten, in dem sich die Liebe ausdrückt.

Liebe deinen Nächsten

Liebe ist das Einzige, das wächst,
wenn wir es verschwenden.
Ricarda Huch

Wenn wir Christen von der Liebe sprechen, so denken wir in erster Linie an die Nächstenliebe, so wie sie Jesus uns geboten hat: »Deinen Nächsten sollst du lieben wie dich selbst« *(Lk 10,27)*. Neben der Gottesliebe ist die Nächstenliebe das christliche Hauptgebot. Für Jesus erfüllt sich in diesen beiden Geboten das ganze jüdische Gesetz. In meiner Kindheit ist mir das Gebot der Nächstenliebe so stark eingetrichtert worden, dass ich immer ein schlechtes Gewissen bekam, wenn ich an mich und meine Bedürfnisse gedacht habe. Und vor allem hatte ich den Eindruck, ich müsste jeden Menschen lieben. Und da spürte ich, dass das gar nicht geht. Ich kann nicht zu gleicher Zeit für alle Menschen sorgen.

Als ein Gesetzeslehrer Jesus fragte, was er tun sollte, »um das ewige Leben zu gewinnen« *(Lk 10,25)*, antwortet Jesus mit dem Hinweis auf das Doppelgebot der Gottes- und Nächstenliebe. Die Antwort Jesu war für alle Zuhörer plausibel. Doch »der Gesetzeslehrer wollte seine Frage rechtfertigen und sagte zu Jesus: Und wer ist mein Nächster?« *(Lk 10,29)*.

Das griechische Wort »plesion« meint auch »Freund«. Der Gesetzeslehrer möchte also seine Liebe auf die beschränken, die zu seinen Freunden gehören, zu seinen Volksgenossen. Daraufhin erzählt Jesus das Beispiel vom barmherzigen Samariter, der auf den Mann zugeht, der unter die Räuber gefallen ist und halb tot am Wegrand liegt. Während der Priester und der Levit vorbeigingen, weil ihnen ihre kultische Reinheit wichtiger war als die Nächstenliebe, hatte der Samariter Mitleid, »ging zu ihm hin, goss Öl und Wein auf seine Wunden und verband sie. Dann hob er ihn auf sein Reittier, brachte ihn zu einer Herberge und sorgte für ihn« *(Lk 10,34).*

Am Schluss seiner Erzählung fragt Jesus den Gesetzeslehrer: »Wer von diesen dreien hat sich als der Nächste dessen erwiesen, der von den Räubern überfallen wurde?« *(Lk 10,36)* Man möchte meinen, er würde uns auf den ausgeraubten und niedergeschlagenen Mann als den Nächsten verweisen. Doch er nennt den Samariter den, der sich als Nächster erwiesen hat. Nächstenliebe heißt für Jesus zuerst, dass wir uns als Nächste erweisen, und zwar gerade dem Menschen gegenüber, der ausgeplündert am Rand unserer Wege liegt. Lieben ist für Jesus also, dem Andern sich als Nächster, als Freund, zu nähern und als Freund zu handeln. Es geht nicht darum, über den Nächsten zu theoretisieren, sondern dort zuzupacken, wo Gott mich zum Nächsten eines Menschen machen möchte, der in Not geraten ist und der den Freund als Beistand braucht.

Mir hat die Erzählung vom barmherzigen Samariter immer ein schlechtes Gewissen gemacht. Ich verstand es als Muss: Ich muss jeden, der z. B. am Straßenrand winkt, auch mit dem Auto mitnehmen. Ich darf an keinem vorübergehen. Das hat mich oft überfordert. Doch Jesus will uns nicht überfordern. Allerdings möchte er uns auch nicht in Ruhe lassen. Ich kenne in mir die Tendenz des Gesetzeslehrers, mein Verhalten zu begründen, mich zu rechtfertigen, dass ich dem oder jenem nicht helfen kann. Ich möchte gerechtfertigt vor Gott dastehen. Die Nächstenliebe, wie Jesus sie versteht, will mich an dieser Selbstrechtfertigung hindern. Ich habe nie die Garantie, dass ich alles richtig mache. Zugleich will Jesus aber auch kein absolutes Gebot aufstellen: dass wir nie an uns denken dürfen, sondern uns jedem zuwenden müssen, der in Not ist. Das hat Jesus selbst auch nicht getan. Daher hat Lukas die Beispielerzählung vom barmherzigen Samariter ergänzt durch die Geschichte von Maria und Marta, zu denen Jesus als Gast kam. Marta war die Gastgeberin, die für Jesus gesorgt hat. Doch Jesus gibt ihrer Schwester Maria recht, die einfach dasitzt, um zuzuhören. Das Hören ist manchmal genauso wichtig wie das Tun. Maria wird nicht vom schlechten Gewissen getrieben, dass sie zu wenig für Jesus und seine Jünger tut, die müde von der Wanderung bei ihnen einkehren. Sie tut das, was ihr Herz ihr eingibt. Sie setzt sich Jesus zu Füßen und hört auf seine Lehre. Sie wird seine Schülerin. Sie genießt die Beziehung, die im Reden und Zuhören entsteht. Beide Pole gehören zur Nächstenliebe: das konkrete Tun und das Hören auf die leisen Impulse des eigenen Herzens, in denen Jesus zu mir spricht. Dort werde ich erkennen, wo mein Handeln gefragt ist und wo es einfach nur auf mein Dasein ankommt.

Sich selbst lieben

*Denn nur die freie Neigung ist die Liebe, nur wer
sich selber hat, kann sich selber geben.*
Franz von Baader

Obwohl bei allen drei Synoptikern Jesus die Nächstenliebe
immer auch mit der Selbstliebe verbindet, haben wir die
Selbstliebe lange Zeit vernachlässigt. In meiner Jugend wurde die Selbstliebe immer verdächtigt, reiner Egoismus zu
sein. Ich darf nicht an mich selbst denken, sondern muss
immer fragen, was der Andere braucht. Das hat dann oft
dazu geführt, dass sich Menschen überfordert haben.
Daher ist es wichtig, dass wir immer auch den Gegenpol
ernst nehmen: die Liebe zu uns selbst.
Aber was heißt das, sich selbst zu lieben? Es scheint ein-
facher zu sein, als es in Wirklichkeit ist. Mich selbst lieben
heißt nicht nur ja sagen zu mir selbst, nicht nur mich selbst
annehmen, sondern mit einem wohlwollenden und liebenden Blick auf mich schauen, mich gernhaben, mich wirklich
mögen. Das beginnt bei meinem Leib. Ich erlebe viele Christen, die einen spirituellen Weg gehen möchten. Sie sprechen
von der Liebe Gottes. Aber wenn sie ehrlich sind, bringen
sie es nicht zustande, sich in ihrem Leib zu lieben. Tief in
ihnen sind starke Ressentiments ihrem Leib gegenüber.
Aber wie soll so ein Mensch es lernen, sich in seinem Leib
zu lieben? Die erste Bedingung ist, dass ich das Schöne an
meinem Leib wahrnehme, dass ich ihn schön finde, dass ich
mit einem guten Auge auf ihn blicke. Die zweite Bedingung
wäre, gut mit meinem Leib umzugehen, ihn zärtlich zu berühren, ihn liebevoll zu spüren. Eine Übung kann sein, sich
im Spiegel anzuschauen und das eigene Gesicht jeden Morgen freundlich zu begrüßen. In diesem meinem Gesicht will
sich Gottes Herrlichkeit widerspiegeln. Sich in seinem Leib

zu lieben ist Ausdruck der Gottesliebe, denn wie kann ich das, was Gott geschaffen und mir anvertraut hat, ablehnen? Sich selbst lieben heißt ferner, das wahre Selbst lieben, das einmalige Bild, das Gott sich von mir gemacht hat. Es heißt also nicht, jede meiner Launen zu verabsolutieren und als mein Selbst auszugeben. Ich soll vielmehr in mich hineinspüren, wo sich in der Tiefe meines Herzens mein wahres Selbst meldet. Dieses Selbst darf ich nicht verleugnen und verbiegen. Wenn Jesus von der Selbstverleugnung spricht als der Voraussetzung, ihm nachzufolgen, dann meint er nicht, dass wir das Selbst verneinen sollen, sondern dass wir uns von unserem Ego distanzieren sollen, das sich bei allem, was wir denken und tun, in den Weg stellen möchte. Das Ego kreist nur um sich. Das Selbst ist in Berührung mit dem Geheimnis des eigenen Lebens und mit dem Geheimnis Gottes und der Menschen. Mit dem Selbst komme ich in Berührung, wenn ich in mir eine innere Stimmigkeit wahrnehme. Und wenn ich diese Stimmigkeit spüre, dann darf ich sie nicht überspringen oder verleugnen. Die Nächstenliebe wird nur dann gelingen, wenn sie aus dieser inneren Stimmigkeit herausströmt. Wenn ich in meiner Nächstenliebe nur mein schlechtes Gewissen beruhigen möchte, wird sie keine Frucht bringen. Ich werde sogar denen, die ich zu lieben vorgebe, auf die Nerven fallen. Sie spüren, dass es keine echte Liebe ist, die aus dem Herzen strömt, sondern eine erzwungene Liebe, die aus dem schlechten Gewissen kommt.

Gott lieben

Gott bittet uns, ihn zu lieben, nicht weil er
unsere Liebe zu sich braucht, sondern weil wir
unsere Liebe zu ihm brauchen.
Franz Werfel

Jesus verweist den Gesetzeslehrer, der ihn danach fragt, was
er tun müsse, um das ewige Leben zu erlangen, auf das Gesetz. Und daraus zitiert er das erste Gebot: »Du sollst den
Herrn, deinen Gott, lieben mit ganzem Herzen und ganzer
Seele, mit all deiner Kraft und all deinen Gedanken« *(Lk
10,27)*. Wie können wir Gott lieben, den wir nicht sehen? So
fragt schon Johannes in seinem Brief. Kann sich die Gottesliebe nur in der Nächstenliebe ausdrücken? Ist sie nur eine
Chiffre für die Nächstenliebe? Doch dann würden wir Jesu
Bestätigung nicht ernst nehmen: »Du hast richtig geantwortet. Handle danach, und du wirst leben« *(Lk 10,28)*. In der
Theologie hat man die Gottesliebe entweder intellektuell
oder ethisch verstanden. Gott lieben heißt dann, Gott zu
erkennen und seine Gebote zu halten. Das emotionale
Element der Gottesliebe wurde in der Theologie meistens
völlig vernachlässigt. Doch damit würden wir den Sinn der
Jesusworte, wie sie uns Lukas überliefert, verfehlen.
Wie sollen wir das ganze Herz, die ganze Seele, die Kraft
und die Gedanken verstehen? Die Juden dachten beim
ganzen Herzen an die Ungeteiltheit des Gehorsams. Bei der
Seele (»psyche«) dachten sie an das Martyrium. Lukas versteht mit diesen vier Bereichen den ganzen Menschen. Der
Mensch mit all seinen geistigen, emotionalen und seinen be-
gehrlichen Kräften (den Leidenschaften) soll Gott lieben.
Das Herz meint den Willen und die Gefühle. Die Seele
(»psyche«) bedeutet die bewusste Lebenskraft und geistige
Sensibilität. Mit Kraft (»ischys«) beschreibt Lukas die per-

sönliche Lebensenergie. Die heutige Psychologie sieht in der Sexualität und Aggressionskraft die beiden entscheidenden Lebensenergien. Auch mit dieser Energie soll der Mensch Gott lieben. Und dann bleibt das Denken. Auch meine Gedanken sollen sich auf Gott ausrichten. Und in meinem Denken soll ich Gott lieben. Interessant ist, dass Lukas außer beim Herzen immer von »en = in« statt »ek = aus« schreibt. Wir sollen Gott in unserer Seele, in unserer Kraft und in unserem Denken lieben. Das heißt für mich, dass unsere Seele, unsere Lebensenergie und unser Verstand von Liebe durchdrungen sein sollen. Dann meint Jesus hier weniger das willentliche Moment, sondern dass wir die Liebe in allen Bereichen unseres Leibes und unserer Seele wohnen lassen. Die Liebe zu Gott verwandelt unser Herz, unsere Seele, unsere Lebensenergie und unser Denken. Unser ganzes Sein bekommt durch die Liebe einen neuen Geschmack. Lukas denkt den Menschen immer schon mit Gott zusammen. Jesus ist ja vom Himmel herabgekommen, um uns an unseren göttlichen Kern zu erinnern. In dem göttlichen Kern ist schon Gottes Liebe in uns, aber diese Liebe soll all unsere Seelenkräfte durchdringen. Und wir sollen alles, was in uns ist, auf Gott ausrichten. Unser Herz wird erst ruhig, wenn es sich für Gott öffnet. Unsere Seele wird erst richtig feinfühlend und sensibel, wenn sie sich nach Gott ausstreckt. Unsere Lebensenergie wird erst Frucht bringen, wenn sie sich aus der göttlichen Quelle speist. Wer nur aus der eigenen Kraft lebt, der erzeugt um sich herum Härte und Aggressivität. An der Ausstrahlung nach außen merken wir also, ob einer Gott liebt oder nicht. Und auch an unserem Denken kann man ablesen, ob es aus der Liebe zu Gott strömt oder aber aus Berechnung oder Geltungsdrang. Manche meinen, sie würden ganz sachlich denken, aber sie erkennen gar nicht die unbewussten Voraussetzungen ihres Denkens. So wird ihr Denken Spaltung erzeugen. Auch wenn die Gedanken noch so brillant sind, merkt man ihnen die Eitelkeit an.

Gott zu lieben ist also mehr, als mit dem Willen zu antworten auf Gottes Liebe, und mehr, als den Nächsten zu lieben. Gott zu lieben ist ein lebenslanger Prozess, der unsere Anstrengung mit einschließt, der aber vor allem im Sich-Öffnen für Gottes Liebe besteht.

Was kann der Mensch tun, um Gott zu lieben? Für mich sind es zwei Schritte, die ich selbst gehen kann:

Der erste Schritt ist das Gebet und die Meditation. Ich setze mich in der Stille und im Beten Gott aus. Ich halte alles, was in mir ist, Gott hin, damit er alle Räume meines inneren Hauses immer mehr mit seiner Liebe durchdringt.

Der zweite Schritt besteht darin, dass ich meine Seelenkräfte auf Gott hin ausrichte. Ich schaue auf mein Herz und auf seine tiefste Sehnsucht. Ich folge dieser Sehnsucht bis zum Ende. Dann führt sie mich zu Gott. Ich nehme meine geistige Sensibilität wahr und spüre mich in sie hinein. Was wird mir bewusst, wenn ich ganz in der Achtsamkeit bin? Auch meine bewusst wahrgenommene Sensibilität hat als letztes Ziel Gott. Oder ich denke meine Leidenschaften, meine Lebensenergien zu Ende. Meine Sexualität zielt letztlich auf die Ekstase der Liebe in Gott hinein. Und meine Aggressionskraft kommt in dem Gott, der alles neu schafft, zur Vollendung. Und ich lenke meine Gedanken auf Gott hin, nicht um über ihn nachzudenken, sondern um in meinen Gedanken das Höchste zu denken, das es gibt. Mein Namenspatron, der hl. Anselm von Canterbury, hat darin das Wesen der Theologie gesehen: das Denken immer weiter zu treiben, bis es nichts Größeres mehr gibt, das gedacht werden kann. Dann ergibt sich das Denken in Gott hinein. Liebe hat also bei diesem zweiten Schritt etwas zu tun mit: sich ausstrecken, sich sehnen, mit allen Kräften nach Gott verlangen, der das letzte Ziel meines Menschseins ist.

Gottes Liebe zu uns

Gott liebt uns weit mehr, als wir selber uns lieben.
Teresa von Avila

Die Grundtatsache unseres Lebens ist, dass wir bedingungslos von Gott geliebt sind. Das ist die zentrale Botschaft Jesu, der uns immer wieder versichert, dass Gott uns liebt, auch wenn wir Sünder sind, auch wenn wir immer wieder an uns selbst und an Gott vorbeileben. Gottes Liebe drückt sich darin aus, dass er uns sucht, wenn wir uns verloren haben, und dass er uns wie den verlorenen Sohn wieder barmherzig aufnimmt in seine väterliche Liebe, wenn wir unser Vermögen, unsere Lebensenergie, in der Fremde verschleudert haben.

Die bedingungslose Liebe Gottes wird uns in der Taufe zugesagt. Da wird über jeden von uns das Wort gesagt, das uns Markus als Wort des Vaters über seinen Sohn überliefert: »Du bist mein geliebter Sohn, an dir habe ich Gefallen gefunden« *(Mk 1,11)*. Karl Frielingsdorf hat beschrieben, wie viele Menschen als Kind nur bedingte Daseinsberechtigung erfahren haben. Sie wurden geliebt unter der Bedingung, dass sie brav sind, angepasst, pflegeleicht, erfolgreich, gut. Doch wer sich als Kind nur unter Bedingungen angenommen fühlt, der setzt alles daran, diese Bedingungen zu erfüllen. Er entwickelt Strategien des Überlebens. Er strengt sich immer mehr an, nur um endlich angenommen zu werden. Er passt sich immer mehr an, er sagt nie seine eigene Meinung, nur um bei allen beliebt zu sein. Doch Frielingsdorf meint, das sei dann kein Leben, sondern nur ein Überleben. Wirklich zu leben vermögen wir nur, wenn wir uns bedingungslos geliebt fühlen. Und so ist es wichtig, uns immer wieder daran zu erinnern, dass wir von Gott geliebt sind, ganz gleich, wie wir uns verhalten, selbst wenn wir versagen und schuldig werden. Doch es braucht oft lange, bis diese theoretische Einsicht aufgrund der biblischen Aussagen in unser Herz gelangt und unser ganzes Selbstverständnis prägt.

Jesus hat uns die bedingungslose Liebe Gottes nicht nur verkündet. Er hat sie auch vorgelebt. Ja, in Jesu Verhalten können wir diese Liebe Gottes immer wieder erfahren. Da ist einmal die Art und Weise, wie Jesus auf Menschen zugeht. Der Evangelist Lukas zeigt uns, dass Jesus mit den Sündern isst und trinkt. Wenn ich mit jemand Mahl halte, dann ist das für Juden und Griechen die höchste Form von Annahme und Zuwendung. Es sind vor allem zwei Mahlzeiten, in denen diese bedingungslose Liebe Gottes zu den Sündern sichtbar wird. Die eine findet beim Pharisäer Simon statt. Als alle zu Tisch liegen, kommt auf einmal ein nicht geladener Gast, eine stadtbekannte Sünderin, und wäscht Jesus die Füße, salbt sie mit kostbarem Öl und bedeckt sie mit zahllosen Küssen. Es ist nicht nur eine zärtliche Liebe, die die Frau Jesus erweist, sondern eine Liebe voller Erotik, denn die Füße zu küssen war Vorrecht der Gattin oder der Tochter. Jesus lässt diese erotische Liebe an sich geschehen. Während der Pharisäer und seine Gäste dieses Verhalten missbilligen, lobt Jesus ihr Verhalten. Er sieht es als Ausdruck ihrer großen Liebe. Aufgrund dieser Liebe sagt Jesus ihr das Wort der Vergebung zu. Er ermöglicht ihr einen neuen Anfang: »Geh in Frieden!« *(Lk 7,50)*.

Die zweite betrifft das Mahl mit dem Zöllner Zachäus. Die Zöllner gelten als Sünder. Sie werden von den frommen Juden abgelehnt und aus der Gemeinde ausgeschlossen. Jesus traut diesem Sünder die Umkehr zu. Er nimmt ihn bedingungslos an, ohne ihm Vorhaltungen zu machen. Das verwandelt den Zachäus. Jetzt gibt er auf einmal die Hälfte seines Vermögens den Armen. Jesus lädt sich selbst in das Haus des Zöllners ein. Als sich die Pharisäer darüber aufregen, dass er bei einem Sünder einkehrt, sagt er: »Heute ist diesem Haus das Heil geschenkt worden, weil auch dieser Mann ein Sohn Abrahams ist. Denn der Menschensohn ist gekommen, um zu suchen und zu retten, was verloren ist« *(Lk 19, 9 f.).*

Am klarsten offenbart sich die bedingungslose Liebe Gottes in Jesu Tod am Kreuz. Der Evangelist Johannes hat Jesu Tod am Kreuz als Vollendung der Liebe verstanden. »Da er die Seinen, die in der Welt waren, liebte, erwies er ihnen seine Liebe bis zur Vollendung« *(Joh 13,1).* Jesus streckt am Kreuz seine Arme aus, um alle, die ihn betrachten, voll Liebe an sich zu ziehen. Wenn ich Jesus am Kreuz meditiere, dann brechen in mir die inneren Widerstände gegen Gottes Liebe zusammen. Ich beginne zu ahnen, dass dieser Jesus am Kreuz auch mich meint, auch für mich gestorben ist, dass er mich in seine geöffneten Arme aufnimmt. Am Kreuz darf ich glauben, dass alles in mir von Gottes Liebe umfasst ist. Das Kreuz ist ja Zeichen aller Gegensätze. Auch in mir ist alles Gegensätzliche von Gott geliebt: das Hohe und Tiefe, das Lichte und Dunkle, das Gute und Böse, das Bewusste und Unbewusste. Johannes beschreibt diese bedingungslose Liebe am Kreuz mit dem Wort »telos = Vollendung«. Telos meint auch: Einweihung in das Geheimnis. Am Kreuz führt mich Jesus ein in das Geheimnis der bedingungslosen und vollendeten Liebe Gottes, die alles in mir umschließt und alles Zerbrochene ganz macht und das Verwundete heilt. Lukas beschreibt diese bedingungslose Liebe Jesu am Kreuz mit den Worten, die Jesus am Kreuz seinen Mördern gegenüber betet: »Vater, vergib ihnen, denn sie wissen nicht, was sie tun« (Lk 23,34). Wenn ich diese Worte Jesu am Kreuz meditiere, kann ich glauben, dass es nichts in mir gibt, was nicht vergeben ist, was nicht von Gott bedingungslos angenommen ist.

Liebe sein

Es gibt keine Liebe, außer in Gott.
Albert Camus

Die Evangelien beschreiben uns in den Worten und im Tun Jesu Gottes bedingungslose Liebe zu uns. Auf Schritt und Tritt begegnen wir in den Evangelien dem Gott, der uns liebt. Der 1. Johannesbrief wagt über diese Beschreibung hinaus eine Definition: »Gott ist Liebe, und wer in der Liebe bleibt, bleibt in Gott« *(1 Joh 4,16)*. Bei Johannes ist die Aussage »Gott ist Liebe« nicht umkehrbar in: »Die Liebe ist Gott«, wie Ludwig Feuerbach es einmal formuliert hat. Johannes setzt klar bei Gott an. Den Artikel setzt er nur bei Gott (ho theos) und nicht bei der Liebe (fälschlicherweise hat die Einheitsübersetzung den Artikel »die« bei der Liebe eingefügt). Gott ist seinem innersten Wesen nach Liebe. Aber das – so meint Johannes – können wir nicht in rein philosophischer Spekulation erkennen, sondern allein an und in Jesus Christus. Zugleich braucht es jedoch, um das Wesen Gottes als Liebe zu erkennen, auch die menschlichen Erfahrungen von Liebe. Wer die Liebe zu einem Freund oder einer Freundin, wer das Verliebtsein erfahren hat, der sieht in dieser Definition des Johannes nichts Abstraktes, er versteht vielmehr, wer Gott wirklich ist.

Johannes bleibt nicht bei der Definition Gottes als der Liebe stehen, sondern er führt sie weiter zu der sogenannten Immanenzformel: »Wer in der Liebe bleibt, bleibt in Gott, und Gott bleibt in ihm« *(1 Joh 4,16)*. Dreimal verwendet Johannes hier das Wort »menein = bleiben«. Zwei Aspekte sind an diesem Bleiben wichtig: einmal das andauernde Verweilen, zum anderen das Bild des Raumes. In der Liebe Gottes kann man ausruhen, wie man nach langer Wanderung in der Geborgenheit seiner Wohnung zur Ruhe kommt. Und in diesem Wort ist ausgedrückt, dass die Liebe Gottes wie ein Raum ist, in dem ich wohnen kann. Das deutsche Wort »wohnen« heißt ursprünglich »Behagen empfinden, zufrieden sein, bleiben, Gefallen finden«. Gott, der seinem Wesen nach Liebe ist, ist für uns eine Wohnung, in der wir uns zu Hause fühlen, in der wir Gefallen finden und in der wir uns geschützt wissen. Aber nicht nur wir bleiben in Gott, sondern Gott bleibt in uns. Es ist der Beginn der mystischen Liebeslyrik, die Johannes mit diesem einfachen Satz anstößt. Sie findet für mich einen musikalischen Höhepunkt in dem Duett aus der Bachkantate »Wachet auf, ruft uns die Stimme«. Da singen Seele und Bräutigam einander zu: »Mein Freund ist mein! Und ich bin dein!« Man kommt mit der theologischen Reflexion über dieses gegenseitige Wohnen Gottes in der menschlichen Seele und der Seele in Gott bald an eine Grenze. Die Reflexion bedarf der mystischen Erfahrung. Dann ahnt man, dass Johannes hier eine Aussage über die göttliche und menschliche Liebe macht, die unsere tiefste Sehnsucht erfüllt und die unser Leben in ein neues Licht taucht, in das Licht der göttlichen Liebe, wie sie uns in Jesus Christus offenbar geworden ist.

Ich möchte aber die Definition »Gott ist Liebe« noch auf andere Weise in unsere menschliche Erfahrung hinein übersetzen. Zu Beginn sagte ich: Die tiefste Sehnsucht des Menschen geht dahin, zu lieben und geliebt zu werden. Die Erfüllung dieser Sehnsucht heißt für mich nicht, dass einmal ein Mensch kommen wird, der mich so bedingungslos liebt, dass meine Sehnsucht gestillt wird. Meine Sehnsucht kann letztlich nur von Gott gestillt werden. Doch die johanneische Immanenzformel gibt mir noch eine andere Antwort: Meine Sehnsucht wird nicht dadurch erfüllt, dass ich bedingungslos geliebt werde, sondern dass ich Liebe bin. Das ist für mich das Ziel all meiner Erfahrungen mit der menschlichen Liebe, sowohl der erfüllenden als auch der enttäuschenden Erfahrungen, dass ich nicht nur liebe und geliebt werde, sondern selber Liebe werde. Das klingt zunächst abstrakt, aber ich habe es schon einige Male erlebt, wie es ist: einfach Liebe zu sein. In diesem Augenblick denke ich nicht an einen konkreten Menschen, den ich liebe oder der mich liebt. Ich spüre einfach in mir Liebe zu allem, was ist. Die Liebe erfüllt mich. Und in dieser Erfahrung, dass ich einfach Liebe bin, verstehe ich, was es heißt: Gott ist in mir, und ich bin in ihm.

Aber meine Erfahrung steht nicht allein. Immer wieder erzählen mir Menschen von ähnlichen Erlebnissen. Eine Frau ging am Strand spazieren. Auf einmal war sie von Liebe erfüllt. Sie dachte nicht an einen Mann. Sie war einfach Liebe. Sie sah sich überall von Liebe umgeben. Und zu allem strömte aus ihrem Herzen ein zärtliches und liebevolles Wohlwollen. Bei manchen alten Menschen sehe ich in ihrem Gesichtsausdruck, dass sie Liebe sind. Bei einem alten Gastpater auf dem Berg Athos spürte ich in seinem Händedruck, dass er damit Liebe nicht nur weitergeben wollte, sondern dass diese Liebe den ganzen Leib dieses spirituellen Menschen durchströmte, dass er selbst Liebe war. So wie Gott in seinem Wesen Liebe ist, so ist es unser Ziel, wie Gott Liebe zu werden. Wir sind nicht wie Gott aus uns selbst Liebe. Wir können nur Liebe werden, wenn wir uns von unseren menschlichen Erfahrungen von Lieben und Geliebtwerden immer mehr hineinführen lassen in das Geheimnis der Liebe, in dem wir Gott selbst erahnen als die eigentliche Quelle aller Liebe. Wenn wir Liebe sind, dann ist Gott in uns, und wir sind in Gott.

Liebe, die heilt

Die Liebe besiegt alles.
Polydore Vergil

In Gesprächen mit vielen Menschen erfahre ich immer wieder, dass das, was sie als Kind am meisten verletzt hat, der Mangel an Liebe war. Sie fühlten sich nicht bedingungslos angenommen. Sie sehnten sich als Kind danach, bei der Mutter geborgen zu sein. Doch wenn die Mutter zu sehr mit sich selbst beschäftigt war und diese Geborgenheit nicht vermitteln konnte, dann haben sie sich zurückgezogen. Dann haben sie auch die Liebe in sich unterdrückt. Denn es war für sie zu schmerzlich, diese Sehnsucht nach Liebe wahrzunehmen und sie nicht erfahren zu können. Sie sehnten sich danach, vom Vater gesehen und beachtet, von ihm gelobt und anerkannt zu werden. Doch wenn der Vater nur auf sich und seine Arbeit bedacht war, kamen sie zu kurz in ihrer Sehnsucht nach der väterlichen Liebe. Oft sind sie dann ein Leben lang dieser Liebe nachgelaufen, ohne sie je in ihrer Fülle zu erfahren. Immer wieder wurden sie in ähnlicher Weise verletzt wie damals als Kind.

Wenn nun der Mangel an Liebe unsere tiefste Verletzung ist, so können wir auch erahnen, dass es die Liebe ist, die unsere Wunden heilt. Therapeuten und Seelsorger wissen, dass es nicht die psychologische oder spirituelle Methode ist, die den Menschen Heilung bringt, sondern allein die Liebe. Carl Ransom Rogers beschreibt diese Liebe als uneingeschränkte, wertschätzende Anteilnahme, als Empathie. Der Klient braucht die Erfahrung der bedingungslosen Liebe des Therapeuten, um seinen Mangel an Liebeserfahrung in der Kindheit aufarbeiten zu können. Allerdings darf er sich dabei nicht wieder abhängig machen von der Liebe des Therapeuten. Das geschieht zunächst in der Übertragung. Die

Übertragung ist eine wichtige Station auf dem Weg der Heilung. Der Klient erfährt im Therapeuten oder in der Seelsorgerin den Vater oder die Mutter, nach dem oder nach der er sich immer gesehnt hat. Anschließend muss er jedoch die Übertragung wieder zurücknehmen und die Liebe, die er vom Therapeuten erfährt, in sich selbst spüren. Erst dann geschieht wirkliche Heilung.

Es gibt viele Erzählungen, die von der heilenden Kraft der Liebe berichten. Da sind Märchen, in denen die Liebe ein Tier wieder in einen Menschen verwandelt. In der Nähe mancher Menschen werden wir zum Tier, zum stachligen Igel, zum reißenden Wolf oder zum scheuen Reh. Da braucht es die Liebe eines Menschen, die uns wieder in unsere menschliche Gestalt zurückversetzt. Eine chassidische Geschichte erzählt von einem Vater, der mit seinem ungebärdigen Sohn nicht mehr zurechtkommt. Er bringt ihn zum Rabbi, damit er ihm beibringe, wie er sich zu verhalten hat. Der Rabbi nimmt den Sohn in seine Arme und hält ihn einen Tag lang in seinen liebenden Armen. Als der Vater am nächsten Tag kommt, ist der Sohn wie verzaubert. Die Liebe hat ihn geheilt, nicht die Moralpredigt.

Es gibt nicht nur die menschliche Liebe, die unsere Wunden heilt, sondern auch die göttliche Liebe. Nur erfahren wir sie oft nicht so hautnah. Doch manchmal dürfen wir erleben, dass wir uns von Gottes Liebe umgeben oder durchdrungen fühlen. Dann spüren wir zugleich, dass in diesem Augenblick unsere tiefste Wunde geheilt ist. Allerdings kann es sein, dass diese Wunde immer wieder einmal aufbricht und schmerzt. Doch die Erfahrung, dass da einmal tiefer Friede war, als ich die Liebe Gottes gespürt habe, hindert mich daran, immer wieder um meine Verletzungen zu kreisen und andere dafür verantwortlich zu machen. Die Erfahrung der Liebe Gottes bringt mich vielmehr dazu, mich von der Wunde, sobald sie sich wieder schmerzlich bemerkbar macht, an die bedingungslose Liebe Gottes erinnern zu lassen. Dann hindert mich die Wunde nicht mehr am Leben, sondern bringt mich auf neue Weise zum Leben und zur Liebe.

Die Liebe glaubt alles und hofft alles

Das Maß der Liebe ist die Liebe ohne Maß.
Franz von Sales

Ich kann nicht über die Liebe schreiben, ohne das Hohelied der Liebe zu erwähnen, das Paulus im 13. Kapitel des 1. Korintherbriefes anstimmt. In diesem Lied besingt Paulus weder die Liebe zum Nächsten noch die Liebe zwischen Mann und Frau noch die Liebe zu Gott. Er spricht einfach von der Agape, von der Liebe an sich. Die Liebe ist für ihn eine Gabe des Geistes, eine Geisteskraft, die den Menschen verwandelt und seinem Leben einen neuen Geschmack gibt. Die Liebe gilt nicht in erster Linie anderen Menschen oder Gott. Sie ist eine eigene Qualität des Daseins, eine eigenständige Macht, die im Herzen des Menschen wirkt und all sein Reden und Tun prägt. Letztlich ist die Liebe eine göttliche Kraft. Sie braucht der Mensch, damit sein Leben gelingt. Die Liebe als göttliche Gabe schenkt dem Menschen eine neue Lebensqualität und eine heilsame Selbstwahrnehmung.

Ohne Liebe – so sagt Paulus – ist alles andere wertlos. Wir können noch so spirituell sein, noch so prophetisch reden, ein noch so großer Mystiker sein, wenn wir die Liebe nicht haben, sind wir nichts. Wir könnten sogar unser Leben für Gott aufopfern, ohne Liebe ist auch dieses Opfer nichts wert. Und dann beschreibt Paulus diese Liebe, zu der Gottes Geist uns befähigt: »Die Liebe ist langmütig, die Liebe ist gütig« *(1 Kor 13,4)*. Die Liebe weitet das Herz. Paulus spricht hier von »makrothymos = großer Mut, weites Herz«. Das weite Herz ist offen für alles. Es lässt sich nicht so leicht vom Zorn bestimmen. Ein kleinlicher Mensch, ein enges Herz, ist wie ein kleiner Topf. Wenn man darin Wasser kocht, dann kocht es schnell über. So wird der Mensch mit dem engen Herzen schnell von Zorn und Eifersucht heimgesucht oder muss sich aufblähen. Weil er sich klein fühlt, muss er angeben. All diese negativen Eigenschaften – so sagt Paulus – braucht die Liebe nicht. Sie weitet das Herz. Und in einem weiten Herzen hat alles Platz. Da wird niemand verurteilt. Das weite Herz ist auch gütig. Die Liebe schaut auf alles mit einem gütigen Blick und macht dadurch alles gut. Sie lockt das Gute im Menschen hervor.

Und dann entfaltet Paulus, wie die Liebe sich gibt. Er stellt keine moralischen Forderungen auf, sondern zeigt, wie sich ein Mensch verhält, der von der Liebe geprägt ist. Wenn die Liebe in uns die eigentliche Wirklichkeit ist, dann wirkt sie sich aus in einem neuen Verhalten:

»Sie ereifert sich nicht, sie prahlt nicht, sie bläht sich nicht auf. Sie handelt nicht ungehörig, sucht nicht ihren Vorteil, lässt sich nicht zum Zorn reizen, trägt das Böse nicht nach. Sie freut sich nicht über das Unrecht, sondern freut sich an der Wahrheit« *(1 Kor 13,4–6)*. Schöner kann man kaum ausdrücken, wie die Liebe den Menschen verwandelt und durch ihn auf die Umgebung ausstrahlt. Es ist keine Leistung, die der Mensch zu vollbringen hat, sondern Ausdruck einer Erfahrung. Wer Liebe ist, der verhält sich so, wie Paulus es beschreibt.

Paulus schließt sein Lehrgedicht über die Liebe mit dem wunderbaren Satz: »Sie erträgt alles, glaubt alles, hofft alles, hält allem stand« *(1 Kor 13,7)*. Das griechische Wort für »ertragen« kommt von »Dach, Decke«. Die Liebe ist gleichsam ein Schutzdach, das uns davor bewahrt, dass die Stürme und der Regen eindringen in unser inneres Haus. Wenn wir von Liebe erfüllt sind, haben die destruktiven Stimmungen in uns keine Chance. Und wir können zugleich auch für andere ein schützendes Dach bieten, unter dem sie sich geborgen und angenommen fühlen. Das griechische Wort für »standhalten«, »hypo-menein«, meint eigentlich: drunterbleiben, stützen. Die Liebe ist wie eine Säule, die das ganze Haus unseres Menschseins trägt und die auch unser gemeinsames Haus davor bewahrt, durch Missgunst und Neid einzustürzen. Die Liebe hat also etwas Schützendes und Stützendes an sich.

Die Liebe ist zugleich die Vollendung des Glaubens und der Hoffnung. So zeigt Paulus in seinem Lehrgedicht, dass die drei göttlichen Tugenden wirklich eine innere Einheit sind. Glaube und Liebe hängen zusammen. Die Liebe ist einmal getragen von einem grundsätzlichen Vertrauen in den Menschen, in das Leben, in Gott. Die Liebe ist zum anderen aber auch die eigentliche Ermöglichung des Glaubens. Sie ist der Grund, aus dem der Glaube strömt. Wer von Liebe erfüllt ist, der muss sich nicht zum Glauben überreden, der glaubt einfach. Er kann gar nicht anders, als zu glauben. Ähnlich ist die Beziehung von Liebe und Hoffnung. Die Liebe ist voll von Hoffnung. Sie gibt den Menschen nicht auf, sie hofft für ihn, dass Gott das Gute in ihm hervorbringt. Umgekehrt gilt, dass jede wirkliche Hoffnung letztlich die Liebe braucht als ihren eigentlichen Urgrund. Ohne Liebe wird die Hoffnung leicht zur Vermessenheit oder zum bloßen Optimismus. Die Liebe befähigt uns mitten in unseren Zweifeln und trotz enttäuschender Erfahrungen mit diesem oder jenem Menschen zur Hoffnung, dass Gott auch in ihm das Wunder seiner Liebe zu wirken und ihn so zu wandeln vermag.

Die Liebe, so meint Paulus, wird niemals aufhören. Prophetisches Reden und die Zungenrede werden ein Ende haben. Die Liebe wird nie enden, auch im Tod nicht. Sie ist stärker als der Tod. Sie wird uns auch im ewigen Leben bei Gott erfüllen. Wenn wir in Gottes Herrlichkeit sind, werden Glaube und Hoffnung vergehen. Da wird nur noch die Liebe sein. Wir werden ganz und gar Liebe sein und in der Liebe in Gott für immer wohnen.

Die Lebenskunst
der Benediktiner

Die spirituellen Erfahrungen der frühen benediktinischen Mönche sind zeitlos und sprechen auch den heutigen Menschen an in seiner Suche nach Glück, indem sie ihm Antworten geben auf die Fragen nach einem sinnerfüllten Leben. Demut, Maß in der Lebensführung, Gastfreundschaft, Ordnung im Alltag, Lebenskraft aus dem Gebet, aus dem inneren Leben heraus sind die vitalisierenden Eckpfeiler benediktinischer Lebenskunst. Jenseits moralisierender Enge weisen sie geistliche Wege mit Jesus Christus und aus dem Geist Jesu Christi heraus.

Ähnlich wie bei den benediktinischen Theologen des Mittelalters geht es nicht nur um abstrakte theologische Probleme, sondern um die konkrete geistliche Erfahrung im Lebensalltag, um Wege, wie wir heute in unserer säkularisierten Welt als Christen zu leben vermögen und wie wir Gott erfahren können.

Einführung

Als ich vor 40 Jahren in meinem Noviziat zum ersten Mal die Regel des hl. Benedikt gelesen habe, war ich davon nicht sehr begeistert. Vieles war mir fremd. Während meines ersten Jahres im Kloster habe ich an meinen Onkel P. Sturmius Grün, der auch Mönch der Abtei Münsterschwarzach war, aber auf einem Außenposten arbeitete, kritische Briefe geschrieben. Alles schien mir zu eng, zu kleinkariert. Mein Onkel versuchte mich davon zu überzeugen, wie weit und wie weise die Regel sei und welch wichtige Aufgabe die Benediktiner gerade in unserer Zeit hätten. Das hat mich nicht immer ganz überzeugt. Doch inzwischen wird mir immer klarer, wie viel Sprengkraft in der Regel für uns heute liegt. Wenn ich die Regel lese, entdecke ich immer wieder neue Weisheiten und Einsichten. Auch wenn ich die Regel jedes Jahr dreimal als Tischlesung höre, bin ich noch lange nicht mit ihr am Ende. Und ich spüre, dass die Worte, die Benedikt vor 1500 Jahren geschrieben hat, auch für unsere Zeit höchst aktuell sind. Ich möchte nur einige Aspekte herausgreifen, die mir wichtig erscheinen.

Der Primat Gottes

Gott ist die eigentliche Wirklichkeit. Das ganze Ziel des Mönches ist es, Gott zu suchen. Alles Bemühen gilt Gott. Gott ist aber nicht der harmlose Kumpel, wie er heute oft dargestellt wird, sondern eine Wirklichkeit, die uns in die Knochen fahren kann. Das wird deutlich, wenn Benedikt im Prolog seiner Regel schreibt: »Öffnen wir unsere Augen dem göttlichen Licht, und hören wir mit aufgeschrecktem Ohr, wozu uns die Stimme Gottes täglich mahnt und aufruft: Heute, wenn ihr seine Stimme hört, verhärtet eure Herzen nicht!« (Prolog 9) Benedikt hat Gott offensichtlich erfahren als das, was Rudolf Otto als das Wesen des Heiligen gesehen hat: als Faszinosum und Tremendum, als einen, der mich anzieht und begeistert, aber auch als einen, vor dem ich erschrecke, weil er so ganz anders ist als ich. Paul Tillich, der evangelische Theologe, hat das so ausgedrückt: »Gott ist das, was mich unbedingt angeht.«

Dieser Gott will vor allem, dass ich lebe. Daher lädt er mich ein mit den Worten: »Wer ist der Mensch, der Lust hat am

Leben?« (Prolog 15) Gott geht es um die Lust am Leben, um die Liebe zum Leben. Doch der Weg zum wahren Leben geht über den Kampf. Benedikt spricht davon, dass die Mönche für Christus, den wahren Herrn und König, Kriegsdienste leisten. Askese, Ordnung, Disziplin, die Beobachtung der Gedanken und Gefühle, Gehorsam, Schweigen, all das sind wichtige Waffen im Kampf für Christus. Das Ziel dieses Kampfes ist jedoch: ein weites Herz zu bekommen, um in der unermesslichen Freude des Heiligen Geistes den Weg der Gebote Gottes zu laufen. Für Benedikt ist es daher beglückend, sich auf Gott einzulassen und in ihm das Leben zu finden: »Liebe Brüder, was kann beglückender (dulcius = angenehmer, süßer) für uns sein als dieses Wort des Herrn, der uns einlädt? Seht, in seiner Güte zeigt uns der Herr den Weg des Lebens.« (Prolog 19 f.) Das weite Herz ist für Benedikt Kriterium für echte Spiritualität. Wenn fromme Menschen allzu eng auf die Einhaltung der Gebote achten und über Andersdenkende hart urteilen, ist das immer ein Zeichen von Enge und Angst. Das weite Herz ist Zeichen eines Menschen, der durch die Begegnung mit Gott innerlich frei geworden ist. Gott – so sagen die Kirchenväter – kann nur in einem weiten Herzen wohnen, nicht in einem engen. Das weite Herz ist auch offen für die Menschen mit ihren Nöten, mit ihrem Suchen und auch mit ihren Irrwegen.

Wenn Gott im Mittelpunkt steht, dann findet der Mensch zu seiner Mitte, dann entdeckt er erst, wozu er fähig ist und was seine wahre Würde bedeutet. Dass Gott die eigentliche Mitte des Mönches ist, das zeigt sich nicht nur in der ständigen Suche nach Gott, sondern auch im täglichen Gotteslob. Siebenmal am Tag sollen die Mönche Gott, dem Schöpfer, »den Lobpreis darbringen wegen seiner gerechten Entscheide« (Regula Benedicti 16,5). Loben scheint uns heutigen Menschen Zeitverschwendung zu sein. Doch für das Volk Israel hing am Lob das Leben. Ohne Loben gibt es kein wahres Leben. Zum Menschsein gehört es, aufzuschauen auf etwas Größeres, zu staunen vor dem Geheimnis Gottes. Lebendig ist nur der, der lobt. Das hat Sinclair Lewis erkannt, wenn er vom Snob meint, er nörgle an allem herum. Loben ist für ihn »hörbar gewordene Gesundheit«.

Indem wir Gott loben, werden wir frei von dem ständigen Kreisen um uns selbst. Wenn ich nach einem arbeitsreichen Tag in der Vesper Gott lobe, darf ich manchmal erfahren, dass das Lob mich aus dem Ärger über die Enttäuschungen herausreißt und meinen Blick auf Gott richtet. Anfangs habe ich oft gar keine große Lust, Gott zu loben. Doch wenn ich mich darauf einlasse, dann löst sich etwas in mir. Mein Herz wird weit, und die Probleme relativieren sich. Henry Nouwen hat das ähnlich erfahren. Er war sieben Monate im Trappistenkloster und hatte gehofft, dadurch seine Probleme, seine depressiven Verstimmungen, lösen zu können. Als er einige Wochen danach im Alltag wieder von seinen Problemen heimgesucht wurde, schrieb er: »Klöster baut man nicht, um Probleme zu lösen, sondern um mitten aus den Problemen heraus Gott zu loben.« Das war für ihn der Schlüssel, nun anders mit seinen Stimmungsschwankungen umzugehen. Er ließ sie zu. Aber er ließ sich von ihnen nicht bestimmen. Mitten aus ihnen heraus versuchte er, Gott zu loben. Das verwandelte seine Stimmung und seine Selbstwahrnehmung.

Geerdete Spiritualität

Das längste Kapitel in der Regel des hl. Benedikt ist das über die Demut. Im Noviziat hat mich das Thema der Demut gar nicht angesprochen. Doch je älter ich werde, desto mehr geht mir die Weisheit des benediktinischen Demutsweges

auf. Im Lateinischen heißt Demut *humilitas.* Das hat mit
»Humus«, Erde, zu tun. Demut ist für Benedikt der Mut,
hinabzusteigen von allzu hohen Idealen und die eigene
Menschlichkeit anzunehmen. Wir sind von der Erde genommen. Benedikt hat das Paradox vorweggenommen, das
ein großer Schweizer Therapeut als das Wesen des Christlichen erkannt hat: »Dass nur der in den Himmel aufsteigt,
der zuvor hinabgestiegen ist zur Erde« *(vgl. Eph 4,9).* Zum
Himmel aufzusteigen, das ist eine uralte Sehnsucht im Menschen. Viele Mystiker haben ihren Weg als Aufstieg zu Gott
beschrieben. Das christliche Paradox besteht nun darin, dass
wir zu Gott aufsteigen, indem wir in die eigene Menschlichkeit, in unsere Erdhaftigkeit, in das Schattenreich unserer
Seele hinabsteigen. Wir finden Gott nur, wenn wir den Mut
haben, die Abgründe unserer Seele zu erforschen. Gottes
Licht muss die Tiefen unseres Unbewussten erleuchten.
Sonst erkennen wir Gott nicht, sondern machen uns nur
Bilder von Gott.

Viele spirituell suchende Menschen benutzen Gott, um der
eigenen Wirklichkeit zu entfliehen. Sie möchten sich ihren
Schattenseiten nicht stellen. Stattdessen schauen sie lieber
auf Gott. Aber es ist nicht der Gott, der in Jesus Christus
hinabgestiegen ist zur Erde, sondern ein Gottesbild, das sie
sich selbst zurechtmachen. Das Gottesbild hängt eng mit
unserem Selbstbild zusammen. Das wahre Selbst finden wir
nur, wenn wir uns aufmachen zu dem ganz anderen Gott.
Benedikt beschreibt uns kein bestimmtes Gottesbild, weder
das eines Buchhaltergottes noch das eines Willkürgottes.
Vielmehr geht es ihm immer um die Begegnung des Menschen mit Gott. Wenn Gott dem Menschen begegnet, dann
rüttelt er an den Grundfesten seines Lebensgebäudes. Wir
können dann nicht mehr an unserem perfekten Selbstbild
festhalten. Es wird erschüttert. Die Begegnung mit Gott

führt uns in die eigene Wahrheit. Bei der vierten Stufe der Demut zitiert Benedikt Psalm 66: »Gott, du hast uns geprüft und uns im Feuer geläutert, wie man Silber im Feuer läutert.« (Regula Benedicti 7,40)

Die Begegnung mit Gott ist schmerzlich. Sie läutert uns. Sie verbrennt alle Illusionen, die wir uns von uns selbst gemacht haben. Sie schenkt uns den Mut, hinabzusteigen in die eigene Erdhaftigkeit, in das Schattenreich unserer Seele, in der all die unterdrückten und verdrängten Bereiche unseres Lebens hausen, und uns mit unserer Durchschnittlichkeit und Banalität auszusöhnen.

Die geerdete Spiritualität Benedikts zeigt sich nicht nur in der Demut, sondern auch in der Annahme der Alltäglichkeit. Benedikt entwickelt keine spirituellen Theorien. Er legt das Evangelium ganz konkret aus, indem er die Tagesordnung beschreibt, die Ordnung des Betens, des Arbeitens, des Miteinanderessens, der verschiedensten Dienste im Kloster usw. Bei manchen, die über ihre spirituellen Erfahrungen sprechen, habe ich den Eindruck, sie möchten mit ihrer Spiritualität den Anforderungen des Alltags aus dem Weg gehen. Sie flüchten sich in eine Spiritualität, um sich über andere zu stellen und um die Augen zu verschließen vor dem Chaos ihres eigenen Lebens. Menschen, die eine euphorische Spiritualität leben, sind oft unfähig, ihren Alltag zu gestalten. Sie schwärmen von ihrer Liebe zu Christus, aber sie kommen morgens gar nicht aus dem Bett, um Christus lieben zu können. Sie merken gar nicht, wie kraftlos ihre Spiritualität ist. Sie geben sich einer Illusion hin, um sich der eigenen Wahrheit nicht stellen zu müssen.

Die benediktinische Spiritualität zeigt sich ganz konkret in der Gestaltung des Alltags. Ob einer Gott sucht, das prüft der Novizenmeister daran, ob er Eifer hat zum Gottesdienst, ob er fähig ist, sich auf diese konkrete Gemeinschaft einzulassen, und ob er bereit ist, sich in der Arbeit fordern zu lassen. Nicht die erhabenen Worte über seine Gotteserfahrung prüft er, sondern seinen Alltag. Die Realitätskontrolle des täglichen Miteinanders deckt mehr über unsere Gottesbeziehung auf als unser Schwelgen in Gefühlen. Ob einer Gott sucht, das zeigt sich konkret darin, wie er mit seinem Werkzeug umgeht. Die benediktinische Spiritualität bleibt nicht im Kopf, sondern sie bewährt sich im konkreten Alltagsleben. Sie gestaltet diese Welt. Sie schafft eine eigene Kultur des Miteinanders, des Umgangs mit dieser Welt, des täglichen Lebensstils. Sie ist ablesbar am Verhalten der Mönche. Daher hat Benedikt wenig übrig für schwärmerische Worte über die Schönheit des spirituellen Weges. Er spricht sehr nüchtern über die täglichen Reibereien, die auch in einer klösterlichen Gemeinschaft auftauchen. Statt sich den Konflikten zu entziehen, indem man in die Meditation flüchtet, fordert er seine Mönche auf, sich den täglichen Auseinandersetzungen zu stellen. Wie die Mönche mit ihren Konflikten umgehen, darin zeigt sich ihre Spiritualität.

Geerdete Spiritualität heißt zugleich inkarnatorische Spiritualität. Der Geist will Fleisch werden, *incarnatus est de spiritu sancto* singen wir im Credo. Gott hat sich eingefleischt in diese Welt. Vom Geist her geht die Bewegung in das Fleisch. Das ist Benedikt wichtig geworden. Der Geist Jesu muss sich einfleischen in die konkrete Gestaltung des Tages, in die Art, wie wir essen, wie wir sprechen, wie wir arbeiten, wie wir einander begegnen. Spiritualität schafft eine eigene Kultur, eine Kultur, die sichtbar wird in den Bauten des Klosters, in der Gestaltung der Räume, in der Aufnahme der Gäste, im Sprechen über die Menschen, in der Art, wie ein Kloster wirtschaftet. Und Benedikt weiß, dass kein Kloster nur aus Heiligen besteht. Daher sieht man in jedem Kloster – in der Art des Chorgebetes, des Wirtschaftens, des täglichen Zusammenlebens – auch die Brüchigkeit unserer menschlichen Existenz. Benedikt möchte daher keine Theologie der Gemeinschaft entfalten, an der man sich erbauen könnte. Er geht vielmehr auf die täglichen Reibereien ein und sucht nach Wegen, wie die Mönche fair damit umgehen. Die Alltagskonflikte sollen die Mönche immer wieder auf Gott verweisen. Gott ist der eigentliche Grund ihres Lebens. Auf ihre eigene Leistung können sie nicht bauen. Der realistische Blick auf den Alltag der Mönche ist Anlass, demütig zu werden und sich nicht über andere zu erheben.

Gebet und Arbeit

Benedikt begnügt sich nicht mit einer Spiritualität, die nur auf geistliche Erfahrungen aus ist. Heute sind wir in Gefahr, eine Wellness-Spiritualität zu praktizieren. Da geht es immer nur darum, sich wohl zu fühlen. Von so einer narzisstisch um sich kreisenden Spiritualität geht keine Kraft in die Welt aus. Das benediktinische *ora et labora* – bete und arbeite – will diese Welt gestalten. Was die Mönche an geistlichen Erfahrungen machen, das soll sich in ihrer Arbeit ausdrücken. Und das soll diese Welt menschlicher machen, sie mit dem Geist Jesu Christi durchdringen. Walter Nigg hat den hl. Benedikt einen bauenden Menschen genannt. Er hat nicht gejammert über die schlechte Welt. In der Zeit der Völkerwanderung, in der alles drunter und drüber gegangen ist, in der es keine klaren Werte mehr gab, hätte er allen Grund zum Lamentieren gehabt. Doch er geht daran, eine kleine Gemeinschaft aufzubauen und in ihr eine Gegenwelt zu schaffen, die geprägt ist vom Geist des Evangeliums. Mönche, die nach seiner Regel gelebt haben, haben die Welt des Mittelalters wesentlich geprägt. Sie haben geholfen, Europa aufzubauen, die Landschaft zu kultivieren, junge Menschen zu bilden, die antike Kultur in ihren Schreibstuben den Völkern Germaniens zu überliefern und eine eigene Kultur zu schaffen in der Architektur, in der Malerei, in der Musik und in der Lyrik. Für Benedikt muss sich die Spiritualität in dieser Welt sichtbar ausdrücken. Sie hat Verantwortung für diese Welt.

Benedikt hat Gebet und Arbeit nicht nur äußerlich miteinander verbunden, indem er genügend Zeit zum Beten und zum Arbeiten reserviert hat. Vielmehr geht es ihm um eine innere Verbindung. Die Arbeit ist für ihn ein Test, ob unser Gebet nur narzisstisches Kreisen um uns selbst ist oder ob wir uns wirklich Gott hingeben. Die Hingabe an die Arbeit ist für Benedikt kein Gegensatz zur Hingabe an Gott im Gebet. Vielmehr drückt sich in der Arbeit aus, was der Mönch im Gebet erfahren hat: dass es ihm im Letzten um Gott geht und dass er sich auf diesen Gott hin loslässt und sich ihm hingibt. Daher hat Benedikt auch als Motto für das Arbeiten den Satz aus dem 1. Petrusbrief gewählt: »... damit in allem Gott verherrlicht werde«. (Regula Benedicti 57,9 = *1 Petr 4,11*)

Gott wird nicht nur im liturgischen Lob verherrlicht, sondern gerade auch in der Arbeit. In der Arbeit nehmen die Mönche teil am schöpferischen Wirken Gottes. Da gestalten sie die Welt, die Gott ihnen geschenkt hat, im Geiste Jesu Christi. Sie hegen und pflegen die Schöpfung, die ihnen anvertraut ist. Und sie gehen achtsam und sorgfältig mit den Dingen um, mit der Natur, mit dem Werkzeug, mit den Produkten ihrer Arbeit.

Benedikt hat mit dem Motto »damit in allem Gott verherrlicht werde« das Kapitel über die Handwerker abgeschlossen. In diesem kurzen Kapitel entwickelt er eine Theologie der Arbeit. Zunächst ist Arbeit *ars* = Kunst, Kunstfertigkeit.

Der Handwerker ist ein Künstler, der aus den Dingen dieser Welt etwas Schönes und Nützliches gestaltet, etwas, das dem Leben dient und es verschönt. Gott hat dem Menschen Fähigkeiten gegeben, die er in der Arbeit verwirklichen soll. Doch die Handwerker sollen ihre Tätigkeit »in aller Demut« (Regula Benedicti 57,1) ausüben. Sie sollen sich nicht über andere stellen oder sich auf ihr Können etwas einbilden oder gar meinen, sie brächten dem Kloster Geld ein. Mit diesen drei negativen Verhaltensweisen umschreibt Benedikt eine Arbeit, bei der man nur um sich selbst kreist. Da geht es ausschließlich um meine Fähigkeiten. Ich lasse mich nicht auf die Arbeit ein, sondern benutze sie dazu, mich über die anderen zu stellen und möglichst viel Geld zu verdienen. Die Arbeit in Demut verrichten heißt für Benedikt, sich der Arbeit hingeben, sich in das Gestalten und Formen hinein verlieren. Man merkt es einer Arbeit an, ob sie aus einem egozentrischen Streben heraus entstanden ist oder aus Hingabe. Demut meint, dass ich in Berührung bin mit den Dingen, dass ich das gestalte, was an Möglichkeiten in den Dingen steckt. Die Arbeit verlangt die gleichen Haltungen, die der Mönch auch im Gebet einübt: Demut, Ehrfurcht vor Gott, Gott ernst nehmen und sich ihm hingeben mit ganzem Herzen.

Noch eine andere Haltung ist bei der Arbeit wichtig. Die Mönche sollen beim Verkauf der Waren keinen Betrug begehen und sie sollen sich nicht von der Habgier leiten lassen. Heute ist uns bei den Produkten oft wichtiger, wie wir sie nach außen darstellen, als dass sie solide gearbeitet sind. Es geht ums Verkaufen, nicht ums Gestalten. Doch das ist eine kurzfristige Sicht, die der Schöpfung und letztlich dem Menschen nicht guttut. Wir betrügen uns selbst und den Kunden. Genauso schädlich ist die Habgier. Es geht mir nicht ums Gestalten und Schaffen, sondern darum, möglichst viel Geld zu verdienen. Im Deutschen sprechen wir nicht nur von Habgier, sondern auch von Habsucht. Es kann süchtig machen, immer mehr haben zu wollen. Das Haben ersetzt das Sein. Je weniger ich bin, desto mehr muss ich haben. Mit dem Haben verstärke ich meine Maske und werde immer weniger fähig, mit meinem inneren Kern in Berührung zu sein.

Ora et labora bedeutet für Benedikt noch etwas anderes: Im Gebet begegnen wir Gott und erfahren die Quelle des Heiligen Geistes, die in uns strömt. Die Arbeit soll aus dieser Quelle des Heiligen Geistes herausströmen. Wer in der Arbeit aus dieser inneren Quelle schöpft, der ist nicht so leicht erschöpft. Und seine Arbeit bekommt etwas Leichtes und Fließendes. Er hat Lust an der Arbeit und erzeugt auch um sich herum Freude am Arbeiten. Und vor allem wird seine Arbeit Frucht bringen. Die Benediktiner haben in ihrer Arbeit ganz Europa befruchtet. Wenn unsere Arbeit aus trüben Quellen schöpft, etwa aus der Quelle des Ehrgeizes, des Perfektionismus oder der Habgier, dann erzeugen wir mit unserer Arbeit ein aggressives Klima, dann gehen wir hart und gefühllos mit den Dingen und letztlich auch mit uns selbst und mit den Menschen um. Eine Arbeit, die aus der Quelle des Gebetes strömt, erzeugt in uns Staunen über das Werk, Dankbarkeit und Freude am Leben. Benedikts Theologie der Arbeit ist nicht weltfremd. Sie könnte gerade uns heute Anregung geben, in einer Welt der immer größeren Umweltzerstörung behutsamer mit den Dingen umzugehen und in einer Zeit, in der alles nur unter finanziellen Gesichtspunkten betrachtet wird, wieder den Wert der Arbeit zu erkennen und die Freude an ihr zu wecken.

Das Gute im Menschen sehen

Benedikt verlangt von seinen Mönchen, dass sie in jedem Menschen Christus sehen. Die Gäste soll man im Glauben aufnehmen, dass man in ihnen Christus selber aufnimmt. Dieser Glaube soll sich in der Art der Begrüßung ausdrücken: »Man verneige sich, werfe sich ganz zu Boden und verehre so in ihnen Christus, der in Wahrheit aufgenommen wird.« (Regula Benedicti 53,7)

Benedikt konkretisiert die Forderung Jesu: »Was ihr für einen meiner geringsten Brüder getan habt, das habt ihr mir getan.« *(Mt 25,40)* Der Glaube an Christus in jedem Bruder und in jeder Schwester hat zu einer Haltung der Achtung und Ehrfurcht vor der Würde jedes Einzelnen geführt. Und sie drückt sich in einer optimistischen Sicht des Menschen aus. In einer Zeit, die geprägt war vom Misstrauen gegenüber der zerstörerischen Kraft des Menschen, hat Benedikt an das Gute im Menschen geglaubt. Im Glauben an den guten Kern im Menschen konkretisiert sich der Glaube an Jesus Christus. Benedikt nimmt die Menschwerdung Gottes in Jesus Christus ernst. In jedem Menschen begegnet uns Christus. Das verlangt, dass ich den Anderen nicht festlege auf das, was ich nach außen hin sehe, auf sein intrigantes Verhalten, auf seine verhärtete Miene, auf das unsympathische Äußere. Ich sehe durch die äußere Hülle hindurch und versuche, an den guten Kern in ihm zu glauben. Auch wenn ich das Gute im Anderen nicht sehen kann, so glaube ich doch, dass in jedem zumindest die Sehnsucht nach dem Guten ist. Albert Görres meint, keiner würde das Böse aus Lust am Bösen tun, sondern immer aus Verzweiflung. Wenn jemand schwierig ist, hat es immer einen Grund. Und auch in dem schwierigen Mitmenschen, auch in dem, der sich dem Bösen verschrieben hat, steckt noch die Sehnsucht, gut zu sein und Gutes zu tun. Indem ich an das Gute im Anderen glaube, helfe ich ihm, dass er sich selbst nicht aufgibt, sondern in Berührung kommt mit dem guten Kern in sich. Der Glaube lockt das Gute im Menschen hervor.

Benedikt konkretisiert den Glauben an Christus im Bruder an verschiedenen Stellen. Bei der Beratung in der Gemeinschaft spricht er davon, dass »der Herr oft einem Jüngeren offenbart, was das Bessere ist« (Regula Benedicti 3,3). Christus ist also nicht nur in jedem Bruder, er spricht auch durch ihn. Daher soll der Abt genau hinhören, ob Christus nicht gerade durch den jüngeren Bruder auf etwas Wichtiges aufmerksam machen möchte, was er in seinem eigenen Nachdenken nicht erkannt hat. Der Glaube an Christus im Menschen führt also zu einer anderen Gesprächskultur. Es geht nicht darum, die eigene Meinung durchzusetzen, sondern genau hinzuhören, was Christus durch die einzelnen Glieder der Gemeinschaft sagen möchte. In politischen Runden hat man sich abgewöhnt, auf den Anderen zu hören. Da geht es immer nur um die Darstellung der eigenen Position. Doch so kommt nichts in Bewegung. Den Parteien geht es nur um ein Kräftemessen, darum, wer seine Position wirkungsvoller darstellen kann und wer von außen am meisten Beifall bekommt.

Noch an einer anderen Stelle wird deutlich, was der Glaube an Christus im Anderen bedeutet. Wenn ein fremder Mönch ins Kloster kommt und etwas kritisiert, »so erwäge der Abt klug, ob ihn der Herr nicht vielleicht gerade deshalb geschickt hat« (Regula Benedicti 61,4). Wenn mich einer kritisiert, soll ich also nicht gleich dazu übergehen, mich zu verteidigen und zu rechtfertigen oder den Anderen zu kritisieren, der ja schließlich auch nicht vollkommen sei. Vielmehr soll ich in der Kritik danach fragen, ob Christus mich durch den Anderen auf etwas aufmerksam machen möchte, was ich selbst bei mir nicht erkenne. So ist der Glaube an Christus im Anderen nicht etwas Weltfremdes. Er führt vielmehr zu einer neuen Kultur des Umgangs miteinander. Es ist eine Kultur des Aufeinanderhörens, der Achtung voreinander, der Bereitschaft, mich durch einen Anderen korrigieren zu lassen. Und es ist eine Kultur des Vertrauens, in der das Gute im Menschen durch den Glauben hervorgelockt wird. Die Kultur des Vertrauens hat dazu geführt, dass Benedikt seine Klöster nicht absichern musste, sondern sie als Sauerteig verstanden hat, der die Welt mit dem Geist Jesu und mit dem Glauben an das Gute im Menschen immer mehr durchdringt.

Ein gutes Miteinander

Der Mönchsweg war ursprünglich ein einsamer Weg. Mönch ist der, der in die Einsamkeit geht und allein mit Gott ist. Benedikt hat den inneren Weg des Mönches mit dem Ideal der Gemeinschaft verbunden. »Heimweh nach der Urkirche« hat ein Kirchenhistoriker sein Verständnis des Mönchtums genannt. Benedikt war fasziniert von der Gemeinschaft der Urkirche, von der Lukas in der Apostelgeschichte schreibt: »Die Gemeinde der Gläubigen war ein Herz und eine Seele. Keiner nannte etwas von dem, was er hatte, sein Eigentum, sondern sie hatten alles gemeinsam.« *(Apg 4,32)* Für die Urkirche war das neue Miteinander von Juden und Griechen, von Männern und Frauen, von Reichen und Armen ein Beweis dafür, dass das Reich Gottes wirklich gekommen war. In der Zeit der Völkerwanderung, in der die Grundlagen für ein vertrauensvolles Miteinander brüchig geworden waren, sehnt sich Benedikt nach einem Miteinander, in dem der Geist Jesu Christi erfahrbar wird.

Benedikt ist jedoch Realist genug, dass er mit Konflikten in der Gemeinschaft rechnet. Er hat kein hohes Idealbild der Gemeinschaft gezeichnet, sondern einen Weg, wie die Brüder trotz der alltäglichen Reibereien und trotz der gruppendynamischen Prozesse miteinander auf Dauer in Frieden leben können. Heute erleben wir, dass Familien immer mehr zerbrechen, dass Vereine sich schwertun, miteinander auf faire Weise umzugehen, dass politische Parteien in sich gespalten sind. Das Miteinander in der Gesellschaft wird immer schwieriger. Da bietet die benediktinische Spiritualität wichtige Hinweise, wie auch heute ein Miteinander gelingen kann.

Eine Bedingung dafür, dass Gemeinschaft gelingen kann, ist eine gute Führung. Benedikt hat in drei Kapiteln dargelegt, wie er Führung versteht: in zwei Kapiteln über den Abt (Kapitel 2 und 64) und in einem über den Cellerar (Kapitel 31). Benedikt fordert vom Abt, dass er sich auf jeden Einzelnen gemäß »der Eigenart und Fassungskraft« einstellt und einlässt. Diese Fähigkeiten, »der Eigenart vieler zu dienen«, führt dazu, dass die Gemeinschaft miteinander in Frieden leben kann. Die wichtigste Tugend, die der Abt verwirklichen soll, ist die »discretio«, die Gabe der Unterscheidung, die Gabe des rechten Maßes. »So halte er in allem Maß, damit die Starken finden, wonach sie verlangen, und die Schwachen nicht davonlaufen.« (Regula Benedicti 64,19)

Das rechte Maß meint keine Mittelmäßigkeit. Vielmehr besteht die Kunst des Führens darin, dass die Starken sich herausgefordert fühlen und ihre Kraft entfalten, die Schwachen aber nicht entmutigt werden. So entsteht eine gesunde Spannung in der Gemeinschaft. Benedikt legt dem Abt immer wieder die Sorge um die schwachen und kranken Brüder ans Herz. Und er solle stets mit der eigenen Gebrechlichkeit rechnen: »Er denke daran, dass man das geknickte Rohr nicht zerbrechen darf.« (Regula Benedicti 64,13)

Im Cellerarskapitel wird deutlich, dass es Benedikt um die Achtung des Einzelnen geht und um die Schaffung eines guten Klimas in der Gemeinschaft. Der Cellerar soll die Brüder nicht betrüben und keinen durch Verachtung kränken. Wer mit Geld umgeht, steht immer in Gefahr, es als Machtmittel zu missbrauchen, indem er den Brüdern vermittelt, dass sie auf ihn angewiesen sind. Benedikt schließt das Kapitel über den Cellerar mit den Worten: »Denn niemand soll verwirrt oder traurig werden im Hause Gottes.« (Regula Benedicti 31,19) Führung heißt: klare Strukturen schaffen, Achtung vermitteln, gute Kommunikation und Information und ein Klima schaffen, in dem alle gerne arbeiten und gerne miteinander zu tun haben. Daher verzichtet Benedikt auf alles Moralisieren, das in den Brüdern nur ein schlechtes Gewissen bewirken würde. Ein schlechtes Gewissen aber bedrückt und macht traurig. Wer führt, soll um sich ein Klima von Gelassenheit, von innerer Ausgeglichenheit und von Freude vermitteln. Das sind wesentliche Bedingungen, damit Gemeinschaft gelingen kann. Führen heißt für Benedikt, Leben zu wecken in den Brüdern. Wenn die Brüder Lust haben an der Arbeit, wenn sie ihre eigene Lebendigkeit spüren und wenn sie gerne miteinander arbeiten, dann wird die gemeinsame Arbeit auch zu einer Quelle eines guten Zusammenlebens.

Eine andere Bedingung für ein gutes Miteinander ist der richtige Umgang mit den Bedürfnissen. Oft vergleichen wir uns gegenseitig und sind aufeinander neidisch, weil der eine mehr bekommt als der Andere. Benedikt fordert die Mönche auf, sich nicht miteinander zu vergleichen, sondern auf reife Weise mit ihren und den fremden Bedürfnissen umzugehen: »Wer weniger braucht, danke Gott und sei nicht traurig. Wer mehr braucht, werde demütig wegen seiner Schwäche und nicht überheblich wegen der ihm erwiesenen Barmherzigkeit. So werden alle Glieder der Gemeinschaft in Frieden sein.« (Regula Benedicti 34,3-5)

Die Mönche sollen sich nicht gegenseitig vergleichen, sondern zu ihren Bedürfnissen stehen, ohne daraus ein Recht zu fordern, die Bedürfnisse müssten auch erfüllt werden. Es geht in beiden Fällen um die Demut. Wer weniger Bedürfnisse hat, soll sich darauf nichts einbilden, sondern dankbar sein. Seine innere Freiheit richtet ihn auf und macht ihn innerlich stärker. Das ist Lohn genug. Wenn er auf die Bedürfnisse der anderen schaut, ist er nicht bei sich und kann daher seine innere Freiheit nicht genießen. Er wird neidisch. Die Brüder können nur gut miteinander leben, wenn auch jeder gut bei sich selbst ist. Auch die Schwachen sollen demütig mit ihren Bedürfnissen umgehen, dankbar, dass die Gemeinschaft sie erfüllt, aber nicht fordernd und überheblich. Für Benedikt ist der richtige Umgang mit den Bedürfnissen die Voraussetzung, dass eine Gemeinschaft in Frieden miteinander leben kann. Solange wir aufeinander schielen und aufeinander neidisch sind, wird es nur ständigen Konkurrenzkampf und gegenseitiges Vorrechnen geben. Dankbarkeit, Zufriedenheit, innere Freiheit, das sind wichtige Voraussetzungen für ein friedliches Miteinander. Was Benedikt für seine kleine Gemeinschaft auf dem Monte Cassino erprobt hat, das könnte auch heute eine Hilfe sein, wie wir im Zeitalter der Globalisierung miteinander leben können, ohne einander zu bekämpfen. Es braucht in unserer Gesellschaft Zellen von kleinen Gemeinschaften, die in ihrem Miteinander zum Sauerteig werden, der die ganze Welt durchdringt und sie mit Frieden und Achtung voreinander erfüllt.

Der Weg in die Weite des Herzens

Hier habe ich nur einige Züge erwähnt, die mich an der benediktinischen Spiritualität faszinieren. Für mich ist die benediktinische Spiritualität auch heute noch hochmodern. Allerdings kommt es immer auf die Auslegung an. Und bei unserer Auslegung lassen wir uns oft von unseren Vorurteilen leiten. Versuchen Sie einmal, die alten Worte der Regel mit wachen Augen zu lesen und sie auf das eigene Leben zu beziehen. Fragen Sie sich gerade bei den Worten, die Ihnen aufstoßen: Was wollen die Worte mir heute sagen? Wie kann ich in ihnen einen Weg für mein Leben finden? Welche Weisheit steckt in diesen Worten? Wie kann ich sie in meinen konkreten Alltag übersetzen? Wo möchte mich die Regel Benedikts auf Einseitigkeiten in meiner Spiritualität aufmerksam machen und mir einen Weg zeigen in die Weite des Herzens? Das ist das Ziel aller Anweisungen Benedikts: dass wir mit weitem Herzen und in unsagbarem Glück der Liebe den Weg der Gebote Gottes laufen, dass wir also Lust haben am spirituellen Weg, der uns immer tiefer in das Geheimnis der Liebe Gottes hineinführen möchte.

Der Mann Benedikt

Der Wegweiser

Es lebte ein verehrungswürdiger Mann. Er hieß Benedictus. Der Gnade und dem Namen nach war er ein Gesegneter. Schon von früher Jugend an hatte er das Herz eines reifen Mannes, war er doch in der Lebensweise seinem Alter weit voraus. Dem bösen Begehren gab er sich nicht hin. Solange er auf dieser Erde lebte, hielt er die Welt in ihrer Blüte schon für verdorrt, obwohl er sie eine Zeitlang ungehindert hätte genießen können.

Der heilige Mann wohnte in sich selbst, weil er stets wachsam auf sich achtete, sich immer unter den Augen des Schöpfers sah, sich allezeit prüfte und das Auge des Geistes nicht außerhalb seiner selbst umherschweifen ließ.

Der heilige Benedikt wohnte also in sich selbst, soweit er über seine Gedanken wachte. Jedes Mal aber, wenn die Glut der Kontemplation ihn in die Höhe fortriss, ließ er sich ohne Zweifel unter sich zurück.

Seine Schwester Scholastika war von Kindheit an dem allmächtigen Gott geweiht. Sie war gewohnt, ihren Bruder einmal im Jahr zu besuchen. Der Mann Gottes ging jedes Mal zu ihr hinunter zu einem Gut des Klosters, das nicht weit entfernt lag. Eines Tages kam sie wie üblich, und ihr ehrwürdiger Bruder stieg mit einigen Jüngern zu ihr hinab. Sie verbrachten den ganzen Tag im Lob Gottes und im geistlichen Gespräch. Bei Einbruch der Dunkelheit hielten sie miteinander Mahl. Während sie noch am Tisch saßen und ihr geistliches Gespräch fortsetzten, wurde es spät. Da flehte die gottgeweihte Frau, seine Schwester, ihn an: »Ich bitte dich, lass mich diese Nacht nicht allein, damit wir noch bis zum Morgen von den Freuden des himmlischen Lebens sprechen können.« Er antwortete ihr: »Was sagst du da, Schwester? Ich kann auf keinen Fall außerhalb des Klosters bleiben.« Es war so heiteres Wetter, dass sich keine Wolke am Himmel zeigte. Sobald aber die gottgeweihte Frau die Weigerung ihres Bruders hörte, fügte sie die Finger ineinander, legte ihre Hände auf den Tisch und ließ ihr Haupt auf die Hände sinken, um den allmächtigen Gott anzuflehen. Als sie dann das Haupt vom Tisch erhob, blitzte und donnerte es so stark, und ein so gewaltiger Wolkenbruch ging nieder, dass weder der heilige Benedikt noch die Brüder in seiner Begleitung einen Fuß über die Schwelle des Hauses

setzen konnten, in dem sie beisammen waren. Die gottgeweihte Frau hatte nämlich ihr Haupt auf die Hände gesenkt
und Ströme von Tränen auf den Tisch vergossen. Dadurch
erreichte sie, dass es aus heiterem Himmel zu regnen begann. Diese Regenflut folgte nicht erst nach dem Gebet,
sondern Gebet und Regen trafen so zusammen, dass es
schon donnerte, als sie das Haupt vom Tisch erhob. Im
gleichen Augenblick erhob sie das Haupt, und der Regen
strömte nieder. Der Mann Gottes sah nun ein, dass er bei
Blitz, Donner und dem gewaltigen Wolkenbruch nicht zum
Kloster zurückkehren konnte. Da wurde er traurig und
klagte: »Der allmächtige Gott vergebe dir, Schwester! Was
hast du da getan?« Sie erwiderte ihm: »Sieh, ich habe dich
gebeten, und du hast mich nicht erhört; da habe ich meinen
Herrn gebeten, und er hat mich erhört. Geh nur, wenn du
kannst. Verlass mich und kehre zum Kloster zurück!« Da
er das Haus nicht verlassen konnte, blieb er gegen seinen
Willen, nachdem er freiwillig nicht hatte bleiben wollen. So
konnten sie die ganze Nacht durchwachen, in heiligen Gesprächen ihre Erfahrungen über das geistliche Leben austauschen und sich gegenseitig stärken.

Deshalb habe ich gesagt, er habe etwas gewollt und es doch
nicht vermocht. Wenn wir auf die Vorstellungen des heiligen
Mannes schauen, so besteht kein Zweifel, dass er gewünscht
hat, das heitere Wetter möge so bleiben, wie es bei seinem
Kommen gewesen war. Ganz gegen seinen Willen stand er
vor einem Wunder, das die Kraft des allmächtigen Gottes
nach dem Herzenswunsch einer Frau gewirkt hat. Es ist
nicht zu verwundern, dass die Frau, die ihren Bruder länger
zu sehen wünschte, in diesem Augenblick mehr vermochte
als jener. Nach einem Wort des Johannes ist Gott die Liebe;
so ist es ganz richtig: Jene vermochte mehr, weil sie mehr
liebte.

Wieder einmal war der Diakon Servandus nach seiner Gewohnheit bei Benedikt zu Besuch. Servandus war auch Abt des Klosters, das in Kampanien von dem ehemaligen Patrizier Liberius erbaut worden war, und kam oft zum Kloster Benedikts; denn auch er war erfüllt von göttlicher Weisheit und Gnade. Sie sprachen dann über das Glück des ewigen Lebens und erbauten sich gegenseitig. Wenn sie auch in diesem Leben die köstliche Speise der himmlischen Heimat noch nicht in vollendeter Freude genießen konnten, so wollten sie doch wenigstens in ihrer Sehnsucht davon kosten.

Es wurde Zeit, zur Ruhe zu gehen. Der heilige Benedikt legte sich im oberen Teil des Turmes nieder, der Diakon Servandus im unteren. In diesem Turm führte eine gerade Stiege von unten nach oben. Vor dem Turm befand sich ein größeres Gebäude, wo ihre Schüler ruhten. Während die Brüder noch schliefen, stand der Mann Gottes, Benedikt, schon vor der Zeit des nächtlichen Gebetes auf und hielt Nachtwache. Er stand am Fenster und flehte zum allmächtigen Gott. Während er mitten in dunkler Nacht hinausschaute, sah er plötzlich ein Licht, das sich von oben her ergoss und alle Finsternis der Nacht vertrieb. Es wurde so hell, dass dieses Licht, das in der Finsternis aufstrahlte, die Helligkeit des Tages übertraf. Etwas ganz Wunderbares ereignete sich in dieser Schau, wie er später selbst erzählt: Die ganze Welt wurde ihm vor Augen geführt, wie in einem einzigen Sonnenstrahl gesammelt. Während der ehrwürdige Vater den Blick unverwandt auf den strahlenden Glanz dieses Lichtes gerichtet hielt, sah er, wie Engel die Seele des Bischofs Germanus von Capua in einer feurigen Kugel zum Himmel trugen.

Wenn die Seele ihren Schöpfer schaut, wird ihr die ganze Schöpfung zu eng. Hat sie auch nur ein wenig vom Licht des Schöpfers erblickt, wird ihr alles Geschaffene verschwindend klein, denn im Licht innerer Schau öffnet sich der Grund des Herzens, weitet sich in Gott und wird so über das Weltall erhoben. Die Seele des Schauenden wird über sich selbst hinausgehoben. Wenn das Licht Gottes sie über sich selbst hinausreißt, wird sie in ihrem Inneren ganz weit; wenn sie von oben hinabschaut, kann sie ermessen, wie klein das ist, was ihr unten unermesslich schien. Der Mann Gottes, der die Feuerkugel sah und die Engel, die zum Himmel zurückkehrten, konnte dies ganz gewiss nur im Licht Gottes erkennen. Ist es erstaunlich, dass er die ganze Welt vor sich sah, da er durch die Erleuchtung des Herzens über die Welt hinausgehoben war? Wenn er aber, wie gesagt, die ganze Welt als eine Einheit vor sich sah, so wurden nicht Himmel und Erde eng, sondern die Seele des Schauenden weit; in Gott entrückt, konnte er ohne Schwierigkeit alles schauen, was geringer ist als Gott. In dem Licht, das in seinen Augen aufleuchtete, erstrahlte in seinem Herzen ein inneres Licht. Da dieses seinen Geist in den Himmel entrückte, zeigte es ihm, wie eng alles Irdische ist.

Nicht nur die zahlreichen Wunder des Gottesmannes wurden in der Welt berühmt, sondern auch das Wort seiner Lehre strahlte hell auf. Er schrieb eine Regel für Mönche, ausgezeichnet durch maßvolle Unterscheidung und wegweisend durch ihr klares Wort. Wer sein Wesen und sein Leben genauer kennenlernen will, kann in den Weisungen dieser Regel alles finden, was er als Meister vorgelebt hat: Der heilige Mann konnte gar nicht anders lehren, als er lebte.

Sechs Tage vor seinem Tod ließ er sein Grab öffnen. Bald darauf befiel ihn hohes Fieber, und große Hitze schwächte ihn. Von Tag zu Tag verfielen zunehmend seine Kräfte. Am sechsten Tag ließ er sich von seinen Jüngern in die Kirche tragen; dort stärkte er sich durch den Empfang des Leibes und Blutes unseres Herrn für seinen Tod. Er ließ seine geschwächten Glieder von den Händen seiner Schüler stützen, so stand er da, die Hände zum Himmel erhoben, und hauchte unter Worten des Gebetes seinen Geist aus.

Gregor der Große

Einer wie Benedikt

Was wir aber in dieser Stunde vor allem brauchen, sind Menschen, die durch einen erleuchteten und gelebten Glauben Gott glaubwürdig machen in dieser Welt. […] Wir brauchen Menschen wie Benedikt von Nursia, der in einer Zeit der Auflösung und des Untergangs bis in die äußerste Einsamkeit hinabgestiegen ist und nach allen Reinigungen, die er durchlitten hatte, ans Licht treten, wieder hinaufsteigen und in Montecassino die Stadt auf dem Berg gründen konnte, die durch alle Untergänge hindurch die Kräfte sammelte, aus denen sich eine neue Welt bildete. So ist er wie Abraham Vater vieler Völker geworden.

Papst Benedikt XVI.

Er glich einer verschlossenen Quelle

»Ich vernahm eine Stimme, die vom wahren Licht kam und zu mir sagte: Der Heilige Geist hat im seligen Benedikt solche lichtvollen und geheimnisvollen Einsichten hervorgebracht, dass sein Herz wie Gold in der Liebe Gottes erglänzte und er der Überredung der teuflischen Verführungskunst alles andere als im Tun nachgab. Er war von der Gnade des Heiligen Geistes so erfüllt, dass er in keiner Verrichtung auch nur eine Sekunde oder einen Augenblick der Kraft des Geistes entbehrte. Er glich einer verschlossenen Quelle, die nach dem Maßstab Gottes ihre Unterweisung weitergab; den spitzen Nagel seiner Lehre hat er weder zu weit oben noch zu weit unten, sondern in der Mitte des Rades angebracht. Auf diese Weise kann jeder – ob stark oder schwach – seiner Möglichkeit entsprechend angemessen daraus trinken.«

Hildegard von Bingen

Was hat Benedikt der Welt gegeben?

Zählen wir es – zumindest ansatzweise – auf. Da sind die Skriptorien, die die antiken Schriftsteller kopierten und wunderbare Handschriften schrieben und illuminierten. Da sind die Baumeister, die Kirchen und Klöster mit goldenem Blick für Gottes Herrlichkeit und menschliche Notwendigkeit schufen und mit reichem Bildwerk in Stein, Holz und Malerei schmückten. Da wurde gerodet und kultiviert, das Geheimnis der Kräuter und Essenzen entschlüsselt und für Heilkunst und Gaumenlust neu durchmischt – die Lagen der Weinberge wurden durchschmeckt und bis ins Heute hinein mit dem Bonus »Klosterprodukt« etikettiert. Die Kräuter-Mönche waren exzellente Destillier- und Braumeister. Sie waren die Apotheker und Ärzte des Mittelalters, und die Krankenstationen der Klöster Keimzellen des Krankenhauswesens. Da wurde Gebet in Liturgie hineinstrukturiert und zelebriert – nicht zu vergessen den zugleich herb-irdenen als auch esoterisch-schwebenden gregorianischen Choral. Die Klöster waren Schulen des Abendlandes und gaben als solche und in Schulen ihre Erfahrung und ihr Wissen in die Welt hinein. Die Aufzählung könnte und müsste verlängert werden. Sie könnte und müsste zugleich in die verschiedenen Jahrhunderte und Regionen Europas detailliert hineinbuchstabiert werden. Ob glaubens- und kirchenintensiver Christ – ob Kirchensteuerzahler, der nur noch ein Kultur- und gelegentliches Service-Christentum praktiziert – ob bekennender Atheist … keiner, der durch Europa wandert, kann an diesen Zeugnissen benediktinischer Weltgestaltung vorbeigehen. Und wenn er es denn tut, dann geht er nicht an der Welt von gestern, sondern an der Welt von heute vorbei, die ohne diese monastische Spur um mehr als eine Spur ärmer wäre.

Albert Altenähr

Patron mit Zukunft

Was bedeutet es …, wenn Papst Paul VI. im Jahre 1964 den heiligen Benedikt zum »Patron Europas« erklärt hat? Wenn es gestattet ist, ein wenig Geschichtstheologie, die ja immer auch in etwa Geschichtsprophetie ist, zu treiben, so wird man annehmen dürfen, dass dem Patriarchen des abendländischen Mönchtums die Schutzherrschaft über gerade den eben genannten Vorgang anvertraut werden sollte: das Aufgehen Europas in einer größeren Welt. Gewiss, noch ist die Flamme benediktinischen Lebens an den alten Stätten der europäischen Christenheit nicht erloschen … Aber längst schon sind neue und gewichtigere Schwerpunkte benediktinischen Mönchtums entstanden … Wie Benedikt einst östliches Mönchtum dem christlichen Europa einverleibt hat, so ist er auch jetzt in seinen Söhnen und Töchtern zu diesem »plus ultra« berufen, zu diesem Hinausweisen über die Grenzen des Abendlandes als »Patron der Zukunft«.

Paulus Gordan

Führer zur Seligkeit

Heiliger und seliger Benedictus, mit reichem Tugendsegen hat Dich die himmlische Gnade ausgestattet, sie hat Dich nicht nur zur ersehnten Herrlichkeit, zur seligen Ruhe, zur himmlischen Wohnung erhöht; Dein wunderbares Leben hat auch unzählbare andere zur gleichen Seligkeit geführt. Deine süße Mahnung hat sie angeeifert, Deine liebliche Lehre unterwiesen, Deine Wunder herausgerufen. Zu Dir, Gottgesegneter, den Gott mit so reichem Segen gesegnet, zu Dir flieht meine bangende Seele, vor Dir wirft sie sich nieder, so demütig sie kann, vor Dir ergießt sie ihre Gebete, so innig sie kann, Deine Hilfe erfleht sie, so sehnlich sie kann.

Nun, Du Schutzherr der Mönche, bei der Liebe, mit der Du eifrig um unsere Lebensweise besorgt warst, sei eifrig besorgt, dass wir ausreichend wollen und wirksam vermögen, was wir müssen, damit Du unseres Dienstes und wir Deiner Führung uns rühmen können vor Gott, der lebt und herrscht in alle Ewigkeit. Amen.

Anselm von Canterbury

Ein Gottsucher, der uns mitnimmt

Das ist Benedikts Heiligengestalt. Ein Mann, der Gott sucht, sich gänzlich seinem »Dienste« übergibt, dem eigenwilligen Streben Demut und Gehorsam entgegenstellt, sich und sein Leben ganz von Gottes Geboten leiten lässt, sein Wesen durchtränkt vom Gottgedanken, vom Gottdienen und Gottlieben; ernst, stark, würdevoll, maßvoll und gütig zugleich, unablässig bemüht um das Doppelgebot der Gottes- und Nächstenliebe, auch alle ihm Anvertrauten in allem Tun und allerwärts dazu bildend, mehr und mehr zu Gott hin voranschreitend. So tritt er vor uns hin in seiner Regel, so schimmert uns sein Bild auch entgegen durch die Hülle der gregorianischen Erzählungen, so wächst er vor unseren Augen noch am letzten Tage.

Ildefons Herwegen

Die Antwort aus der Stille

Benedikt hat auf das ständige Bewegtsein seiner Zeit mit der Forderung nach *stabilitas,* nach Beständigkeit geantwortet. Er hat Menschen verschiedener Volksstämme in seine Gemeinschaft aufgenommen und so zur Integration der Fremden beigetragen. Er hat auf die ständige Neugier seiner Zeit, auf das ständige Aussein nach »events«, nach *panem et circenses,* nach Brot und Spielen, mit dem Rückzug in die Stille geantwortet.

Anselm Grün

Anfang im Kleinen

In dieser unüberschaubar gewordenen Welt verzweifeln wir immer wieder daran, etwas ändern zu können. Benedikt verweist auf den kleinen, überschaubaren Bereich des Klosters. Hier gilt es, das andere, das christliche Leben zu versuchen; hier gilt es, zu bleiben. Die Eigenart des Benediktiners ist es ja, dass er in Stabilität an sein eigenes Kloster, an seine Gemeinschaft gebunden ist. Die Bindung, die Begrenzung, sie erweisen sich als Befreiung aus der verwirrenden Vielfalt der Möglichkeiten und der niederschmetternden Erkenntnis der Unmöglichkeit, die ganze Welt zu ändern. Sie ermutigt zum Anfang im Kleinen. Inmitten des raschen Wechsels der Projekte und immer neuer Experimente begegnen wir bei Benedikt dem beständigen Experiment, dem bleibenden Versuch, dem Abenteuer schlechthin: der Suche nach Gott. Gregor der Große nennt Benedikt einfach *vir dei,* den Mann Gottes. Dass er Gott suchte – allein Gott, vor allem anderen und zugleich in allem –, dass er dies schlicht lebte und dazu konkrete Wege wies, das ist das Geheimnis der Gestalt Benedikts.

Odilo Lechner

Die Regula Benedicti

Einfachheit des Lebens

Die Regel St. Benedikts ist kein am grünen Tisch gefertigtes Programm, wie wir deren so viele haben, auch für das geistliche Leben. Sie ist mit dem Leben und dem Werk St. Benedikts gewachsen. Sie ist Ausdruck einer geistigen Haltung, die für die damalige Zeit und darüber hinaus gültige Lebensformen schuf, einer geistigen Haltung, die, wenn nötig, auch stark genug war, um die äußeren Lebensformen ohne Gefährdung des Geistes jeweils »zeitgemäß zu erneuern«. Darum ist aus der Rückbesinnung auf die Regel auch immer wieder neues Leben entstanden.

Diese Rückbesinnung auf die Grundgedanken des hl. Benedikt führt uns zunächst zu einer neuen Einfachheit des Lebens. Nicht nur die Menschen und Christen in der Welt, auch die Mönche des 21. Jahrhunderts spüren gegenüber der Vielfältigkeit und Kompliziertheit und der dadurch verursachten Unruhe und Hast des modernen Lebens eine große Sehnsucht nach dem »einfachen Leben«. Auch das geistliche Leben mit seiner Vielzahl von einzelnen Übungen und Weisungen ist sehr kompliziert geworden. Eine gewisse Technik der Aszese hat sich entwickelt, die das echte innere Wachstum zu ersticken droht. Wie beruhigend ist da die Rückbesinnung auf die drei Grundelemente des monastischen Lebens nach der Regula Sancti Benedicti! Drei Dinge füllen das Tageswerk des Mönches: das Gotteslob (opus dei), das innerliche Beten und die geistliche Lesung (oratio und lectio divina), schließlich die Handarbeit (labor manuum). Zunächst wurden diese drei Grundelemente ganz einfach und schlicht in ihrer wörtlichen Bedeutung genommen. Die Mönche verrichteten ihr Offizium, wie es St. Benedikt in seiner Regel geordnet hatte. Dann weihten sie gewisse Stunden des Tages dem inneren Gebet und der geistlichen Lesung, und andere Stunden galten der Arbeit, der unmittelbaren Sorge für die natürlichen Bedürfnisse der Gemeinschaft. Im Laufe der Jahrhunderte entfalteten sich diese drei Grundelemente. Aus dem »Eifer für den Gottesdienst« entwickelte sich nach und nach der ganze Reichtum des liturgischen Lebens, wie es für benediktinische Abteien, besonders für einzelne Gruppen (in der Vergangenheit für Cluny, in der neuen Zeit für die Kongregationen von Solesmes und Beuron) kennzeichnend wurde. Das persönliche Beten und die geistliche Lesung umfassten das einfache Lernen der Psalmen und das schlichte Meditieren bis zur beschaulichen Versenkung in die mystischen Tiefen des Gotteswortes. Es nahm davon die Mystik ebenso ihren Ausgang wie die theologisch-wissenschaftliche Arbeit und die apostolische Bemühung um die Ausbreitung des Gottesreiches. Schließlich entsprangen daraus alle Formen geistlicher Tätigkeit, die Beschäftigung auch mit den weltlichen Wissenschaften, die Gründung von Schulen aller Art. Die Handarbeit aber entwickelte sich zu den vielgestaltigen Formen kultureller Tätigkeit, angefangen von der Bebauung des Bodens zur Gewinnung des Lebensunterhaltes bis zur umfassenden kolonisatorischen Tätigkeit, vom einfachen handwerklichen Bemühen bis zu allen Formen künstlerischen Schaffens.

Emmanuel Heufelder

Wo man anfangen soll

Die Sehnsucht nach dem Ursprung ist die Sehnsucht nach einem neuen Anfang. Unsere Zivilisation leidet darunter, dass alles kompliziert, unüberschaubar, in Spezialgebiete aufgeteilt ist. Auch das geistliche Leben zeigt eine Fülle von Angeboten, Methoden, Fragen und Problemen. Viele Menschen resignieren, weil ihnen die Probleme der Zukunft von Welt und eigenem Leben bedrohlich und unlösbar erscheinen. Das eigentliche Geheimnis des hl. Benedikt scheint die Einfachheit seines Weges zu sein, eine Einfachheit, die nicht unwissender Naivität oder Flucht vor den Problemen oder der Neigung zu Simplifikationen entspringt. Sie kommt vielmehr aus dem schlichten Verlangen, allein Gott zu suchen. Sie lässt die großen Theorien der Spiritualität beiseite und fängt einfach an. So erklärt sich die der Regel eigentümliche Mischung von allgemeinen Grundsätzen und sehr konkreten Bestimmungen. Sie sind keine vollständige Anweisung, die das ganze Leben regeln könnte, aber sie zeigen, wie und wo man anfangen kann, wie sich die Grundsätze des Evangeliums konkret auswirken. Benedikt versteht ja seine Regel selber als einen Anfang des klösterlichen Lebens (Regula Benedicti 73,1). Aber um diesen Anfang geht es.

Odilo Lechner

Den Meister wiederentdecken

Benedikt ist ein Lehrmeister, der jeweils aus den konkreten Situationen und Erfahrungen des Alltags zu Christus führt. Dieser Vorgang ist auch für Exerzitien wichtig. So ist es gut, jeweils bei Situationen unseres Lebens, wie sie in der Regula Benedicti geschildert sind, anzufangen und zu versuchen, sie zu jeweils einem Aspekt Christi zu führen: z. B. unser Verlangen nach guten Tagen, nach Glück und personaler Gegenwart führt uns zu Christus, der uns einlädt; unsere Erfahrungen von Ungeborgenheit und Angefochtenheit zu Christus, dem Felsen; unsere Erfahrungen von Gemeinschaft, »Herde«, zu Christus, dem guten Hirten; unsere Erfahrungen von Krankheit zu Christus, dem Arzt. Die Regula Benedicti ist kein Meditationsbuch, will und soll es nicht sein. Der Kern von Exerzitien entspricht aber dem, was Benedikt mit der Regel will: uns immer wieder zu Christus führen und sich von Christus führen lassen. Ich möchte einige Hilfen nennen, die aus der Regel als ganzer erwachsen:

In der Gegenwart Gottes leben, seine Augen hineinschauen lassen in die Situation. Ich stelle mir immer dieses Dreieck vor – der Exerzitant und sein Begleiter, und über beiden der Herr. Er ist der eigentliche Leiter, er soll die Initiative haben, er ist der, der den Weg und das Ziel weiß, wohin er den Exerzitanten bringen will. Meistens nehme ich an den Ort, an dem die Gespräche stattfinden, eine Christusikone mit, die zum Gespräch mit Ihm einlädt. Ein brennendes Licht davor, Blumen dazu, die aufgeschlagene Bibel als Zeichen Seiner Gegenwart und dass Er sprechen will. In diesem Sinn hilft mir, dass wir zu Anfang und zum Schluss beten, fast immer frei formuliert, so dass dieses »Dreieck« deutlich in unserem Bewusstsein ist. Im Schlussgebet versuche ich, das, was vorher geschah, vor Gott in Dank und Bitte zusammenzufassen. Diese Gebetsatmosphäre ist eine große Hilfe, sich nicht zu viel auf die Problemebene einzulassen, sich auf das Wesentliche zu beschränken.

Das Horchen, das Benedikt so eindringlich lehrt, ist für mich in diesen Zeiten besonders wichtig; horchen auf den Exerzitanten, die Worte und was dahintersteht, besonders auf den Herrn, was Er dazu sagen möchte. Und oft muss ich während des Gesprächs einige Momente still sein, um ausdrücklich horchend zu beten, Seinen Willen und Seine Weisung zu erspüren. Ich lasse bewusst die Exerzitanten spüren, dass ich keine fertige Lösung habe.

»*Operantem in se Dominum magnificant* – sie preisen den Herrn, der in ihnen wirkt« *(Prol 30):* Das gilt im Besonderen für den Exerzitienbegleiter, der einfach nur Instrument sein muss und darf. Er soll den Herrn wirken lassen, dem Herrn

Raum geben und sich nicht selbst dazwischen mischen mit vielleicht originellen Ideen. Es ist wichtig, sich jeweils leer zu wissen, um das Wort vom Herrn zu empfangen.

Wie für Benedikt selbst, so scheint es auch heute wichtig, wenigstens in groben Zügen die Geschichte der Spiritualität zu kennen, vertraut zu sein mit einigen klassischen Meistern. Für unsere monastischen Gemeinschaften gälte es, die Meister in unseren Reihen wieder mehr zu entdecken. Benedikt kannte seine Meister und empfahl, sie zu lesen.

Aquinata Böckmann

Eine Atmosphäre vertieften Glaubens

Das Mönchtum des 20. Jahrhunderts hat nicht nur das Recht, sondern auch die Pflicht, seine jugendlichen, unvergänglichen Wesenskräfte wieder zu erneuern und zu vertiefen. Dem oberflächlichen Materialismus unserer Tage muss es die unerschöpfliche Tiefe pneumatischer Erfülltheit entgegenstellen. Darin besteht wohl die Aufgabe des Mönchtums unserer Zeit, durch ein Leben aus dem Heiligen Geiste dem Wirken des Heiligen Geistes in der Kirche die Wege zu bahnen, eine Atmosphäre vertieften Glaubens, von der göttlichen Gnade geformten Denkens und Handelns zu schaffen.

Ildefons Herwegen

Nüchterne Sorge um die kleinen Dinge

Die Regel Benedikts ist ein sehr nüchterner Text. Er ist so nüchtern, dass er Leser nicht auf die »geistliche Wolke Nummer sieben« entführt. In langen Kapiteln buchstabiert Benedikt die Reihenfolge der Psalmen in den Gottesdiensten durch. Er macht sich Gedanken über das Maß von Speise und Trank. Er verliert sich in Regelungen über Qualität, Farbe und Länge der Kleider. Er hält es sogar für angebracht, uns Mönchen ferner Jahrhunderte nach seinem Tod noch sagen zu wollen, dass wir nachts das Messer nicht am Gürtel tragen sollen. Irgendwie ist es schon verwunderlich, dass diese Sammlung von Regeln für ein Kloster des 6. Jahrhunderts als Meisterwerk der Spiritualität durch eineinhalb Jahrtausende Strahlkraft behielt und heute noch hat.

Albert Altenähr

In Spannung bleiben

Schon im vorbenediktinischen Mönchtum finden wir ausgeprägte Formen von Übungen, die den Mönchen und auch den Laien, deren geistliches Leben die Mönche begleiteten, helfen sollten, in guter innerer Spannung zu bleiben, die Sehnsucht nach Verinnerlichung und Vertiefung der Heilsbotschaft in sich nicht verflachen zu lassen. In den vom hl. Euthymius († 473) gegründeten Klöstern in Südpalästina finden wir z. B. eine Form von Retraite. Jedes Jahr während der Fastenzeit bis zum Osterfest zogen sich alle Mönche aus den Lauren tief in die Wüste zurück, um sich im Gebet und in der Einsamkeit intensiv auf das Osterfest vorzubereiten. Etwas von dieser Form von »Retraite« (= Besinnung, Besinnungsübung) hat sich in Benedikts Anweisungen über die Gestaltung der Fastenzeit als einer besonders intensiven Zeit des Gebetes, der Lectio (= Lesung der Heiligen Schriften), des Schweigens, der Askese (= Geistliche Lebensdisziplin) niedergeschlagen. Eine weitere Form des gezielten Strebens nach Vertiefung des geistlichen Lebens sehen wir in der Praxis der geistlichen Führung bzw. Begleitung, so wie sie häufig in den Apophthegmata Patrum (= Aussprüche der

Väter) angedeutet wird. Die Schriften des Evagrius Ponticus geben uns einen ausführlichen Einblick in die Praxis dieser geistlichen Begleitung in der Wüste: Der Suchende ließ sich unter der Begleitung eines Meisters auf einen Weg der Selbsterkenntnis ein. Dieser Weg war fest eingebettet in der Meditation der Hl. Schrift, wollte in die Kunst der Unterscheidung der Geister einführen und den Menschen für die Reinheit des Herzens und die Gabe des kontemplativen Gebetes disponieren. So finden wir in den Impulsen, die die vorbenediktinischen Meister denen gaben, die zu ihnen kamen mit der Frage: »Wie kann ich gerettet werden?«, Hilfsmittel, die heute noch wirksam geblieben sind: Rückzug aus dem Alltag, Schweigen, Einsamkeit, intensives Gebet, die Begleitung durch einen erfahrenen Menschen auf dem Weg zur Demut, zur Selbsterkenntnis und zum kontemplativen Gebet.

Die Regula Benedicti ist eigentlich ein Gewebe von solchen Impulsen für die, die durch das Leben in einer Mönchsgemeinschaft Rettung, Verankerung in Christus suchen. Die eben erwähnten Elemente aus dem Wüstenmönchtum kommen auch in der Regula Benedicti vor, z. B. im Weg der Demut, den die Regel aufzeigt, in der Beziehung zwischen Abt und Mönch, in der Praxis des liturgischen und des persönlichen Gebetes, im Schweigen und im ganzen Konzept des Klosters als einer Schule, in der man durch den Umgang mit verschiedenen Werkzeugen der geistlichen Kunst die Möglichkeit hat, in der guten Spannung zu bleiben, die offen hält für Gnadengaben Gottes auf dem Weg zur Vereinigung mit ihm.

Maire Hickey

Gefährten suchender Menschen

Ich muss gestehen, es ist mir erst nach vielen Jahren des Klosterlebens wirklich bewusst geworden, dass Benedikt für einen Klostereintritt nicht verlangt, dass jemand fest glaubt oder gar einen fertigen Glauben haben muss. Eine benediktinische Mitschwester aus Bayern hat es einmal so formuliert: »A bisserl katholisch« sollte der Kandidat oder die Kandidatin schon sein. Aber ob man es nun mit den Worten Benedikts oder bodenständig bayerisch formuliert – gemeinsam ist beiden Aussagen, dass das Benediktinische einem »fertigen« Glauben zutiefst abhold ist.

Mit einem fertigen Glauben kann man einerseits alle anderen Menschen fertigmachen, und gleichzeitig hat man sich aus dem Wachstum auf Gott hin in ein geistliches Rentnerdasein verabschiedet. Benediktiner sind – um einen Gedanken von Fulbert Steffensky aufzugreifen und zu variieren – nicht »Alles-richtig-Macher«, sind keine »Irrtumsvermeider« – sie sind »Gott- und Wahrheitssucher«.

Als Gott suchende Menschen sind die von Benedikt faszinierten und geprägten Menschen – ob Mönche und Nonnen in den Klöstern oder Menschen in der Welt – von ihrem innersten Selbstverständnis auf Gefährtenschaft mit suchenden Menschen angelegt. Vielleicht liegt darin das Geheimnis der Lebenskraft des benediktinischen Geistes trotz seines Alters von 1500 Jahren.

Albert Altenähr

Beten – das Gebet sei lauter

In Lauterkeit des Herzens

Wenn wir mächtigen Menschen etwas unterbreiten wollen, wagen wir es nur in Demut und Ehrfurcht. Um wie viel mehr müssen wir zum Herrn, dem Gott des Weltalls, mit aller Demut und lauterer Hingabe flehen. Wir sollen wissen, dass wir nicht erhört werden, wenn wir viele Worte machen, sondern wenn wir in Lauterkeit des Herzens und mit Tränen der Reue beten. Deshalb sei das Gebet kurz und lauter.

Regula Benedicti 20,14

Gott sucht uns

Gebet ist ein Abenteuer, das uns in unergründliche Tiefen der Liebe Gottes hineinführt, in die Tiefen Gottes, der die Liebe ist. Es ist ein Tun höchst persönlicher Art und so verschiedenartig wie die menschlichen Temperamente und die Stufen, die ein Mensch in seiner Entwicklung durchläuft. Wir müssen bereit sein, zu suchen und zu versuchen, bis wir »durch Kummer und Irrtum« die uns gemäße Art des Betens gefunden haben. Wir sollen doch so beten, wie wir es können, und nicht zu beten versuchen, wie wir es nicht können. Und haben wir die Gebetsart gefunden, die uns »liegt«, müssen wir uns dennoch innerlich darauf einstellen, einen anderen Weg einzuschlagen oder in ein neues Gebetsstadium einzutreten, sobald unsere geistlichen Bedürfnisse sich ändern. Gottes Suchen nach uns ist immer noch mächtiger als unser Suchen nach ihm.

Basil Christopher Butler

Über den Fortschritt im Glauben

Wenn wir beten, sprechen wir mit Gott; wenn wir lesen, spricht Gott zu uns. Jeder Fortschritt kommt vom Lesen und Meditieren. Es geschieht oft, dass jemand den mystischen Sinn der Worte der Heiligen Schrift durch die Gnade aufnimmt, wenn derjenige selbst, durch die Gnade der himmlischen Kontemplation entflammt, sich den himmlischen Dingen verschreibt. Die wunderbare und unaussprechliche Macht des Heiligen Wortes wird erkannt, wenn die Geistseele des Lesers von der Liebe aus den Höhen durchdrungen ist.

Smaragd von St. Mihiel

Vom Glauben zum Schauen

Durch das Gebet scheint das unsichtbare Licht in den Geist. Durch das Gebet erhascht das Auge des Herzens den Anblick der himmlischen Dinge, während es noch mit der fleischlichen Schwere bekleidet ist. Durch das Gebet schaut der menschliche Geist, soweit er kann, den ungeschaffenen Geist, der alle Dinge erschafft.

Petrus Venerabilis

Der mystische Sinn des Gebetes

Das ist der Sinn des wahren Gebetes, dass man seine enge Begrenztheit hinter sich lässt, um sich mit göttlicher Kraft erfüllen zu lassen. Das Wesen echter Liturgie besteht darin, dass eine Tat, die Gott einmal vollzog, um die Menschen mit sich zu vereinigen, wieder hingestellt wird; es besteht darin, dass Gott das Leben, das er ihnen damals gegeben hat, wieder gibt, und zwar durch eine Handlung. Das ist der tiefste Sinn der heiligen Liturgie, dass wir der Braut die Gegenwart des Bräutigams auch im Exil dieser Zeitlichkeit verbürgen.

Odo Casel

Sich fordern lassen

Für manche ist die Flucht vor der Arbeit auch Flucht vor den Realitäten des Lebens und damit Flucht vor Gott. Benedikt könnte uns lehren, die Arbeit vom Gebet her zu bewältigen und sie selbst als Gebet zu verstehen, indem wir uns arbeitend dem gegenwärtigen Gott stellen und uns von ihm fordern lassen bis in die Ermüdung des Leibes hinein. Wenn wir aus dem Gebet heraus arbeiten, werden wir in der Arbeit zwar müde, aber nicht erschöpft. Es ist eine gute Müdigkeit. Wir haben das Gefühl, etwas für Gott und die Menschen geleistet zu haben. Erschöpfung dagegen erzeugt Leere, Unzufriedenheit, Unruhe. Im Gebet kommen wir in Berührung mit der inneren Quelle des Heiligen Geistes, die unerschöpflich ist, weil sie von Gott her strömt.

Anselm Grün

Aus der Liturgie schöpfen

Die Sonn- und Feiertage gestalten wir festlich mit gregorianischem Choral. Die benediktinische Lebensform hilft uns, dass wir nach den Anforderungen des Alltags IHN zu Wort kommen lassen, dass wir inne werden, wie ER als Mensch all dies erlitten hat: vermeintliche Ausweglosigkeit, Gottesferne und was der geschäftige Lärm der Welt, die uns umgibt und auch IHN umgab, an Ablenkungen und Täuschungen

parat hat. Wir erleben in der benediktinischen Liturgie jene
Ruhe, die lauterste Tätigkeit ist.

Homepage der Benediktinerinnen von St. Alban

Die Priorität des Betens erkennen

Welches also auch unsere Stellung im Leben sei – unser Herr
versichert, das Gebet sei die Grundlage unseres Lebens, und
die Zeit, die wir ihm widmen, sei der »gute Teil«, der wert-
vollste Teil unseres Lebens … Deshalb soll auch der viel-
beschäftigte, der hart arbeitende Mensch darum besorgt
sein, dem Gebet in seinem Leben einen hinreichenden Platz
einzuräumen. Diese Seite des geistlichen Lebens schließt in
sich die Anbetung, die ursprüngliche Pflicht des Geschöpfes; dann die Bitte für unsere Bedürfnisse des Leibes und
der Seele, unseres geistlichen und zeitlichen Lebens. Ferner
gehört dazu das Gebet im eigentlichen Sinne, die Erhebung
der Seele und des Herzens zu Gott, all unsere Beziehungen
zu ihm.

Cuthbert Butler

Verändert werden durch das Gebet

Das Gebet, das ein Mensch verrichtet mit seiner ganzen
Kraft, hat große Macht. Es macht ein bitteres Herz reich, ein
törichtes Herz weise, ein zaghaftes Herz kühn, ein schwa-
ches Herz stark, ein blindes Herz sehend, eine kalte Seele
brennend. Es zieht den großen Gott in ein kleines Herz, es
treibt die hungrige Seele hinauf zu dem vollen Gott. Es vereint die zwei Lieben, Gott und die Seele, an einem wonne-
vollen Ort, da reden sie viel von Liebe.

Mechthild von Magdeburg

Arbeit wird zum Gebet

Die Arbeit wird dann selbst zum Gebet, wenn ich sie in
Gottes Gegenwart verrichte. Dabei ist das Problem nicht,
ob ich bei der Arbeit auch noch beten kann, auch noch an
Gottes Gegenwart denken kann, dass ich also immer wieder
Pausen machen muss, um zu beten. Die Arbeit ist vielmehr
selbst Gebet, wenn ich dem gegenwärtigen Gott mit meinem Tun antworte. Dabei kann ich mich ganz auf die Arbeit
konzentrieren. Ich brauche nicht in meinem Kopf gespalten
zu sein zwischen frommen Gedanken und der Konzentration auf die Arbeit. Ich arbeite vor dem gegenwärtigen Gott,
ich spreche mit ihm, indem ich mich ganz auf die Arbeit einlasse, die er von mir verlangt. Wenn ich die Arbeit für Gott
tue, dann ist sie Gebet.

Anselm Grün

Der wahre Anbeter

Schon kommt die Stunde, und sie ist schon da, es kommt
und ist schon die rechte Zeit, der Tag des Heiles, an dem die
wahren Anbeter, die wahren, sage ich, nicht die nicht kennen, was sie anbeten, sondern die wirklich kennen, was sie
anbeten, den Vater anbeten, nicht auf dem Berge dort noch
in Jerusalem … sondern im Geist und in der Wahrheit. Was
ist liebevoller? Was ist schöner als diese Definition des wahren Anbeters? Ihr werdet den Vater anbeten – sagt er – und
»den Geist der Kindschaft von ihm empfangen« und zu
Gliedern seines eingeborenen Sohnes werden. Denn: den
Vater im Geiste anbeten, was bedeutet das anderes als: »den
Geist der Kindschaft empfangen haben, in dem wir rufen:
Abba, Vater« *(Röm 8,15)*? Was bedeutet es anderes: den Vater in der Wahrheit anbeten, als: in seinem Sohne bleiben –

der spricht: »Ich bin die Wahrheit« *(Joh 14,6)* – und den Vater dann anrufen?

Rupert von Deutz

Das Gebet der Tat

Arbeit kann eine Hilfe für das Gebet, Gebet eine Hilfe für die Arbeit sein. Doch Benedikt sieht den Zusammenhang von Gebet und Arbeit noch enger. Arbeit selbst ist für ihn ein Gebet. Wenn das Wesen des Gebetes in der Zwiesprache mit Gott besteht, so ist die Arbeit die tätige Antwort auf das Hören im Gebet. Diese Antwort kann der Mönch nur richtig geben, wenn er genügend auf Gottes Willen lauscht. Das gilt nicht nur für den Umgang mit Menschen, bei denen uns der Wille Gottes als Gebot der Nächstenliebe vor Augen steht. Auf Gottes Willen muss auch lauschen, wer mit den Dingen dieser Welt umgeht. Er muss sich in das Wesen der Dinge einfühlen, sich in Gottes Spuren in den Dingen einspüren. Nur so kann er richtig mit den Dingen umgehen. Er wird sie nicht vergewaltigen, sondern in die Ordnung bringen, die Gott ihnen zugedacht hat. Er wird mit seiner Arbeit das ihnen von Gott eingestiftete Wesen entfalten.

Anselm Grün

Mit dem Herzen hören – die Sehnsucht nach Gott

Mit dem Herzen hören

Höre, mein Sohn, auf die Weisung des Meisters, neige das Ohr deines Herzens, nimm den Zuspruch des gütigen Vaters willig an und erfülle ihn durch die Tat! …
Die Schrift rüttelt uns wach und ruft:
»Die Stunde ist da, vom Schlaf aufzustehen.« Öffnen wir unsere Augen dem göttlichen Licht, und hören wir mit aufgeschrecktem Ohr, wozu uns die Stimme Gottes täglich mahnt und aufruft:
»Heute, wenn ihr seine Stimme hört, verhärtet eure Herzen nicht!«
Und wiederum: »Wer Ohren hat zu hören, der höre, was der Geist den Gemeinden sagt!« Und was sagt er? »Kommt, ihr Söhne, hört auf mich! Die Furcht des Herrn will ich euch lehren. Lauft, solange ihr das Licht des Lebens habt, damit die Schatten des Todes euch nicht überwältigen … Wer ist der Mensch, der das Leben liebt und gute Tage zu sehen wünscht?« …
Seht, in seiner Güte zeigt uns der Herr den Weg des Lebens.

Regula Benedicti, Prolog 1.8–13.15.20

Ermutigung

Wer mit seinem ganzen Herzen nach Gott verlangt, besitzt ganz gewiss schon den, den er liebt.

Gregor der Große

Das menschliche Defizit

Herr Jesus Christus, meine Erlösung, meine Barmherzigkeit, mein Heil! Dich lobe ich, Dir sage ich Dank. Zwar nicht zu vergleichen mit Deinen Wohltaten, viel zu unerfahren in würdiger Hingabe, allzu dürftig angesichts der ersehnten Fülle der süßesten Empfindung für Dich, bringt Dir meine Seele irgendwie doch Lob und Dank dar, nicht wie ich es schuldig wäre, doch so gut ich es versuchen kann. Du Hoffnung meines Herzens, Kraft meiner Seele, Hilfe für meine Schwäche, Deine machtvolle Güte möge vollenden, was meine allzu laue Unzulänglichkeit versucht. Du, mein Leben und Ziel meines Strebens, ich kann Dich noch nicht so sehr lieben, wie ich müsste; aber wenigstens verlange ich danach, Dich so zu lieben, wie ich Dich lieben soll. Mein Licht, Du siehst mein Gewissen, denn, Herr, vor Dir ist all mein Verlangen, und Du schenkst, was meine Seele auf rechte Weise wünscht.

Auf, Herr, zeige Dich mir, und ich werde getröstet sein. Zeige mir Dein Antlitz, und ich bin gerettet. Schenke mir Deine Gegenwart, dann ist mein Verlangen gestillt! Enthülle Deine Herrlichkeit, und meine Freude wird vollkommen sein! Es dürstet nach Dir meine Seele, gar sehr nach Dir mein Fleisch. Es dürstet meine Seele nach Gott, dem lebendigen Quell, wann darf ich kommen und erscheinen vor dem Angesichte meines Gottes? Wann wirst Du kommen als mein ersehnter Tröster? Oh, wann werde ich schauen meine lang erwartete Freude, wann gesättigt werden durch das Aufleuchten Deiner Herrlichkeit, nach der mich hungert? Wann überflutet werden von der Überfülle Deines Hauses, nach dem ich seufze? Wann trinken vom Strom Deiner Wonne, nach der ich dürste?

Anselm von Canterbury

Auf dem Weg zum Ursprung

Das einzige Ziel des Gottsuchenden ist zu hoffen und zu streben, eines Tages Ruhe zu finden und in der Freude der höchsten Betrachtung auszuruhen wie in den Armen der schönen Rahel. Es ist, als ob man durch das gehörte Wort zur Schau des gesuchten Ursprungs emporstiege.

Petrus Damiani

Sehnsucht nach oben

Vorher stand das Herz des Menschen, der göttlichen Liebe verbunden, fest und sicher, und es blieb geeint in der Kraft der Liebe zum Einen; als es sich aber in weltliche Gelüste ergoss, wurde es in so viele Teile zersplittert, wie dasjenige darstellt, was es anstrebt. Und weil es so das wahre Gut nicht zu lieben weiß, kann es auch niemals wieder fest und sicher werden; es findet ja keinen festen Standpunkt seines Strebens in den Dingen, die es umfasst; deshalb streckt es sich stets nach immer Neuem aus; und da dieses nie den Endpunkt darstellt, kommt es nie zur Ruhe.

Darin also besteht die wahre und vollkommene und letzte Glückseligkeit: Das Wahre erkennen und das Gute lieben; beides aber ist der Wirklichkeit nach in Gott ein und dasselbe; denn es ist das Einfachste und ein göttliches Wesen; das besagt: Licht, Wahrheit, Gutheit, Leben, ungeschaffene Seligkeit und all das andere. Das Licht wahrer Erkenntnis also und der Eifer heiliger Frömmigkeit sind die beiden größten Güter Gottes; sie sind uns geschenkt als Unterpfand, um das ewige Glück jetzt schon zu schmecken und im ewigen Leben voll Freude auszukosten.

Die Seele ist nach Augustinus in die Mitte zwischen Schöpfer und Geschöpf gesetzt; wendet sie sich Gott zu, wird sie erleuchtet, gereinigt und vollendet; wendet sie sich den Kreaturen zu, wird sie verdunkelt, verschlechtert und zerstört. Und ebenso heißt es in dem schon angeführten Buch von Geist und Seele: Wenn der menschliche Geist sich der endlosen Zerstreuung der niederen, unteren Dinge entzieht und diese Endlosigkeit allmählich aufgibt, sich zur Einheit sammelt und mit sich zu sein lernt, dann wird diese Einheit umso gesammelter, je mehr er sein Erkennen und seine Sehnsucht nach oben wendet, bis er dann endlich unveränderlich in Jesus ruht, der in ihm wohnt.

Johannes von Kastl

Anklopfen!

Siehe, Herr, vor Dir ist mein Herz. Es nimmt einen Anlauf, aber es bringt nichts aus sich selber fertig. Leiste Du, was es selber nicht kann! Lass mich ein in das Gemach Deiner Liebe! Ich bitte, suche, klopfe an. Du lässt mich bitten, lass mich empfangen! Du schenkst das Suchen, gib das Finden! Du lehrst anklopfen, öffne dem Pochenden. Wem wolltest Du geben, wenn Du dem Bittenden weigerst? Wer findet, wenn der Suchende in der Erwartung enttäuscht wird? Wem öffnest Du, wenn Du vor dem Klopfenden zuschließest? Was wolltest Du dem geben, der nicht bittet, wenn Du Deine Liebe dem Bittsteller versagst? Von Dir habe ich die Sehnsucht, von Dir möchte ich auch die Erfüllung. Meine Seele, hange Ihm an! Guter Herr, weise sie nicht ab! Sie ermattet vor Hunger nach Deiner Liebe: erquicke sie! Deine Hingabe sättige sie, Deine Zuneigung nähre sie, Deine Liebe erfülle sie! Sie möge mich ganz ausfüllen, ganz besitzen, da Du mit dem Vater und dem Heiligen Geiste der Gott bist, der allein gepriesen wird in alle Ewigkeit. Amen.

Anselm von Canterbury

Kostprobe

Nur die verkostende Erkenntnis führt zur Freundschaft mit Gott, durch diese Weisheit wird man Gottes Freund und leistet man ihm Gehorsam.

Benedikt von Aniane

Führung in das Land der Fülle

Halte mein Herz in deiner Hand, denn ohne dich wird es nicht in die Höhen entrückt. Ich eile dorthin, wo der höchste Frieden regiert und die Ruhe immer leuchtet. Halte und leite meinen Geist und erhebe ihn nach deinem Willen, damit ich unter deiner Führung in das Land der Fülle gelange, in dem du Israel für immer mit der Speise der Wahrheit nährst. Da, in einem Gedankenblitz, mag er dich erreichen, du höchste Weisheit, die über allen Dingen steht, sie kennt und regiert. Aber es gibt vieles, was die Seele daran hindert, zu dir zu fliehen. Auf deinen Befehl, o Herr, lass alle Dinge mir gegenüber stumm werden. Lass meine Seele stumm sein. Lass sie alles Geschaffene, sogar sich selbst, übersteigen und zu dir gelangen, und lass sie ihre gläubigen Augen auf dich, den Schöpfer aller Dinge, heften. Mag sie dich anstarren, zu dir sich strecken, über dich meditieren, dich betrachten, dich vor ihre Augen stellen und dich in ihr Herz schließen – dich, den höchsten und wahren Gott der immerwährenden Freude.

Johannes von Fécamps

Überlege, wer ich bin!

Du hast dem Menschen die Grenzen gesetzt, so dass er sie nicht überschreitet, du, der du über allen bist und alles vorausweißt, bevor es geschieht, du hast im Geheimnis deiner Majestät die Grenzen des Menschenlebens hinterlegt. Weder Wissen noch Klugheit noch List irgendeines Wesens vermag sie hinauszurücken, in keinem Alter, nicht in der Kindheit, nicht in der Jugend, nicht im Greisenalter. Du verfügst es in der Vorsehung deiner geheimen Ratschlüsse, du, der die Menschen zur Ehre seines Namens erschaffen wollte.

Vor Grundlegung der Welt habe ich, o Mensch, um dich gewusst. Weshalb verachtest du mich? Habe ich dir nicht meine Propheten gesandt und meinen Sohn am Holz des Kreuzes für dein Heil dahingegeben? Habe ich nicht meine Apostel beauftragt, dir durch die Frohbotschaft den Weg der Wahrheit zu zeigen? Du hast also keine Entschuldigung, als hätte ich nicht alles Gute für dich bereitgelegt. Weshalb schiebst du mich beiseite? Du Tor, überlege, wer ich bin. Bedenke, dass ich das höchste Gut bin und dir alles Gute schenke, wenn du mich in Liebe suchst, mich, Gott über allem und in allem. Aber du willst mich zu einem Hörigen machen, der seinen Herrn fürchtet. Wie? Du willst, dass ich deinen Willen tue, während du meine Gebote verachtest. So ist Gott nicht! Gott braucht nicht Ratschläge am Anfang noch Furcht am Ende. Die Himmel hallen wider von meinem Lob. Denn sie hängen an meinem Blick und gehorchen mir nach der Ordnung, die ich ihnen gesetzt. Sonne, Mond und Sterne am Himmel halten ihre Zeiten ein. Winde und Regen laufen durch die Lüfte, wie es ihnen bestimmt ist. All dies gehorcht dem Befehl des Schöpfers, du aber, der Mensch, hältst meine Satzungen nicht, sondern läufst deinem Eigenwillen nach.

Dummheit ist es, wenn du mich stellen und mir ins Gesicht

schleudern willst: »Wenn es Gott gefällt, dass ich gerecht und gut bin, warum macht er mich dann nicht gerecht?« Damit willst du mich anfallen, wie ein mutwilliger Bock einen Hirsch anfällt. Das mächtige Geweih des Hirsches wird ihn aufgabeln und durchbohren. So werde auch ich tun, wenn du dich unterfängst, durch deine Lebensweise mit mir dein Spiel zu treiben. Die Stangen meines Geweihs sind die Vorschriften des Gesetzes.

»Die Liebe Gottes wurde unter uns dadurch offenbart, dass Gott seinen einzigen Sohn in die Welt gesandt hat, damit wir durch ihn leben. Nicht darin besteht die Liebe, dass wir Gott geliebt haben, sondern dass er uns geliebt und seinen Sohn als Sühne für unsere Sünden gesandt hat.« *(1 Joh 4,9f.)* Was heißt das? Ein anderes Heil erblühte uns in dieser Liebe Gottes als jenes, das wir bei unserem ersten Ursprung empfangen hatten, da wir Erben der Unschuld und Heiligkeit waren; denn nun neigte der himmlische Vater seine Liebe uns Gefährdeten und Straffälligen zu. Er sandte sein eingeborenes Wort in vollkommener Heiligkeit unter die Menschenkinder. Durch seine Sanftmut führte es die Menschen zum Leben zurück, die im Schmutz der Sünde darniederlagen und aus sich die verlorene Heiligkeit nicht wiedererlangen konnten.

Denn durch das Wort, das der Lebensquell selber ist, kam die umarmende Mutterliebe Gottes hernieder. Sie nährt uns zum Leben. Sie steht uns bei in der Gefahr. Sie ist das tiefste, mildeste Erbarmen, das uns den Weg der Umkehr zeigt. Voll Mitleid gedachte Gott seines großen Werkes, des Menschen, den er aus Erdenlehm gebildet und dem er den Atem des Lebens eingehaucht hatte.

So ist die Rettung der Liebe nicht von uns ausgegangen, die wir unwissend und unfähig waren, Gott zu unserem Heil zu lieben. Er vielmehr, der Schöpfer und Herr aller Dinge, hat sein Volk so geliebt, dass er, um es zu retten, seinen einzigen

Sohn hingab, das Haupt und den Erlöser aller, die an ihn glauben. Dieser wusch und trocknete unsere Wunden. Aus ihm träufelte die Arznei, aus der alle Güter der Erlösung fließen.

Hildegard von Bingen

Lehre mich, dich zu suchen!

Auf, du kleiner Mensch, flieh ein wenig deine Geschäftigkeit und versteck dich eine kleine Weile vor deinen lauten Gedanken! Wirf die Sorgen ab, die auf dir lasten, und lass deine Zerstreuungen! Gönne dir Zeit für Gott, komm bei ihm zur Ruhe!

Geh in das Kämmerlein deines Herzens; schließ alles aus außer Gott und dem, was dir hilft, ihn zu suchen! Schließ die Tür zu und suche ihn! Dann, mein ganzes Herz, sprich zu Gott: Ich suche Dein Angesicht. »Dein Angesicht, Herr, will ich suchen.«

Nun, mein Herr und mein Gott, lehre Du mein Herz, wo und wie es Dich suchen, wo und wie es Dich finden kann. Herr, wenn Du nicht hier bist, wo soll ich Dich, den Abwesenden, finden! Wenn Du aber überall bist, warum sehe ich Dich nicht, da Du doch bist, warum sehe ich Dich nicht, da Du doch anwesend bist? Gewiss, Du wohnst in unzugänglichem Licht. Wo ist dies unzugängliche Licht, oder wie soll ich Zugang zu ihm finden? Oder wer wird mich führen und hineingeleiten, dass ich Dich darin erblicke? Und welche Zeichen helfen mir, Dich zu suchen, und was für ein Angesicht hast Du? Ich habe Dich nie gesehen, Herr, mein Gott; ich kenne Dein Antlitz nicht. Höchster Gott, was soll einer tun, der so weit weg von Dir in der Verbannung lebt? Was soll Dein Knecht tun, so gepeinigt von Liebe zu Dir, so weit entfernt von Deinem Angesicht? Er schmachtet danach, Dich zu sehen, und Dein Angesicht ist so weit weg von ihm! Er verlangt danach, vor Dich zu treten, aber Deine Wohnung ist unzugänglich. Er begehrt, dich zu schauen, aber er kennt Deinen Ort nicht. Das Gemüt treibt ihn, Dich zu suchen, aber er kennt Dein Angesicht nicht.

Herr, Du bist mein Gott, und Du bist mein Herr, und ich habe Dich niemals gesehen. Du hast mich geschaffen und neu geschaffen und mir alles Gute geschenkt. Doch immer noch kenne ich Dich nicht. Schließlich bin ich dazu erschaffen, Dich zu sehen, und habe noch immer nicht getan, wozu ich erschaffen bin.

O Herr, wie lange noch? »Wie lange noch, Herr, vergisst Du uns? Wie lange noch verbirgst Du Dein Angesicht vor uns?« Wann wirst Du herschauen und uns erhören? Wann wirst Du unsere Augen erleuchten und uns Dein Angesicht zeigen? Wann gibst Du Dich uns wieder zurück? Herr, schau her, erhöre, erleuchte uns und zeige uns Dich selbst! Gib Dich uns wieder, damit es uns wohl ergehe; denn wir sind arm ohne Dich. Hab Erbarmen mit unserm Mühen und unsern Versuchen, zu Dir zu kommen; denn wir vermögen nichts ohne Dich! Lehre mich, Dich zu suchen, und zeige Dich dem Suchenden; denn ich vermag Dich nicht zu suchen, wenn Du mich nicht lehrst; ich kann Dich nicht finden, wenn Du Dich nicht zeigst. Ich möchte Dich suchen in Sehnsucht, nach Dir verlangen im Suchen. Ich will Dich finden im Lieben und Dich lieben im Finden.

Anselm von Canterbury

Nicht anmaßend urteilen

Für die Selbstbeobachtung und für die göttliche Beschauung ist das anmaßende Urteilen ein großes Hindernis. Darum sagt der Herr im Lukasevangelium: »Richtet nicht, und ihr werdet nicht gerichtet werden« *(Lk 6,37)*. Denn ihr werdet mit demselben Gerichte gerichtet werden, mit dem ihr gerichtet habt. Wer anmaßend urteilt, sündigt erstens gegen sich selbst, indem er die Wahrheit lügenhaft sagt; zweitens gegen den Nächsten, indem er gegen die Wahrheit handelt; und drittens gegen Gott, indem er sich das göttliche Urteil anmaßt, und das ist ein schamloser Raub an der göttlichen Würde. So sagt auch der Apostel Paulus: »Urteilet nicht vor der Zeit, bis gekommen sein wird der Herr, welcher auch das Verborgene der Finsternis erhellen und offenbar machen wird die Absichten der Herzen; und dann wird das Lob einem jeden werden von Gott aus« *(1 Kor 4,5)*. Und wiederum sagt Paulus: »Wer bist du, der du richtest einen fremden Knecht? Dem eigenen Herrn steht er zur Rechenschaft« *(Röm 14,4)*.

Johannes von Kastl

Die Liebe als das Wichtigste

Ich habe bis jetzt vom Glauben gesprochen, und ich müsste in eins von der Liebe sprechen; denn der Glaube als lebendiger Glaube ist eine Erfahrung der Liebe. Fragen Sie sich doch, was der Glaube in unserem Leben soll. Er soll uns zu einer echten Begegnung bringen, nicht mit irgendwelchen Glaubenslehren, sondern mit dem persönlichen Gott, und zwar gerade insofern er der Gott der Liebe ist …

Das Erste, was jeder herzhaft Glaubende erfährt, ist die für den Außenstehenden gänzlich unbegreifliche Tatsache, dass er nicht in eine Enge, sondern in eine unermessliche Weite eingetreten ist, dass der Glaube nicht Türen zur Wirklichkeit geschlossen, sondern geöffnet hat, dass ungeahnte Horizonte sichtbar geworden sind und sich über der bisherigen Welt zu unendlichen Höhen wölben. Und der Glaubende erfährt, dass der Glaube wie die Liebe ein schöpferischer Austausch ist, dass im Glaubensakt Gott und Mensch Aug in Auge sich begegnen und dass Herz in Herz sich taucht. Alles Mittlerhafte, die einzelnen Glaubenslehren und auch die lehrende Kirche, verschwinden, so wie im Akt der Liebe alles schwindet, außer dem Geliebten selbst.

Nehmen Sie dieses kleine Wörtchen ernst: Alles schwindet in der Liebe außer dem Geliebten! Das ist wahr und führt zu einer ungemeinen Verengung des bisherigen Weltbildes der Liebenden. Wieder ist es Claudel, der diese Erfahrung der Weltverengung durch die Liebe in unübertrefflicher Eindringlichkeit die beiden Liebenden Mesa und Yse in der »Mittagswende« im gegenseitigen Bekenntnis aussprechen lässt. Dem männlichsten Mann entsinkt in der Liebe die Welt und sein Werk, und er gesteht der geliebten Frau: »Ich weiß nur das Eine, dich, Yse. Über alles gehst du mir, Yse!« Und staunend darf die Frau zurückfragen: »Ist es wahr, Mesa, ich allein bin auf Erden für dich; und die Welt ist nur da zum Verschmähen … und Vergangenheit, Zukunft – weggeblasen mit einem Atemzug … und die ganze Schöpfung ringsum leer von uns wie ein Behältnis, das uns nicht fassen konnte?« So ist es die Wirkung der Liebe, dass Liebende nur noch sich sehen, sich wissen und das Universum sich einengt auf sie beide. Und doch: Ist es kleiner geworden durch die Liebe? Hat es sich nicht vielmehr kraft einer geheimnisvollen Projektion ausgeweitet? Hat es nicht kraft einer geheimnisvollen Sympathie unendliche Dimensionen angenommen? Ist es nicht überhaupt erst frei geworden für eine ungeahnte Tiefenschau, für eine Schau mit ganz neuen Augen, die überhaupt erst richtig sehen können? Und liegt nicht von nun an auf allen Wesen ein Glanz, der vorher einfach nicht da gewesen ist? …

Wer glaubt heute noch an Gott? So fragt Oskar Jatho in seinem Dialog »Urbanität«, und seine Antwort ist so gül-

tig, dass keine gültigere unsere Gespräche beschließen könnte: »Wer glaubt heute an Gott?«, lautet seine Frage. Und
seine Antwort: »Die Zurückgebliebenen und die Voraus-
geeilten.«

Sturmius Grün

Kommen und sehen

Im ersten Kapitel des Johannesevangeliums, Vers 35 ff., lesen wir von jener seltsamen Begegnung Jesu mit zwei Jüngern, die aber nicht mit Namen genannt werden. Es heißt
dort: »Jesus wandte sich um und sah, wie diese beiden ihm
folgten, und er sagte zu ihnen: Was sucht ihr?« In der von
tiefer Symbolik geprägten Atmosphäre des Johannesevangeliums ist das nicht eine beiläufige Frage wie: »Seid ihr
Touristen, die den Weg zum Bahnhof suchen?«, oder so
ähnlich. Nein, es ist mehr. Man könnte die Frage so umschreiben: »Ihr müsst wirklich Menschen sein, denn ich
sehe, dass ihr etwas sucht. Und ein Mensch, der aus seiner
tiefsten Wirklichkeit heraus lebt, ist ein Suchender.« Er ist
unvollendet und er weiß es. »Ihr müsst irdische Wesen sein,
denn eure Augen schauen in die Ferne.« Und sie sagten zu
ihm: »Wo wohnst du?« Das soll wieder nicht heißen: »Wie
ist deine Adresse oder deine Telefonnummer?« Das hier ge-
brauchte Wort menein (bleiben) ist ein Wort, das im Johannesevangelium immer wieder vorkommt: »Der Vater bleibt
in mir, und ich bleibe im Vater, und ihr werdet in uns bleiben.« Ein tief symbolisches, theologisches und reiches Wort
des Johannes. Wenn wir das im Sinn behalten, können wir
es wohl so umschreiben: Und sie sagten zu ihm: »Wo bist
du daheim?« – »Wo ist daheim?« – »Ja, du hast recht. Wir
suchen, wo wir hingehören. Wo ist das? Du scheinst es
zu wissen, wenn du weißt, dass wir Suchende sind.« – Und

Jesus antwortet ihnen. Er sagt nicht: »Wieso? Im Himmel, natürlich.« Er sagt: »Kommt und seht.«

»Kommt und seht.« Ich glaube, so etwas muss in einem Kloster geschehen. Ein junger Mensch kommt und sagt: »Ich bin auf der Suche nach meinem wahren Daheim. Ich sehe es ein: All die anderen Dinge helfen nichts. Sie sind unzulänglich. Sie werden bald vergehen. Ich habe das Gefühl, dass ich tiefer suchen muss, radikaler.« Und dann laden wir ihn ein, unseren Weg mitzugehen, und sagen: »Komm und sieh. Such zusammen mit uns.«

Dieses Suchen und dieses Ausschauen und Verlangen kann im Leben eines Mönchs zunehmen oder abnehmen. Es muss dauernd erneuert werden.

Demetrius Dumm

Alles offenlegen

Der Mönch sei sich bewusst: Gott blickt vom Himmel zu jeder Stunde auf ihn und sieht an jedem Ort sein Tun; die Engel berichten ihm jederzeit davon. Der Prophet weist uns darauf hin, dass Gott unserem Denken immer gegenwärtig ist, wenn er sagt: »Gott prüft auf Herz und Nieren.« (Psalm 7,10; Regula Bendicti 7,13 f.)

In der Gegenwart Gottes leben heißt also zuerst, dass ich mir von Gott ständig in das Innerste des Herzens schauen lasse, dass ich ihm alle Gedanken und Gefühle bloßlege, um mich von ihm fragen zu lassen, wie weit ich an mir hänge, wie weit ich bereit bin, mich auf Gott einzulassen. Das Leben in der Gegenwart Gottes ist ein beständiger Läuterungsprozess. Alle Gefühle und Gedanken, die mir in meinem alltäglichen Tun, sei es bei der Arbeit, sei es im Gebet, aufsteigen, werden in Gottes durchdringendes Licht gehalten, um von ihm durchleuchtet zu werden. So führt das

Leben vor Gott zu einer immer tieferen Selbsterkenntnis. Nichts bleibt uns im Lichte Gottes verborgen, keine unbewältigten Erlebnisse, keine verworrenen Gefühle, keine Wünsche und Bedürfnisse, keine Gedanken und Stimmungen. Vor Gott lebend stoßen wir überall auf uns selbst. Gott selbst konfrontiert uns mit unserer eigenen Wirklichkeit, damit wir sie erkennen können und sie von ihm läutern lassen.

Anselm Grün

Hier und jetzt

Benedikt geht sehr harsch mit der Spiritualitätsstreunerei ins Gericht, die unter dem Vorwand der Gottsuche nur sich selbst sucht. Sie ist eingeschlossen in sich selbst und achtet für heilig nur das, was ihr gefällt (Regula Benedicti 1,6–12). Mit dem Wort aus dem Psalm 95 und dem Hebräerbrief: »Heute, wenn ihr seine Stimme hört, verhärtet eure Herzen nicht!«, erdet er gleich zu Beginn seiner Regel den spirituellen Weg seiner Jünger in das Hier und Heute ein (Ps 95,8; Hebr 3,7–4,13; Regula Benedicti, Prolog 8).

In der jüdischen Weisheitstradition findet sich zu diesem Psalmwort die seltsame Frage: »Wann ist heute?« Die noch seltsamere Antwort lautet: »Heute ist, wenn ihr seine Stimme hört.« Der enge Zeitmoment der Menschen weitet sich in die Unendlichkeit Gottes, wenn wir unseren eng umgrenzten Zeitort als Ansprache Gottes erkennen und aufgreifen.

Albert Altenähr

Sich klein machen

Neige das Ohr deines Herzens (inclina aurem cordis tui).
Der erste Anruf zum Horchen genügt Benedikt noch nicht,
er verstärkt ihn durch die biblische Metapher vom Neigen
des Ohrs. Neigen (inclinare) kommt in der Regel immer im
Zusammenhang mit der Demut vor. So wird es auch in den
alten Kommentaren erklärt als ein demütiges Sich-klein-
Machen und Nach-oben-geöffnet-Sein, von der Mitte her.
Viele mögen die leiblichen Ohren öffnen und Töne hören,
aber wenn sie nicht das Herz neigen, können sie nicht die
Wahrheit erfahren. Die meisten biblischen Texte sprechen
vom Neigen des Ohres (so auch Basilius); sie sagen aber
auch dazu, dass das Gegenüber des Wortes Gottes das Herz
ist.

Aquinata Böckmann

Sich verändern lassen

Wenn wir uns zum Beispiel in einer Arbeitssitzung, in der
die Emotionen und Aggressionen der Teilnehmer ein sach-
liches Gespräch verhindern, an das Wort erinnern, das Benedikt im Prolog zitiert: »Siehe, da bin ich« *(Jesaja 58,9)*, dann
wird Gott selbst gegenwärtig mitten in dem hoffnungslos
verfahrenen Gespräch. Er bringt in die vergiftete Atmosphäre der Sitzung eine andere Dimension, er verwandelt
die Situation, indem er uns durch die Erfahrung seiner Gegenwart an eine Lösung glauben lässt trotz der Sturheit und
Enge der Teilnehmer. Gottes Gegenwart relativiert die ge-
gensätzlichen Standpunkte und ermöglicht uns die Sicht der
Dinge von einer höheren Warte aus.
Gottes Gegenwart ist nicht etwas immer Gleiches, sie gleicht
nicht einem unpersönlichen Raum, der uns umgibt, sondern

wirkt wie eine vertraute Person, die uns immer wieder neu anspricht. Natürlich ist Gott für Benedikt auch der Geist, der uns durchdringt. Aber wir verschmelzen nicht mit Gott. Wir gehen nicht in Gott auf. Vielmehr tritt uns Gott immer als Gegenüber entgegen, als einer, der uns herausfordert. Je nach der Situation und je nach dem Wort, in dem uns Gott anspricht, begegnet er uns immer wieder auf eine neue und oft genug überraschende Weise. Wenn wir allein schweigend in unserem Zimmer sitzen, dann erfahren wir Gott in dem Wort »Siehe, da bin ich« anders, als wenn wir uns im Streit mit einem Menschen daran erinnern. Aber nie erfahren wir Gott als unverbindliche Atmosphäre des Göttlichen, sondern immer als Person, die uns gegenübertritt und uns herausfordert. Gott will uns durch sein Wort ändern, er will uns von unseren Fehlhaltungen befreien und uns in seinem Wort mit seinem Geist erfüllen.

Im Kapitel »Von der Demut« zeigt Benedikt, dass der innere Läuterungsprozess des Mönches vom Wort Gottes in Gang gesetzt wird. In den zwölf Stufen der Demut beschreibt er den geistlichen Weg des Mönches. Jeder Abschnitt dieses Weges steht unter einem Wort aus der Schrift. Der Mönch soll sich die Haltungen, die der Stufenweg zu Gott verlangt, jeweils dadurch einüben, dass er sich ein Wort Gottes vorsagt. So soll er sich auf der zweiten Stufe das Wort vor Augen halten: »Ich bin nicht gekommen, meinen Willen zu tun, sondern den Willen dessen, der mich gesandt hat.« *(Johannes 6,38)* Und auf der sechsten Stufe soll er sich bei allem, was ihm aufgetragen wird, sagen: »Zu nichts bin ich geworden und ohne Einsicht. Wie ein Lasttier ward ich vor dir und bin doch immer bei dir.« *(Psalm 72,22 f.)* Das Wort Gottes gibt mir nicht einfach an, was ich zu tun habe, sondern es verwandelt mich, es bewirkt in mir das, was es besagt. Wenn Benedikt den Mönch bei harten und widrigen Dingen sprechen lässt: »All das überwinden wir durch den, der uns geliebt hat.« (Römer 8,37; Regula Benedicti 7,39), so hilft ihm dieses Wort, mit der Überforderung fertig zu werden, an ihr nicht zu zerbrechen und zu verbittern, sondern sie im Vertrauen auf den Herrn und seine Gegenwart zu bewältigen. Geistliches Leben ist für Benedikt wesentlich Leben in der Gegenwart Gottes, Leben vom Wort Gottes her. Wer sich vom Wort Gottes immer wieder ansprechen lässt, der wird mehr und mehr in das verwandelt, was das Wort ausdrückt, er wird aus seiner Enge und Verliebtheit in sich selbst befreit und von Gottes Geist erfüllt. Die Askese des Mönches besteht darin, sich vom gegenwärtigen Gott und seinem Wort umwandeln zu lassen und dadurch immer weiter in die Liebe Christi hineinzuwachsen.

Der Gedanke vom Leben in der Gegenwart Gottes prägt Benedikts Weisungen zum Gebet.

Weil Gott der ist, der uns anspricht, darum müssen wir uns zuerst seinem Wort öffnen, wir müssen uns anreden lassen. Das geschieht in der Lesung seines Wortes. Wir sind heute in Gefahr, diesem Angesprochenwerden auszuweichen; wir meinen, wir müssten selbst ständig Gebete produzieren, und merken gar nicht, wie geschwätzig unser Beten wird. Oder aber wir ziehen uns ins Schweigen zurück, wir fliehen vor dem Wort in die Stille und meinen, das Genießen der Stille sei schon Begegnung mit Gott.

Zuerst kommt das Wort Gottes, das mich anspricht, mich trifft, mich in Frage stellt, mich verwundet und richtet, mich aber auch heilt und befreit. Sowohl Gebet als auch Stille können nur eine Antwort auf Gottes Wort sein und dürfen ihm nicht zuvorkommen. So fordert Benedikt, dass das Gebet häufig, aber kurz sein soll. In ihm soll der Mönch dem Wort Gottes antworten und seine Bereitschaft ausdrücken, dem Anspruch Gottes auch im Tun zu folgen. Bei Benedikt finden wir daher keine Lehre vom mystischen Gebet, sondern sehr nüchterne Anweisungen, in jeder Situation immer wieder seinen Alltag auf Gott hin zu öffnen. Das Entscheidende ist eben nicht unser Tun, sondern das Leben von Gott her, in seiner Gegenwart, im Hören auf sein Wort, das uns anspricht und uns den Weg weist. Im Gebet antwortet der Mönch, dass er Gottes Wort gehört hat und nun bereit ist, ihm zu folgen.

Anselm Grün

»Lena« und das Hören

Unser Nachbar hatte nach dem langen Winter seine Rinder wieder auf die Weide geführt. Eines der Tiere übersprang in seiner Überraschung und Freude an der unerwarteten Frische und Weite den Zaun seiner neuen Freiheit. Auf der Straße stoppten die Autofahrer – Passanten und Mönche versuchten das Rind von den frisch angelegten Gartenanlagen fernzuhalten und es zu seiner Heimatweide zurückzudrängen. Natürlich vergeblich, und das Tier wurde immer nervöser und orientierungsloser. Bis der Bauer kam. Aus der Ferne rief er ruhig und unaufgeregt immer wieder: »Lena, komm … Lena, komm!«, und nach wenigen Minuten war der Spuk vorbei …

Es war »wie im richtigen Leben«, oder sollte man vielleicht sogar sagen: Es war ein getreues Bild des Lebens, wie wir es immer wieder und vielleicht sogar ständig erleben. Stimmen ohne Einstimmigkeit und Stimmigkeit. Keine Abstimmung miteinander. Trotz oder gerade wegen der vielen Stimmen stimmte nichts, und alles wurde nur noch unstimmiger. Bis »Lena« die eine – die vertraute – Stimme hörte. Dieser Stimme konnte sie angstbefreit folgen. Ihre Weide hat zwar einen Zaun, aber die Freiheit der Straße – sie war für »Lena« wohl alles andere als befreiend. Die Stimme des Bauern war ihre beruhigende Heimat und die umzäunte Weide reicher Weidegrund.

Benedikt beginnt seine Regel mit dem Wort »Höre«. Er lädt ein, mit dem »Ohr des Herzens« zu hören (Regula Benedicti, Prolog 1). Es ist eine Einladung, durch die Oberfläche hindurch in die eigene Tiefe hinunterzulauschen, welche Sehnsucht mich bewegt und auf welche Sehnsuchtsfrage ich Antwort suche. Gleichzeitig ist es Aufforderung, die vielen Botschaften, die sich in den Leerraum meiner Sehnsucht hineindrängen wollen, sorgfältig darauf abzuhorchen, ob sie der inneren Sehnsucht wirklich antworten.

Die Frage nach dem, was ich ersehne, ist leichter zu stellen, als zu beantworten. Es gibt zu viele schnelle Antworten, die mich blockieren, wirklich bis in die Tiefe zu fragen. Sie verheißen einen Garantieschein des Glücks und führen nach einem kurzen Überschwang nur zu oft zum Überdruss.

Albert Altenähr

Gottesliebe – die Seele des Dialogs zwischen Gott und den Menschen

Das zentrale Gebot

Vor allem: Gott, den Herrn, lieben mit ganzem Herzen, mit ganzer Seele und mit ganzer Kraft.

(Regula Benedicti 4,1)

Die Lauheit geht, die Liebe kommt

»Ziehe mich nach dir! Wir wollen eilen im Dufte deiner Salben.« *(Hld 1,3)* Ich muss gezogen werden, weil das Feuer deiner Liebe in uns ein wenig erkaltet ist und wir infolge dieser Kälte heute nicht mehr laufen können wie gestern und vorgestern. Wir werden aber alsbald laufen, wenn du uns »die Freude eines Heiles wiederschenkst« *(Ps 50,14)*, wenn wärmeres Gnadenwetter wiederkehrt, wenn die Sonne der Gerechtigkeit wieder glüht und die Wolke der Versuchung, die zur Stunde die Sonne verdunkelt, sich verzieht und beim linden Säuseln milderer Luft die Salben anfangen, flüssig zu werden, ihre Wohlgerüche auszuströmen und ihren süßen Duft zu spenden. Dann werden wir eilen, in diesem Dufte werden wir laufen. Ja, wenn die Salben duften, können wir eilen. Denn alsdann weicht die Lauheit, die jetzt herrscht, dann kehrt die Liebe wieder, und wir brauchen nicht mehr gezogen zu werden, da der Duft uns reizt, von selber zu laufen. Einstweilen aber zieh mich doch nach dir! Siehst du denn nicht, dass selbst wer im Geiste wandelt, keineswegs im selben Zustande verharrt *(vgl. Job 14,2)* und nicht immer mit gleicher Leichtigkeit vorwärtsschreitet?, dass der Mensch nicht Herr seines Weges ist, sondern je nach der Gnadenzuteilung, die der Allwalter Geist in seinem Belieben trifft, sich bald lässiger, bald eifriger dessen entschlägt, was hinter ihm ist, und sich nach dem ausstreckt, was vor ihm liegt? *(Vgl. Phil 3,13)*. Ich glaube, wenn ihr wohl achtet, werdet ihr sehen, dass, was ich da mit äußeren Worten vortrage, eurer inneren Erfahrung entspricht. Fühlst du dich von Lauheit, schlechter Laune oder Überdruss befallen, so verzweifle deshalb noch nicht und lass nicht ab von deinem geistlichen Streben. Taste vielmehr nach der helfenden Hand, tu nach dem Beispiel der Braut und bitte inständig, die Hand möge dich ziehen, bis die Gnade dich wieder aufrüttelt und du bereiter und munterer voraneilst, die Worte auf den Lippen: »Ich will den Weg deiner Gebote laufen, nachdem du mir das Herz weit gemacht hast« *(Ps 118,32)*.

Bernhard von Clairvaux

Die Liebe kann nicht ruhen

Die Liebe allein ist es, durch die wir zu Gott geführt und in Gott verwandelt werden, Gott anhangen und mit Gott vereinigt werden: So sind wir ein Geist mit ihm und werden von ihm und durch ihn beseligt, hienieden in der Gnade, dort oben in der Glorie. Denn die Liebe kann nirgends Ruhe finden als in dem Geliebten, das ist in seinem völligen und friedvollen Besitze. Die Liebe ist der Weg Gottes zu den Menschen und der Weg des Menschen zu Gott. Gott kann keine Wohnung haben, wo die Liebe nicht ist. Haben wir die Liebe, so haben wir Gott, denn »Gott ist die Liebe« *(1 Joh 4,8).*

Es gibt nichts Zarteres, Feineres und Durchdringenderes als die Liebe. Sie ruht nicht, bis sie mit ihrer Natur die ganze Kraft, Tiefe und Fülle des geliebten Wesens durchdrungen hat. Sie will ganz eins werden mit dem Geliebten und, wenn es möglich ist, dasselbe sein wie der Geliebte. Und so duldet sie nichts zwischen sich und dem geliebten Wesen, das sie minnt – es ist Gott –, und strebt mit Gewalt zu ihm und ruht niemals, bis sie alles überwindet und zu ihm, in ihn selbst kommt. Das Wesen der Liebe hat die Kraft, zu vereinigen und umzuwandeln: Sie wandelt den Liebenden in den Geliebten und den Geliebten in den Liebenden; jedes der beiden Liebenden ist gegenseitig im anderen, soweit es nur irgend möglich ist.

Johannes von Kastl

Erkenntnis und Liebe sind eins

Die Frucht der Erkenntnis besteht in Liebe. »Die Erkenntnis«, sagt der Apostel, »macht aufgeblasen, die Liebe dagegen baut auf.« Darum gilt: Wenn schon erstrebenswert ist, was hochmütig macht, dann umso mehr das, was aufbaut; wenn wir also den Willen Gottes erkannt haben, so wollen wir aus Liebe Gott gehorchen, um zu Gott zu gelangen.

Demnach muss, wer zum Gipfel der Weisheit gelangt, notwendigerweise zur Höhe der Liebe gelangen; denn nur wer recht liebt, kann vollkommene Einsicht besitzen. Wenn jemand sich bemüht, zur Fülle der Einsicht vorzudringen, so tut er nichts anderes, als sich der Vollendung in der Liebe zu nähern; und so weit er in der Erkenntnis voranschreitet, so weit auch in der Liebe.

Wir haben an anderer Stelle gesagt, dass in der vollkommenen Verstandestätigkeit der Weisheit die wahre Glückseligkeit bestehe; genau dasselbe sagen wir auch von der Liebe: In der vollkommenen Willenstätigkeit der Liebe besteht die höchste Glückseligkeit. Denn Gott, der Schöpfer aller Dinge, der unsere Glückseligkeit ist, wird in gleicher Weise mit dem Namen der einen (der Weisheit) wie der anderen (der Liebe) genannt. So steht im Buch der Weisheit von ihm geschrieben: »Es lehrte mich die Weisheit, die Meisterin aller Dinge. Denn sie ist ein Geist, gedankenvoll, heilig, einzigartig …« Und der Apostel Johannes sagt: »Gott ist die Liebe, und wer in der Liebe bleibt, bleibt in Gott, und Gott bleibt in ihm.« Auch der Heiland wollte, dass Erkenntnis und Liebe als eins verstanden werden; darum spricht er im Evangelium zum Vater: »Gerechter Vater, die Welt hat dich nicht erkannt; ich aber habe dich erkannt. Und diese haben erkannt, dass du mich gesandt hast. Und ich habe ihnen deinen Namen kundgetan und werde ihn weiterhin kundtun, damit die Liebe, mit der du mich geliebt hast, in ihnen sei und ich in ihnen.« Also: Wer immer die volle Erkenntnis Gottes erlangt, hat zugleich die vollkommene Gottesliebe in sich; und im Genuss beider ist er im Besitz des höchsten Gutes und wird ewiger Glückseligkeit teilhaftig sein.

Rhabanus Maurus

Fühlen, erfassen, verkosten

»Die Liebe ist stark wie der Tod« *(Hld 8,6),* und sie zieht den Liebenden aus sich selbst heraus und in den Geliebten hinein, so dass er ihm aufs innigste innewohnt. Die Seele ist mehr dort, wo sie liebt, als dort, wo sie lebt: In dem Geliebten ist sie mit ihrer eigenen Natur, durch Vernunft und Willen; dagegen in dem Leibe, den sie belebt, ist sie nur insofern, als sie ihm das Dasein gibt, wie es ähnlich auch bei den Tieren der Fall ist.

Es gibt also nichts anderes, was uns von der sinnlichen Außenwelt abzieht und in unser Inneres einführt, und dann weiter in das Herz und in die Gottheit Christi, als die Liebe zu Christus, als die Sehnsucht nach der Süßigkeit Christi: Sie lassen uns seine göttliche Gegenwart fühlen, erfassen und verkosten. Die Macht der Liebe allein ist es, die die Seele von der Erde zu den erhabenen Höhen des Himmels emporführt. Und niemand kann zur höchsten Seligkeit gelangen, den nicht Liebe und Sehnsucht rufen. Die Liebe ist eben das Leben der Seele, ist ihr hochzeitliches Gewand und ihre Vollkommenheit.

Johannes von Kastl

Mystische Verbindung

In der außerchristlichen, vom Verhältnis des Geschöpfes zum Schöpfer ausgehenden Mystik spielt die Allgegenwart Gottes eine bedeutende Rolle; sie ist die Grundlage, auf der sich die mystische Einigung aufbauen soll. Das Verhältnis des Christen zu Gott ist letztlich durch die Erlösung Jesu Christi bestimmt, es ist somit wesentlich anders gestaltet als das des Nichtchristen. Darum kann in der christlichen Mystik die Allgegenwart allein nicht mehr die Grundtatsache für die Gotteseinigung ausmachen. Christi Werk ist mehr als die einfache Wiederherstellung eines rein natürlichen Verhältnisses von Schöpfer und Geschöpf. Die übernatürlichen Gnadengaben, die heilig machende Gnade, der Glaube und die Liebe begründen ein weit innigeres Verhältnis zum himmlischen Vater. Sie senken ein Anfangen der jenseitigen, alles Begreifen übersteigenden Gotteseinigung in die geheiligte Seele.

Die Christusgemeinschaft ist letzte Grundlage der christlichen Mystik; ohne sie kann es in unserem konkreten, erlösungsbedürftigen Menschheitszustand überhaupt keine Gottesnähe geben. Sie muss also als tiefste Grundlage immer vorhanden sein, wenn wir überhaupt wahre Mystik anerkennen wollen. Diese ist immer Christusmystik.

Es ergibt sich als weitere Folgerung, dass christliche Mystik wesentlich sakramentale Mystik ist. Auch das ist für die Wesensbestimmung der christlichen Mystik von entscheidender Bedeutung, wird aber leider oft übersehen. Das Sakrament gibt den eigentlichen Lebenskern, aus dem sich das mystische Leben bis zu seinen höchsten Stufen entfaltet. Eine Theorie der christlichen Mystik darf davon nicht absehen. Den sakramentalen Charakter erhält die Mystik in erster Linie von der Taufe, insofern diese die erste Anteilnahme am Sterben und Auferstehen des Erlösers verleiht. Damit ist dann aber auch zugleich gesagt, dass die Entwicklung des mystischen Lebens wesentlich vom Wirken des Altarsakramentes bestimmt ist, weil dieses seinem Wesen nach die in der Taufe vermittelte Gottvereinigung vollendet. Nikolaus Cabasilas († 1371) erklärt in seinem »Leben in Christus« den Vorrang der Eucharistie für die mystische Einigung. Die Taufe hat den Gläubigen zwar Christus angegliedert, die Firmung hat ihm die Gaben des Geistes vermittelt, aber erst in der Eucharistie wird die Gotteinigung volle Wirklichkeit. Jetzt weilt Christus seiner Verheißung entsprechend in uns und wir in ihm. Und findet er in uns einen Makel, so vergibt er ihn; er erfüllt mit seinem Glanz unsere ganze Seelenwohnung, »wir werden von ihm durchdrungen und bilden einen Geist mit ihm. Leib, Seele und Seelenkräfte, alles wird geistig, denn es besteht eine Verbindung von Seele zu Seele, Leib zu Leib, Blut zu Blut.« Es ist hier nicht der Ort, das Verhältnis von Taufe und Eucharistie theologisch tiefer zu entwickeln. Es genügt der Hinweis, dass die Eucharistie als Teilhabe am Opfer Christi die künftige Gottesvereinigung sakramental vorwegnimmt und den Christen in eine Verbindung zum himmlischen Vater stellt, deren sich das Haupt des mystischen Leibes ständig erfreut. Die Eucharistie ist damit als Vollendung der Taufgabe eigentlich das Sakrament der Mystik.

Anselm Stolz

Liebe verlangt nach Ausdruck

Gebet und Arbeit sind zwei Weisen des Dialogs zwischen Gott und dem Menschen, eines Dialogs, der nur dann fruchtbringend wird, wenn er von Liebe bestimmt ist. Ohne die Liebe werden das Gebet zu einem eitlen Selbstgespräch und die Arbeit zu einem selbstgefälligen Werk. Ohne Liebe bleibt das Werk leer, und das Gespräch partnerlos. Die Liebe lässt das Sprechen beim Anderen ankommen. Eine in Liebe getane Arbeit bindet die Menschen aneinander und an Gott. Die Liebe verlangt nach Ausdruck. Gebet und Arbeit sind Ausdrucksweisen der Liebe, man könnte fast sagen: geistiger und leiblicher Ausdruck der Liebe. Das liebende Gespräch des Menschen mit Gott und Gottes mit dem Menschen vollzieht sich im Geist und im Leib, im Sprechen und Handeln, im Horchen und Gestalten. Die Liebe ist die Seele des Dialogs zwischen Gott und dem Menschen. Das Gebet ist das Gespräch der Liebe. Die Arbeit ist sichtbar gewordenes Gebet.

Anselm Grün

Der Mönch ist nicht einsam

Bei Nacht und bei Tag mit Gott Zwiesprache haltend, sieht sich der Mönch gedrängt, alles und alle mit den Augen des »neuen Menschen«, der sich selbst gelassen und in Gott wiedergefunden hat, zu sehen. »Selig der Mönch, der alle Menschen als Gott nach Gott betrachtet«, sagt … Evagrios. »Als Gott nach Gott«, weil er in jedem Menschen nur den »Sohn Gottes«, den »Erben Gottes und Miterben Christi«, wie Paulus sagt, erblickt. Jeder Mensch ist ja »nach dem Bilde Gottes« erschaffen und in Christus »erneuert zur Erkenntnis (Gottes), nach dem Bilde seines Schöpfers«. Dieser Gottesebenbildlichkeit bewusst, die uns allen, Sündern oder Heiligen, gemeinsam ist, kann Evagrios sagen: »Mönch ist, wer sich mit allen als eins betrachtet, weil ihm beständig dünkt, sich selbst in einem jeden zu erblicken.«
Dies ist die einzig wahre Grundlage der Liebe zum Nächsten, den wir ja lieben sollen »wie uns selbst«. Daher: »Selig der Mönch, der voll Freude das Heil und den Fortschritt eines jeden wie seinen eigenen ansieht« (Evagrios). Vereint mit Gott kann er nicht anders lieben als Gott: ohne Neid, nichts für sich selbst suchend, sondern alles dem Geliebten schenkend. So ist also der »Mönch« (monachos) letztlich nicht der »Einsame«, sondern der vollkommen »Geeinte«: da mit Gott, der Quelle aller Einigung, vereint, ist er auch in sich selbst und mit allen einig.
Der steile Weg, der zu diesem hohen Ideal führt, ist der eines jeden Christen: die Übung (d. h. das weite Feld der christlichen Askese) der evangelischen Tugenden. Diese reinigen

das Herz des Menschen von jeder leidenschaftlichen, ichbezogenen Verhaftung, ist doch die »Selbstverliebtheit« (philautia), jenes Allein-sich-selbst-der-beste-Freund-Sein, die Wurzel aller Laster. Befreiung von den Leidenschaften bedeutet Freiheit zu wahrer Liebe. Die Liebe aber öffnet den Geist des Menschen für das, was ihm am allernatürlichsten ist: das Gebet. Denn: »Das Gebet ist das der Würde des Geistes gemäße Wirken, anders gesagt, sein bester und echtester Gebrauch.« (Evagrios) So ist es möglich, dass »der Geist den ganzen Tag über im Gebet ist«. Gewiss nicht im Sinne einer beständigen Wiederholung bestimmter Gebetsformeln, was praktisch unmöglich ist und auch gar nicht wünschenswert wäre. Denn wir blieben so immer noch auf der Ebene eines bloß »gedachten Gottes«. Was uns nottut, ist aber ein »wesenhafter Gott« (Meister Eckhart), eine personale Begegnung mit der Person Gottes.

Indessen hat uns der Herr doch gelehrt, »immer zu beten«, und der Apostel fügt hinzu: »ohne Unterlass«. Daher gilt: »Wer Gott liebt, spricht beständig mit ihm, wie mit einem Vater.« (Evagrios), wobei er sich in einer Verfassung befindet, die die Meister den »Zustand des Betens« nennen, jenseits aller Beschäftigungen des täglichen Lebens.

Gabriel Bunge

Mit großer Sehnsucht und Glut

Zur Erlangung dieser Liebe wie auch zu allem anderen Guten sind wir aus uns selbst durchaus unvermögend, und aus eigener Kraft können wir Gott dem Herrn, von dem allein alles Gute kommt, nichts darbieten, was nicht schon zum Voraus sein Eigen wäre – eines allein ausgenommen, das uns übrig bleibt, wie er selbst sich herabgelassen hat, uns durch seinen gebenedeiten Mund und durch sein Beispiel zu lehren: nämlich bei allen Ereignissen und Vorfällen zum Gebete Zuflucht zu nehmen. Als Schuldbeladene, Elende, Arme, Bettler, Kranke, Hilflose, Untergebene, Diener und Kinder sollen wir bitten. Gänzlich in uns selbst allen Trostes beraubt, im Geiste in tiefster Demut niedergeworfen, in Furcht und Liebe, gesammelt und geordnet, in vollendeter, wahrer und echter Beschämung, mit großer Sehnsucht und Glut, mit seufzendem Herzen und einfältig-lauterem Gemüte sollen wir bitten und Gott mit vollem Vertrauen die uns rings bedrohenden Gefahren darlegen. Unbekümmert, sicher und rückhaltlos sollen wir uns ihm gänzlich, bis zum Alleräußersten, anvertrauen und hingeben, als wahrhaftig in allem sein Eigentum, ohne irgendetwas für uns zurückzubehalten. Alsdann wird sich an uns erfüllen, was der heilige Altvater Isaak von diesem Gebete gesagt hat: »Dann werden wir eins sein mit Gott, und Gott der Herr wird in uns alles in allem sein, er allein, wenn jene vollkommene Liebe, mit der er uns zuerst geliebt hat, auch in unser Herz übergegangen ist.«

Johannes von Kastl

Gottvertrauen – seine Hoffnung Gott anvertrauen

Loslassen!

Eine Hilfe, die das Gebet für die Arbeit bietet, ist das Vertrauen auf Gott. Wenn ich im Gebet immer wieder meine Arbeit vor Gott hinstelle und Gott das Urteil darüber überlasse, dann kann ich die Arbeit loslassen, dann brauche ich nicht ständig nachzugrübeln, ob ich auch alles richtig gemacht habe. Die Arbeit verlangt von uns Tag für Tag Entscheidungen. Je mehr Verantwortung wir in unserer Tätigkeit haben, desto mehr und desto wichtigere Entscheidungen müssen wir treffen. Und weil es bei jeder Entscheidung auch Gegengründe gibt, machen sich viele nach jeder Entscheidung noch lange Sorgen und Gewissensbisse, ob sie wirklich richtig entschieden haben. Im Gebet überlassen wir die Arbeit und unsere Entscheidungen Gott. Wir haben nach bestem Wissen und Gewissen gearbeitet und entschieden. Doch jetzt überlassen wir es Gott, was er daraus macht. Wenn wir im Gebet unsere Arbeit vertrauensvoll Gott übergeben, dann werden wir frei davon, dann verfolgt sie uns nicht auch noch in der freien Zeit oder gar im Schlaf. Wer die Arbeit nicht loslassen kann, der ist »gestresst«, weil er in ständiger Spannung lebt. Das Gebet ist somit eine Hilfe, von der Arbeit abschalten zu können. Im Gebet erfahren wir, dass wir und unsere Arbeit in Gottes Händen sind und dass wir uns über die Folgen unseres Arbeitens keine Sorgen zu machen brauchen.

Anselm Grün

Verlange!

Du, Seele, tot durch dich selber, eile unter die Flügel Jesu, deiner Mutter, und beklage unter ihrem Gefieder dein Leid. Verlange, dass er deine Wunden pflege und dass in die geheilten das Leben zurückkehre. Christus, Mutter, Du sammelst unter Deinen Flügeln Deine Küken: Dein totes Küken schlüpft unter Deine Flügel. An Deiner Sanftmut erstarken die Verängstigten, durch Deinen Wohlgeruch leben die Verzweifelnden auf. Deine Wärme erweckt Tote, Deine Berührung macht Sünder gerecht. Anerkenne, Mutter, Deinen toten Sohn aufgrund des Zeichens Deines Kreuzes und die Stimme des Bekenntnisses zu Dir. Erquicke Dein Küken, wecke auf Deinen Toten, mache gerecht Deinen Sünder. Tröste Deinen Verängstigten, stärke den an sich Verzweifelnden, durch Dich wird er zu Deiner unversehrten und unverlierbaren Gnade erneuert werden. Denn aus Dir strömt der Trost für die Elenden; darum sei gepriesen in alle Ewigkeit. Amen.

Anselm von Canterbury

Nicht die Arbeit überfordert uns

Wer betet, der weiß, dass nicht alles von ihm abhängt. Er nimmt sich selbst nicht so wichtig und deshalb überfordert er sich nicht. Nicht die Arbeit überfordert uns, sondern unsere Sorgen. Die Mönche nannten es »Vielsorgerei« und warnen vor diesem Laster, denn die Vielsorgerei zerstört das monastische Verständnis von Arbeit. Wer meint, er müsse alles selber machen, weil nur er es könne, wer meint, er müsse ständig Erfolge erzielen, er müsse das und jenes erreichen, der ist ständig in Sorge und kann seine Arbeit nicht gelassen tun. Im Gebet sollen wir die Vielsorgerei aufgeben und auf Gott vertrauen, der für uns sorgt.

Das Vertrauen auf Gott entlastet uns. Es führt uns nicht in eine Haltung von »Wurstigkeit«, nicht in Verantwortungslosigkeit, sondern in eine Gelassenheit, in der wir frei sind, uns ganz der jeweiligen Arbeit zu widmen, ohne schon überlegen zu müssen, was wir danach tun sollten. Die Gelassenheit befreit uns zur Gegenwärtigkeit. Wir können uns auf das jeweils Gegenwärtige konzentrieren und so letztlich effektiver arbeiten, als wenn wir vor lauter Sorgen nicht wissen, wo wir zuerst anfangen sollen.

Anselm Grün

Arbeit – damit in allem Gott verherrlicht werde

Arbeiten im Kloster

Sind Handwerker im Kloster, können sie in aller Demut ihre Tätigkeit ausüben, wenn der Abt es erlaubt. Wird aber einer von ihnen überheblich, weil er sich auf sein berufliches Können etwas einbildet und meint, er bringe dem Kloster etwas ein, werde ihm seine Arbeit genommen. Er darf sie erst wieder aufnehmen, wenn er Demut zeigt und der Abt es ihm von neuem erlaubt. Wenn etwas von den Erzeugnissen der Handwerker verkauft wird, sollen jene, durch deren Hand die Waren veräußert werden, darauf achten, dass sie keinen Betrug begehen. Sie sollen immer an Hananias und Saphira denken, damit sie nicht etwa den Tod an der Seele erleiden, der jene am Leib traf. *(Apg 5,1–11)* Das gilt ebenso für alle anderen, die mit dem Eigentum des Klosters unredlich umgehen. Bei der Festlegung der Preise darf sich das Übel der Habgier nicht einschleichen. Man verkaufe sogar immer etwas billiger, als es sonst außerhalb des Klosters möglich ist, damit in allem Gott verherrlicht werde *(1 Petr 4,11).*

Regula Benedicti 57,1–9

Der gute Effekt der Arbeit

Damit also bei euch, meine Brüder, der Liebhaber und Spender der Ruhe einkehrt, gebt euch nach dem Rat des Apostels alle Mühe, ruhig zu sein. Wie wird das der Fall sein? Ich sage euch, so schreibt er: »Ihr sollt euch um die eigenen Aufgaben kümmern und mit euren Händen arbeiten« *(1 Thess*

4,11). Die Arbeit ist wie ein Gewicht; wie nämlich die Last zum Schiff, so gehören Ruhe und Besonnenheit zu einem ruhelosen Geist, aber auch der äußere Zustand des Menschen erhält dadurch Festigkeit und Halt.

Guerric von Igny

Arbeit ins Gebet nehmen

So ist das Gebet nötig, solch schwierige Erfahrungen mit einer Arbeit, an der man zu scheitern droht, zu bewältigen. Dabei muss ich die Arbeit sowohl in Vorausmeditation wie Nachbetrachtung immer wieder ins Gebet nehmen. Die Vorausmeditation macht mich fähig, den Menschen gegenüber richtig zu reagieren, mit denen ich zu tun habe. Das Meditieren hilft mir, meine Mitarbeiter anzunehmen als die Menschen, die Gott mir zur Seite gestellt hat, die Gott mir zumutet, mit denen Gott mich prüfen und läutern will wie das Silber im Feuer. Die Nachmeditation lässt mich meine Fehlhaltungen erkennen. Sie bewahrt mich davor, die Misserfolge und Schwierigkeiten nur den anderen in die Schuhe zu schieben und dadurch die Atmosphäre zu vergiften.

Anselm Grün

Die sechs Flügel der Vollkommenheit

Jene Seraphim, die Jesaja einst schaute, waren mit sechs Flügeln ausgestattet. Die Tätigkeiten der Benediktinermönche … sind nach der Auffassung des hl. Benedikt mit ebenso vielen gottesfürchtigen Absichten zu versehen, damit sie zum Himmel aufsteigen und der göttlichen Majestät wohlgefällig sein können. Der erste Flügel bedeutet, dass unsere Handarbeit in der Gegenwart Gottes verrichtet wird … Der zweite Flügel besagt, dass wir dabei unseren eigenen Kräften misstrauen … Der dritte Flügel verweist darauf, dass wir im Vertrauen auf Gottes Beistand seine Hilfe erflehen … Der vierte Flügel oder eine Voraussetzung für die Arbeit des Mönchs besteht darin, dass sie in Demut ausgeführt wird … Der fünfte Flügel steht für ihre Verbindung mit dem Gehorsam … Der sechste und letzte Flügel unserer Verrichtungen ist ein Sinnbild dafür, dass der Mönch gleichsam sich selber seines Werkes entledigt und entäußert, es ganz Gott zuschreibt, auf dessen Verherrlichung ausrichtet und ihr weiht.

Benedikt Haeften

Nicht in der Arbeit aufgehen

Der hohe asketische Wert, der seit den ältesten Zeiten der Arbeit von christlichen Geistesführern zugesprochen ist – vielleicht am tiefsten und schönsten von Benedictus in seiner Regula –, dieser Wert der Arbeit nicht zunächst für Welt, Volkswirtschaft, Bedürfnisdeckung, sondern für den Menschen selbst und für seine Seele fordert auch, dass der arbeitende Mensch, der Arbeiter, niemals ganz im Reiche der Arbeit aufgehe; fordert, dass er immer auch noch in einem Reiche über und neben seiner Arbeit wohne, dass er als Seele wohne im unsichtbar-sichtbaren Gottesreiche als dessen Glied und Bürger; fordert ferner, dass er genug Muße, Freiheit und Ruhe zu jenem Akte der Sammlung habe, in der er sich immer neu auf diesen höchsten Wert seiner Arbeit besinnen kann.

Max Scheler

Es gibt kein banales Tun

Benedikt könnte uns einen Weg zu einer geglückten Synthese von Aktion (= Tun, Handeln) und Kontemplation (= Betrachtung, geistliches Leben), von christlich motiviertem Handeln und geistlicher Betrachtung, von Mystik und Politik zeigen, denn er kennt keine Trennung von Innerlichkeit und Engagement, von Gottbezug und Stehen in der Welt. Unser ganzes Leben spielt sich für Benedikt in der Gegenwart Gottes ab. Darum haben wir überall mit Gott zu tun, selbst in ganz weltlichen Dingen, selbst in den banalen Geschäften des Alltags.

Anselm Grün

Jenseits der Habgier

Benedikt warnt seine Mönche vor dem Motiv der Habgier, die sich so leicht in die Arbeit einschleicht. Daher sollen die Mönche ihre Produkte etwas billiger verkaufen. Bei den Preisen selbst schleiche sich aber nicht das Übel der Habsucht ein, sondern man gebe immer ein wenig billiger, als die anderen, die Weltleute, geben können, »damit in allem Gott verherrlicht werde« *(1 Petr 4, 11–57, 7–9)*. Es ist bezeichnend, dass gerade an dieser Stelle das Leitwort Benedikts erscheint: damit in allem Gott verherrlicht werde. Die Arbeit kann Gott nur verherrlichen, wenn der Mönch nicht sich selbst darin verherrlicht, wenn er nicht habgierig sich selber dient, sondern seine Arbeit loslassen und in den Dienst Gottes stellen kann.

Die Habgier verdirbt die Arbeit und degradiert einen zum Sklaven der Arbeit. Heute hat das von Benedikt gemeinte Laster andere Namen. Die Habgier besteht im Bestreben, Karriere zu machen, möglichst viel Anerkennung und Lob zu ernten, in seiner Position immer weiter aufzusteigen. Wer sich bei seiner Arbeit von solchen Motiven leiten lässt, der ist immer überfordert. Er ist nicht frei, das zu leisten, was er kann, sondern er muss mit seiner Leistung ständig andere zufriedenstellen. So lebt er in der Angst, dem Konkurrenzkampf nicht gewachsen zu sein, den Erwartungen der anderen nicht gerecht zu werden, in seiner sozialen Stellung zu sinken und in seinem Lebensstandard nicht mit den anderen gleichziehen zu können. Das Gebet befreit uns von dieser Angst und entreißt uns dem Teufelskreis, in den uns die Habsucht gebracht hat.

Anselm Grün

Wider das Graue im Alltag

Wer sich anschickt, über Geist und Alltag nachzudenken oder gar nach dem Vorkommen des Heiligen Geistes im Alltag Ausschau zu halten, der lässt sich nach unserem Empfinden auf ein höchst fragwürdiges Unternehmen ein. Geist und Alltag – sind das nicht auf den ersten Blick zwei unvereinbare Gegensätze? Der Alltag ist doch gerade das, was uns verschleißt und verbraucht, abnutzt und stumpf macht. Er ist das Feld und die Zone, wo der Geist gerade nicht zu Hause und gefragt ist.

Der Alltag besitzt in der Regel keinen guten Ruf. Er gilt als grau und eintönig, als Feind des Festes und der Freude.

Unsere Lebenswelt ist die des Alltags. Diese wird nicht nur von uns gemacht, sie ist uns in vielen Stücken einfach vorgegeben und auch aufgegeben; darin finden wir uns vor, darin sollen wir uns zurechtfinden. Aber wie? In der Welt des Alltags ist nicht nur der Ungeist am Werk. Sie ist wie so vieles in unserem Leben ambivalent. Welcher Geist macht unseren Alltag aus? Die Welt des Alltags ist die Welt des Allgemeinen, des Gewöhnlichen, des Selbstverständlichen. Ihr Firmenschild ist nicht das Neue, Außergewöhnliche, Besondere oder Außerordentliche. Sie ist die uns allen mehr oder weniger gemeinsame, die wir miteinander teilen und die uns untereinander verbindet, der wir in der Regel nicht entrinnen können. Diese Welt trägt, prägt und erzieht uns. Ihr verdanken wir mehr, als uns oft bewusst ist. Durch ihre Kontinuität und Regelmäßigkeit ermöglicht sie uns einen echten Schatz an Erfahrungen. Ihre Routine vermittelt uns ein Gefühl der Geborgenheit und Gelassenheit. Ihre Gleichheit erzieht uns zu Treue, Beständigkeit und Zuverlässigkeit. Die Welt des Alltags ist nicht selten die Welt der Kleinigkeiten, der Kleinen und der kleinen Dinge; in ihr sind Sorgfalt und Aufmerksamkeit gefragt. Unsere guten Gewohnheiten sind Geschenke des gut bestandenen Alltags. Der Alltag fordert und fördert uns zugleich. Es ist der Geist der Stille, es sind die stillen Geister, die in unserem Alltag am Werk sind; und es gibt eigentlich keinen Grund, sie nicht mit dem Heiligen Geist in Verbindung zu bringen.

Wer sich in jener nüchternen und angemessenen Perspektive auf den Alltag einlässt, die der Geist ermöglicht, dem erscheint der Alltag als seine Stunde des Heils, als Kairos oder einmalige und ihm zugedachte Gelegenheit. Für ihn ereignet sich mitten im Alltag jenes »heute«, das ihn mit unerwarteten Überraschungen überhaupt und einmaligen Chancen seines Lebens konfrontiert. Der Alltag entpuppt sich als eine Kette kostbarer Augenblicke, in denen uns nicht selten Entscheidendes begegnet. Der Geist befreit den Alltag aus der Hülle der Gleichgültigkeit und Gleichzeitigkeit und macht ihn zur erfüllten Gegenwart und im besten Sinn des Wortes anspruchsvoll. Er befähigt uns dazu, den Alltag als Situation unseres Heils zu leben und zu erleben, in der es jederzeit um das Ganze geht. Das erzieht uns dem Alltag gegenüber zu vermehrter Aufmerksamkeit und Gelassen-

heit in einem. Es ist die Stimme des Geistes, welche die Ein-
tönigkeit des Alltags in unser »heute« verwandelt, an dem
wir die Gnade des Alltags erfahren und empfangen.

Christian Schütz

Achtsam arbeiten

Die meisten Schwierigkeiten machen uns bei der Arbeit die
Mitarbeiter. Der eine ist zu langsam und zu schwerfällig im
Begreifen, der andere geht uns auf die Nerven mit seinem
ständigen Gerede. Hier kann uns das Gebet helfen, zu einer
positiveren Einstellung unseren Mitarbeitern gegenüber zu
gelangen. Wenn wir für sie beten, dann werden wir ein
menschlicheres Arbeitsklima um uns herum verbreiten und
selbst besser mit unseren Mitmenschen umgehen können.
Benedikt sieht Gebet und Arbeit im Letzten als Einheit, und
zwar gerade von seiner Idee der Gegenwart Gottes her. Die
Arbeit wird selbst zum Gebet, wenn ich sie in der Gegenwart Gottes verrichte. Wenn ich in der Gegenwart Gottes
arbeite, dann antworte ich Gott mit meinem Tun, ich kann
mich dann ganz auf die Arbeit einlassen, ohne in meinem
Kopf gespalten zu sein, denn das Sicheinlassen auf die Arbeit geschieht im Gehorsam Gott gegenüber und als Antwort auf seine Gegenwart. Auch hier prägt die Gegenwart
Gottes meine Art zu arbeiten. Wer hastig und fahrig arbeitet, wer alles auf einmal erledigen will, der fällt ständig aus
der Gegenwart Gottes heraus. In der Gegenwart Gottes arbeiten verlangt, dass ich mit innerer Ruhe und ohne Hast
arbeite, aus der eigenen Mitte heraus, gesammelt, mich ganz
auf die Arbeit einlassend. Die Achtsamkeit, von der heute
viele spirituelle Schriftsteller sprechen, ist für Benedikt die
Grundhaltung bei allem Tun.

Anselm Grün

Demut – durch Selbsterhöhung steigen wir hinab und durch Demut hinauf

Die Stufen der Demut

Brüder, wenn wir also den höchsten Gipfel der Demut erreichen und rasch zu jener Erhöhung im Himmel gelangen wollen, zu der wir durch die Demut in diesem Leben aufsteigen, dann ist durch Taten, die uns nach oben führen, jene Leiter zu errichten, die Jakob im Traum erschienen ist. Auf ihr sah er Engel herab- und hinaufsteigen. Ganz sicher haben wir dieses Herab- und Hinaufsteigen so zu verstehen:

- Durch Selbsterhöhung steigen wir hinab und durch Demut hinauf.
- Die so errichtete Leiter ist unser irdisches Leben. Der Herr richtet sie zum Himmel auf, wenn unser Herz demütig geworden ist.
- Als Holme der Leiter bezeichnen wir unseren Leib und unsere Seele.
- In diese Holme hat Gottes Anruf verschiedene Sprossen der Demut und Zucht eingefügt, die wir hinaufsteigen sollen.

Die erste Stufe der Demut: Der Mensch achte stets auf die Gottesfurcht und hüte sich, Gott je zu vergessen. …
Der Prophet weist uns darauf hin, dass Gott unserem Denken immer gegenwärtig ist, wenn er sagt: »Gott prüft auf Herz und Nieren.« *(Ps 7,10)* »Der Herr kennt die Gedanken der Menschen.« *(Ps 94,11)* Ebenso sagt er: »Von fern erkennst du meine Gedanken.« *(Ps 139,3)*
»Das Denken des Menschen liegt offen vor dir.« *(Ps 76,11)* Vor seinen verkehrten Gedanken auf der Hut, spreche der

Bruder, der etwas taugt, ständig in seinem Herzen: »Dann bin ich makellos vor ihm, wenn ich mich vor meiner Bosheit in Acht nehme.« *(Ps 18,24)*

Die zweite Stufe der Demut: Der Mönch liebt nicht den eigenen Willen und hat deshalb keine Freude daran, sein Begehren zu erfüllen. Vielmehr folgt er in seinen Taten dem Wort des Herrn, der sagt: »Ich bin nicht gekommen, meinen Willen zu tun, sondern den Willen dessen, der mich gesandt hat.« *(Joh 6,38)* Ebenso steht geschrieben: »Eigensinn führt zur Strafe, Bindung erwirbt die Krone.«

Die dritte Stufe der Demut: Aus Liebe zu Gott unterwirft sich der Mönch dem Oberen in vollem Gehorsam. So ahmt er den Herrn nach, von dem der Apostel sagt: »Er war gehorsam bis zum Tod.« *(Phil 2,8)*

Die vierte Stufe der Demut: Der Mönch übt diesen Gehorsam auch dann, wenn es hart und widrig zugeht. Sogar wenn ihm dabei noch so viel Unrecht geschieht, schweigt er und umarmt gleichsam bewusst die Geduld. Er hält aus, ohne müde zu werden oder davonzulaufen, sagt doch die Schrift: »Wer bis zum Ende standhaft bleibt, der wird gerettet.« *(Mt 10,22)* Ferner: »Dein Herz sei stark und halte den Herrn aus.« *(Ps 27,14)* Um zu zeigen, dass der Glaubende für den Herrn alles, sogar Widriges aushalten muss, sagt die Schrift durch den Mund derer, die das erdulden: »Um deinetwillen werden wir den ganzen Tag dem Tod ausgesetzt, behandelt wie Schafe, die zum Schlachten bestimmt sind.« *(Ps 44,23)* Doch zuversichtlich und voll Hoffnung auf Gottes Vergeltung fügen sie freudig hinzu: »All das überwinden wir durch den, der uns geliebt hat.« *(Röm 8,37)* Und ebenso sagt die Schrift an anderer Stelle: »Gott, du hast uns geprüft und uns im Feuer geläutert, wie man Silber im Feuer läutert. Du hast uns in die Schlinge geraten lassen, hast drückende Last unserem Rücken aufgeladen.« *(Ps 66,10 f.)* Um zu zeigen, dass wir unter einem Oberen stehen müssen, sagt sie weiter: »Du hast Menschen über unser Haupt gesetzt.« *(Ps 66,12)* Selbst bei Widrigkeiten und Unrecht erfüllen die Mönche in Geduld die Weisung des Herrn: Auf die eine Wange geschlagen, halten sie auch die andere hin; des Hemdes beraubt, lassen sie auch den Mantel; zu einer Meile gezwungen, gehen sie zwei. *(Mt 5,39–41)* Wie der Apostel Paulus halten sie falsche Brüder aus und segnen jene, die ihnen fluchen. *(2 Kor 11,26)*

Die zwölfte Stufe der Demut: Der Mönch sei nicht nur im Herzen demütig, sondern seine ganze Körperhaltung werde zum ständigen Ausdruck seiner Demut für alle, die ihn sehen. Das heißt: Beim Gottesdienst, im Oratorium, im Kloster, im Garten, unterwegs, auf dem Feld, wo er auch sitzt, geht oder steht, halte er sein Haupt immer geneigt und den Blick zu Boden gesenkt. Wegen seiner Sünden sieht er sich zu jeder Stunde angeklagt und schon jetzt vor das schreckliche Gericht gestellt. Immer wiederhole er im Herzen die Worte des Zöllners im Evangelium, der die Augen zu Boden senkt und spricht: »Herr, ich Sünder bin nicht würdig, meine Augen zum Himmel zu erheben.« *(Lk 18,13)* Und ebenso sagt er mit dem Propheten: »Gebeugt bin ich und tief erniedrigt.« *(Ps 38,7.9)*

Wenn also der Mönch alle Stufen auf dem Wege der Demut erstiegen hat, gelangt er alsbald zu jener vollendeten Gottesliebe, die alle Furcht vertreibt. Aus dieser Liebe wird er alles, was er bisher nicht ohne Angst beobachtet hat, von nun an ganz mühelos, gleichsam natürlich und aus Gewöhnung einhalten, nicht mehr aus Furcht vor der Hölle, sondern aus Liebe zu Christus, aus guter Gewohnheit und aus Freude an der Tugend. Dies wird der Herr an seinem Arbeiter, der von

Fehlern und Sünden rein wird, schon jetzt gütig durch den Heiligen Geist erweisen.

Regula Benedicti 7,5–10.14–18.31–43.62–70

Wer sich nicht demütigen will, kann nicht gerettet werden

Maria sagt: Mit so großer und unvorstellbarer Gnade hat der Herr mich erhöht, dass kein Wort es zu erklären vermag und dass es kaum mit der innersten Bewegung des Gemütes erfasst werden kann. Darum biete ich alle Kräfte meiner Seele auf, um Lob und Dank zu sagen. Indem ich seine grenzenlose Größe betrachte, gebe ich freudig dankend alles dahin, alles, was ich erlebe, fühle und denke. Denn mein Geist erfreut sich an der Gottheit Jesu, des Retters, der in der leiblichen Empfängnis die Frucht meines Leibes geworden ist. »Denn der Mächtige hat Großes an mir getan, und sein Name ist heilig.«

Maria schaut noch einmal auf den Anfang ihres Liedes zurück, wo es heißt: »Meine Seele preist die Größe des Herrn.« Denn nur diese Seele, der Gott Großes getan hat, vermag ihn mit gebührendem Lob zu preisen; nur sie kann die Gefährten, welche ihr Verlangen und Streben teilen, aufrufen: »Verherrlicht mit mir den Herrn, lasst uns gemeinsam seinen Namen rühmen.«

Denn wer es ablehnt, den Herrn, den er doch erkannt hat, auch nach Kräften zu verherrlichen und seinen Namen zu preisen, »der wird der Geringste im Himmelreich sein«.

»Heilig« ist sein Name, weil er mit seiner einzigartigen Macht über alle Geschöpfe hinausragt und alles, was er geschaffen hat, weit übersteigt. »Er nimmt sich seines Knechtes Israel an und denkt an sein Erbarmen.« Sehr zutreffend nennt er Israel den gehorsamen und demütigen Knecht des

Herrn, dessen er sich angenommen hat, um ihn zu retten, wie Hosea sagt: »Knecht ist Israel, und ich liebe ihn.«
Wer sich nicht demütigen will, kann nicht gerettet werden, und er kann nicht mit dem Propheten sprechen: »Gott ist mein Helfer, der Herr beschützt mein Leben.«
»Wer sich selbst erniedrigt wie diese Kinder, der ist der Größte im Himmelreich.«
So hat er unseren Vätern verheißen, »Abraham und seinen Nachkommen auf ewig«. Mit »Nachkommen Abrahams« sind nicht die leiblichen, sondern die geistlichen Nachkommen gemeint, das heißt nicht nur die, welche leiblich von ihm stammen, sondern auch die, welche im Glauben seinen Spuren gefolgt sind, seien sie beschnitten oder nicht. Denn Abraham, der selbst nicht beschnitten war, glaubte, und der Glaube wurde ihm als Gerechtigkeit angerechnet.

Beda Venerabilis

Das Fundament

Ferner zwingt die tägliche Erfahrung unserer Unzulänglichkeit und Schwäche uns eindeutig dazu, demütig zu sein; und Demut ist das Fundament des geistlichen Lebens – in dem Sinne, dass sie der Anfang ist: Da wir ja infolge der Erbsünde dazu neigen, ichbezogen und selbstisch zu sein, und erst lernen müssen, Christus-bezogen und, durch Christus, Gott-bezogen zu werden, damit unser Leben Gott und nicht der Erhebung unserer selbst geweiht sei.

Basil Hume

Humus und Humor

Es ist wichtig zu erkennen, mit welcher Grundhaltung ich
dem anderen Menschen begegne, ob ich ihm mit meinem
Stolz, mit meinem Eingebildetsein, mit meiner Überheb-
lichkeit begegne, mit meinem Besserwissen und Besserkön-
nen, oder ob ich ihm mit Demut begegne. Demut (das latei-
nische Wort dafür ist humilitas) ist die Grundvoraussetzung
für menschliche Begegnung. In dem Wort humilitas steckt
auch das Wort humus – Erde, homo – Mensch und Humor.
Eine echte Begegnung mit einem Menschen braucht das feste Stehen auf der Erde, das Wissen um das eigene Menschsein und den Humor, der sich in der heiteren Gelassenheit
zeigt.

Johannes Pausch

Absehen von sich selbst

Demjenigen, der sich selbst verleugnet, werden große Freuden widerfahren, wenn die Ruhe der Kontemplation erreicht ist. Wie ein Toter ist er der Welt verborgen. Wenn jede
äußere Störung zum Erliegen gekommen ist, kann er ganz in
den Schoß der geheimen Liebe tauchen.

Smaragd von St. Mihiel

Selbsterkenntnis

Als ich die Wahrheit noch nicht kannte, glaubte ich, etwas
zu sein, obwohl ich damals nichts war; als ich dann an Christus glaubte, das heißt seine Demut nachahmte, da habe ich
die Wahrheit kennengelernt.

Bernhard von Clairvaux

Ein Anwenderprogramm des Evangeliums

Jedes Wort Gottes ist ein Spiegel, aus dem Lichtfunken zu den Menschen herableuchten, und diese Lichtfunken sind neue Wegweiser auf dem Wege zu Gott, Leuchtfeuer, die in der Nacht den in Seenot Geängstigten tröstlich strahlen.

Das Mönchtum ist ein Spiegel, in dem uns das große Bild des Evangeliums im Einzelnen vorgeführt und klargemacht wird. Das ist der Sinn der Regel des heiligen Benedikt. Sie soll nicht neben dem Evangelium stehen und uns eine eigene Moral lehren; sie soll vielmehr das Evangelium praktisch im Einzelnen auf uns anwenden. Auch der heilige Vater Benedictus kann nichts anderes lehren als das Evangelium: Christus, den Leidenden, als den Spiegel der conversio (= Hinkehr zu Gott), Christus, den Verklärten, als das leuchtende Ziel, das wir schon jetzt mehr und mehr erreichen, je mehr wir durch die Demut hinabsteigen, das Kreuz als den Weg, den Kyrios (= Herrn) als die Wahrheit und das Leben. Ebenso ist das heilige Mysterium der Christusspiegel. Jeden Tag sehen wir den Tod des Herrn vor uns und wachsen dadurch hinein in sein Leben. Die Heilige Schrift und die Lehre der Kirche gehen uns immer strahlender auf, je mehr wir unser Ich verlieren und in diesen Glorienspiegel untertauchen. »Wir alle spiegeln mit entschleiertem Antlitz die Glorie des Kyrios wider (schauen sie im Spiegel und werden ihr Spiegelbild) und werden so zum gleichen Bilde (d. h. zum Gleichbild) umgestaltet von Glorie zu Glorie, wie das zu verstehen ist bei einer Wirksamkeit, einer Spiegelung, die ausgeht vom Pneuma des Kyrios« *(2 Kor 3,18)*.

Odo Casel

Für die Kleinen gedacht

Das Geheimnis bleibt den Weisen und Klugen verborgen; es wird den Kleinen geoffenbart. Ja, meine Brüder, sie ist groß, groß und erhaben: die Tugend der Demut, die das als Wirklichkeit erfasst, was nicht mit Worten auszudrücken ist, die allein lernt, was sich nicht lehren lässt. Nur sie ist würdig, vom göttlichen Worte zu empfangen und durch das göttliche Wort zu begreifen, was sich durch Worte nicht erklären lässt. Und aus welchen Gründen ist es so? Gewiss nicht, weil sie es verdient, sondern weil es so der Wille dessen ist, der der Vater des Wortes, der Bräutigam der Seele ist, Jesus Christus, der Herr.

Bernhard von Clairvaux

Gehorsam – der erste Schritt zur Demut ist Gehorsam ohne Zögern

Wenn aber der Jünger verdrossen gehorcht

Der erste Schritt zur Demut ist Gehorsam ohne Zögern. Er ist die Haltung derer, denen die Liebe zu Christus über alles geht. Wegen des heiligen Dienstes, den sie gelobt haben, oder aus Furcht vor der Hölle und wegen der Herrlichkeit des ewigen Lebens darf es für sie nach einem Befehl des Oberen kein Zögern geben, sondern sie erfüllen den Auftrag sofort, als käme er von Gott. Von ihnen sagt der Herr: »Aufs erste Hören hin gehorcht er mir.« Und ebenso sagt er den Lehrern: »Wer euch hört, hört mich.« Daher verlassen Mönche sofort, was ihnen gerade wichtig ist, und geben den Eigenwillen auf. Sogleich legen sie unvollendet aus der

Hand, womit sie eben beschäftigt waren. Schnellen Fußes folgen sie gehorsam dem Ruf des Befehlenden mit der Tat. Mit der Schnelligkeit, die aus der Gottesfurcht kommt, geschieht beides rasch wie in einem Augenblick: der ergangene Befehl des Meisters und das vollbrachte Werk des Jüngers. So drängt sie die Liebe, zum ewigen Leben voranzuschreiten. Deshalb schlagen sie entschlossen den engen Weg ein, von dem der Herr sagt: »Eng ist der Weg, der zum Leben führt.« Sie leben nicht nach eigenem Gutdünken, gehorchen nicht ihren Gelüsten und Begierden, sondern gehen ihren Weg nach der Entscheidung und dem Befehl eines anderen. Sie bleiben im Kloster und haben das Verlangen, dass ein Abt ihnen vorstehe. Ohne Zweifel folgen sie auf diesem Weg dem Herrn nach, der sagt: »Ich bin nicht gekommen, meinen Willen zu tun, sondern den Willen dessen, der mich gesandt hat.«

Ein Gehorsam dieser Art ist nur dann Gott angenehm und für die Menschen beglückend, wenn der Befehl nicht zaghaft, nicht saumselig, nicht lustlos oder gar mit Murren und Widerrede ausgeführt wird. Denn der Gehorsam, den man den Oberen leistet, wird Gott erwiesen; sagt er doch: »Wer euch hört, hört mich.« Die Jünger müssen ihn mit frohem Herzen leisten, denn Gott liebt einen fröhlichen Geber. Wenn aber der Jünger verdrossen gehorcht, also nicht nur mit dem Mund, sondern auch im Herzen murrt, so findet er, selbst wenn er den Befehl ausführt, doch kein Gefallen bei Gott, der das Murren seines Herzens wahrnimmt. Für solches Tun empfängt er keinen Lohn, sondern verfällt der Strafe der Murrer, wenn er nicht Buße tut und sich bessert.

Regula Benedicti 5

Gehorsam ist Liebe ohne Maß

Der vollkommene Gehorsam kennt kein Gesetz und lässt sich nicht in Grenzen einzwängen. Er gibt sich mit der Enge des Gelübdes nicht zufrieden; hochgemut drängt er in die Weite der Liebe. Spontan ist er zu dem Auftrag bereit. Er kennt kein Maß und weitet sich, immer großmütig und unternehmungslustig, zu unbegrenzter Freiheit.

Bernhard von Clairvaux

Der Schlussstein im Gewölbe

Der heilige Gehorsam ist so sehr das charakteristische Merkmal des Mönches, dass eine Arbeit ohne ihn Verdammung erntet, nicht Lohn. Unter den Ordensgelübden verdient der Gehorsam unstreitig die Palme … in der Tat, der heilige Gehorsam erwählt den besten Teil, um ihn Gott zu weihen, nämlich die persönliche Freiheit und die freie Verfügung über sich selbst. Der klösterliche Gehorsam besiegelt und krönt die klösterlichen Gelübde. Er verbindet sie untereinander wie der Schlussstein das Gewölbe und vollendet so das erhabene Ganzopfer. Wird er versagt, verliert das ganze Opfer seinen Wert, und der klösterliche Beruf führt aus einem Leben der Ordnung zu einem sakrilegischen Untergang des Ordenslebens.

Maurus Wolter

In der Werkstatt Gottes

Die Werkstatt, von der Benedikt spricht, bringt Menschen hervor, die wirklich da sind; vielleicht ist es so einfach. Benedikt engagiert sich darin, Menschen heranzubilden, die fähig sind, all das in sich zu diagnostizieren, was ihnen die Flucht vor sich selbst im Hier und Jetzt einflüstert. Ebenso intensiv wie die Literatur der Wüste – selbst wenn Benedikt insistiert, er arbeite auf einem anderen, niedrigeren Niveau – betrachtet Benedikt das monastische Leben als eine Disziplin, da zu sein, wo man ist, statt in die unendliche Enge seiner eigenen Phantasien zu flüchten. Daher kann er davon sprechen, dass Gehorsam der Regel gegenüber das Herz weit macht, eines der Bilder, die durch die Jahrhunderte nachhallen. Es geht im Leben darum, große Dinge auf kleinem Raum zu vollbringen: »einen großen Saal zwischen engen Wänden zu bewohnen«. Das ist die Definition des Lebens schlechthin, wie sie der walisische Dichter Waldo Williams in einem seiner bekanntesten Gedichte bringt, und es ist keine schlechte Anmerkung zur Regel.

Rowan Williams

Reinheit des Herzens

Von Herz zu Herz

Wir sollen wissen, dass wir nicht erhört werden, wenn wir viele Worte machen, sondern wenn wir in Lauterkeit des Herzens und mit Tränen der Reue beten. Deshalb sei das Gebet kurz und lauter; nur wenn die göttliche Gnade uns erfasst und bewegt, soll es länger dauern.

Regula Benedicti 20,3 f.

Alles übergeben

In demselben Augenblicke, wo der Mensch mit Gottes Hilfe seinen Willen besiegen kann, das heißt ungeordnetes Lieben und Eifern von sich abwirft und in all seiner Not völlig Gott dem Herrn zu vertrauen wagt, wird er durch dieselbe Tat Gott so wohlgefällig, dass er ihm seine Gnade schenkt. Und eben durch die Gnade empfindet der Mensch die wahre Liebe, die alles Schwanken und Fürchten austreibt und vertrauend auf Gott hofft. Und so kann es nichts Beseligenderes geben, als alles dem zu übergeben, in dem kein Mangel ist. Solange du eigenwillig in deinem Ich stehst, stehst du nicht fest. Also wirf dich voll Sicherheit ganz in Gott: Er wird dich aufnehmen und heilen und retten. Wenn du dies fortwährend in dir wahrhaft überlegst, wird es dir mehr zum seligen Leben helfen als alle Reichtümer, Genüsse und Ehren, ja selbst mehr als alle Weisheit und Wissenschaft dieser trügerischen Zeit und dieses vergänglichen Weltlebens, auch wenn du darin alle überträfest, die je gewesen sind.

Johannes von Kastl

Freiheit des Herzens

Kehre unablässig in dich selbst ein und halte, soweit es möglich ist, die Türen deines Herzens sorgfältig verriegelt vor den Gestalten und Phantasiebildern der Sinnenwelt und den Vorstellungen der Erdendinge. Unter allen geistlichen Übungen beansprucht nämlich die Lauterkeit des Herzens gewissermaßen den ersten Rang, sie ist gleichsam der Endzweck und die Vergeltung aller Mühen, die in diesem Leben jede wahrhaft geistliche Ordensperson zu empfangen pflegt. Deshalb löse dein Herz, deine Sinne und deine Neigungen mit allem Fleiße, aller Sorgfalt und Mühe von all diesen Dingen, welche die Freiheit des Herzens hindern könnten, von jedem Dinge dieser Welt, das imstande ist, dich zu binden und zu fesseln. Und so ringe danach, alle Zerstreuungen des Herzens und Regungen des Geistes in dem einen, wahren, einfachen und wichtigsten Gute zu sammeln und sie in deinem Inneren wie an einem einzigen Orte gesammelt zu halten. Und so versuche, im Geiste stets Gott und göttlichen Dingen anzuhangen, die Gebrechlichkeit der Erdendinge zu verlassen und dein Herz aus deinem Innersten heraus in Jesu Christo beständig in Überirdisches zu verwandeln.

Johannes von Kastl

Gott in allen Dingen suchen

Die Reinheit des Herzens ist Bedingung, um in den Dingen Gottes Ordnung und Willen erkennen zu können. Wer im Streben nach Reinheit des Herzens von sich selbst frei geworden ist, dem verstellt das eigene Ich nicht mehr den Blick für Gottes Schöpfung. Er wird fähig, in seiner Arbeit Gottes Schöpfung fortzusetzen und zu vollenden. Seine Arbeit wird zu einem Horchen auf Gottes Stimme in den Dingen. Und sein Gestalten zu einer Antwort, die Gottes heilende Ordnung in den Dingen zur Geltung bringt. Die Arbeit wird so wie das Gebet zu einem Dialog zwischen Gott und Mensch. Der Mensch sucht Gott in den Dingen. Er lauscht dem geheimen Wesen, das Gott in die Dinge gelegt hat, um mit seiner gestaltenden Tat zu antworten. Im Gebet fängt der Mensch zu reden an, um dann auf Gottes Antwort zu hören, um mit seinem Werk antworten zu können. Im Gebet vernimmt der Mensch Gottes Antwort häufig in seinen eigenen Gedanken. In der Arbeit antwortet der Mensch mit Gottes eigener Schöpfung. Die Arbeit wird eine umso klarere Antwort auf Gottes Stimme, je reiner sie Gottes heilende Ordnung in den Dingen Gestalt werden lässt.

Anselm Grün

Mit Sehnsucht ersehnbar

Es ist also notwendig und unerlässlich, dass sich der Geist in ehrfurchtsvoller Demut und mit größtem Vertrauen über sich selbst und über alles Geschaffene erhebe, allem entsagend. Und er muss in seinem Inneren sprechen: Derjenige, den ich aus allen, vor allen und über alles suche, liebe, wünsche und ersehne, ist nicht sinnenfällig und nicht vorstellbar, sondern erhaben über alles Sinnenfällige und Erkennbare. Er ist durch keinen Sinn je fassbar, aber mit voller Sehnsucht ganz ersehnbar. Überdies ist er nicht gestaltbar, kann aber aus innerstem Gemüte vollständigst begehrt werden. Er ist nicht abschätzbar, aber ein reines Herz kann ihn ganz verlangen, denn er ist über alles liebenswert, beseligend und von unendlicher Güte und Vollkommenheit.

Johannes von Kastl

Die Brüder sollen einander dienen

Füreinander da

Die Brüder sollen einander dienen … denn dieser Dienst bringt Lohn und lässt die Liebe wachsen.

Regula Benedicti 35,1 f.

Der gute Eifer der Mönche

Wie es einen bitteren und bösen Eifer gibt, der von Gott trennt und zur Hölle führt, so gibt es den guten Eifer, der von den Sünden trennt, zu Gott und zum ewigen Leben führt. Diesen Eifer sollen also die Mönche mit glühender Liebe in die Tat umsetzen, das bedeutet: Sie sollen einander in gegenseitiger Achtung zuvorkommen *(Röm 12,10);* ihre körperlichen und charakterlichen Schwächen sollen sie mit unerschöpflicher Geduld ertragen; im gegenseitigen Gehorsam sollen sie miteinander wetteifern; keiner achte auf das eigene Wohl, sondern mehr auf das des anderen; die Bruderliebe sollen sie einander selbstlos erweisen; in Liebe sollen sie Gott fürchten; ihrem Abt seien sie in aufrichtiger und demütiger Liebe zugetan. Christus sollen sie überhaupt nichts vorziehen. Er führe uns gemeinsam zum ewigen Leben.

Regula Benedicti 72

Sich an das Wort klammern

Die Rückkehr der Seele vollzieht sich durch ihre Bekehrung zum Wort. Durch das Wort muss sie umgestaltet, dem Wort muss sie wieder gleichgestaltet werden. Worin? In der Liebe. Denn es heißt: »Seid Nachahmer Gottes als viel geliebte Söhne; wandelt in der Liebe, wie auch Christus euch geliebt hat!« *(Eph 5,1 f.)* Die Seele aber vermählt sich dem Worte, wenn sie zu der ihr angestammten Bekehrung ähnlich mit dem Worte noch die des Willens fügt, indem sie Liebe mit Gegenliebe erwidert. Wenn also die Seele vollkommen liebt, ist sie vermählt. Was gäbe es Wonnevolleres als diese Gleichförmigkeit, was Wünschenswerteres als diese Liebe? Unzufrieden mit menschlicher Belehrung, gehst du da, o Seele, herzhaft selber hin zum Worte, klammerst dich ständig an das Wort, holst dir in allem vertraulich beim Worte Rat und Weisung, und dein Sehnen greift gerade so weit aus, als deine Einsicht fassen kann. Es ist wahrhaftig der Abschluss eines geistigen, heiligen Ehevertrages: Vertrag? Das sagt noch zu wenig. Eine Umarmung ist es, wo gleiches Wollen und gleiches Nichtwollen aus zweien einen Geist macht.

Bernhard von Clairvaux

Allen in Ehrfurcht dienen

Die Jünger fragten Jesus: »Rabbi, wer hat gesündigt? Er selbst, oder haben seine Eltern gesündigt, so dass er blind geboren wurde?« *(Joh 9,2)* Es war keine müßige Frage, die dem Heiland von seinen Jüngern gestellt wurde. Denn es kommt tatsächlich vor, dass ein Kind durch die Schuld seiner Eltern mit körperlichem Schaden zur Welt kommt. Jesus antwortete: »Weder er noch seine Eltern haben gesündigt, sondern das Wirken Gottes soll an ihm offenbar werden.« *(Joh 9,3)* Dem Wortsinn nach weist der Herr unseren Leichtsinn in Schranken. Wann immer wir Menschen sehen, die mit einem solchen Mangel behaftet oder sonst wie an ihren Gliedern verkümmert oder missgestaltet geboren wurden, dann sollen wir nicht an ihnen unsere Natur verachten, indem wir das gewagte Urteil fällen, das komme von einer Schuld ihrer selbst oder ihrer Eltern. Vielmehr sollen wir ihnen allen in Ehrfurcht dienen, da sie doch auch wirklich Glieder Christi sind, der zu uns gesagt hat: »Was ihr für einen meiner geringsten Brüder getan habt, das habt ihr mir getan.« *(Mt 25,40)*

Rupert von Deutz

Über die Alten und die Jungen

Alte Menschen sind für Benedikt nicht Objekte der Versorgung, sondern Adressaten der Ehrfurcht. Benedikt verweist durch besondere Regeln der Höflichkeit und des Anstands auf die natürliche Ehrfurcht vor dem Alter (Regula Benedicti 63,11–16), aber er stellt sich zugleich gegen die römische absolute Auffassung vom Altersprinzip, wenn er den jungen Brüdern den ihnen gebührenden Platz einräumt. Sie sind nicht einfach Objekt der Erziehung, sondern Adressaten einer Beziehung, die Benedikt mit dem Wort »lieben« umschreibt. Die Ehrfurcht voreinander verbietet, im Anderen einen Konkurrenten zu sehen. Es braucht die Erfahrung der Alten, um die beständige Weitergabe des Bewährten und der Erfahrungen sicherzustellen. Aber ebenso braucht es die Jungen, um wegweisende Impulse für den Weg in die Zukunft zu vermitteln. So werden die Jüngeren nicht nur um Rat gefragt, sondern mit einer besonderen geistlichen Kompetenz ausgerüstet: »Dass aber alle zur Beratung zu rufen seien, haben wir deshalb gesagt, weil der Herr häufig einem Jüngeren offenbart, was das Bessere ist« (Regula Benedicti 3,3). Auch einen solchen Satz würden wir in einer spätantiken Mönchsregel nicht vermuten.

Michaela Puzicha

Bei den Fehlern nicht stehen bleiben

Das ist eine schwere Aufgabe: Trotz der Fehler einen Menschen achten, ihm in Ehrfurcht begegnen und ihn sogar lieben, lieben wie Christus. Das ist kein Auftrag, den man mit ein wenig gutem Willen erfüllen kann. Das ist eine Lebensaufgabe. Man wird sich lange Zeit in solche Menschen mit Liebe hineinmeditieren müssen, bis sich unsere Abneigung und unsere Vorurteile abbauen und die Liebe Christi zum Tragen kommt. Wir dürfen und sollen Realisten bleiben. Aber wir dürfen bei solchen Menschen nicht nur die negativen Seiten als die Realität betrachten, auf die wir achten und reagieren; auch die Christus-Wirklichkeit ist in jedem Menschen eine Realität, die wir beachten und auf die wir unser Verhalten einstellen müssen. Wir sollen den Anderen nicht mit einer rosaroten Brille anschauen, die seine Fehler übersieht. Doch wir sollen bei den Fehlern nicht stehen bleiben, sondern auf den Grund des Anderen sehen. Und dort werden wir Christus als den eigentlichen Grund erkennen. Das verändert unsere Sichtweise und unser Verhalten ihm gegenüber. Vielleicht sind viele Menschen überhaupt erst fähig, ihr Leben zu ändern, wenn sie einmal in dieser tiefen Weise geachtet, ernst genommen und sogar geliebt werden, trotz ihrer Fehler.

Anselm Grün/Fidelis Ruppert

Die Last wird leicht

Mit der Liebe hat es auch zu tun, dass das Harte leicht wird. »Nichts ist denen hart, die lieben.« Zu Anfang hat der Mönch Mühe (labor), wie Benedikt durchblicken lässt *(vgl. auch Prol 2),* aber je mehr die Liebe in ihm Raum findet, desto leichter wird die Last; der Mönch denkt nicht an sich, sondern an den Herrn, an die Brüder, an die ganze Welt und vergisst sich darüber. Benedikt selbst scheint solch ein Mann des weiten Herzens gewesen zu sein, beseelt vom »guten Eifer«. Die Liebe zieht Christus überhaupt nichts vor und zeigt sich konkret im brüderlichen Dienst. Ist es nicht Zeichen für die Echtheit unseres Gebetslebens, wenn sich das Herz in Barmherzigkeit zu allen Menschen weitet? Das kann im Gebet, im alltäglichen Dienst und in der Aufgabe an den Menschen geschehen. »Die Liebe Christi drängt uns« *(2 Kor 5,14).*

In den parallelen monastischen und patristischen Texten (= Texte aus der Tradition des Mönchtums / Texte aus der Tradition der frühen Kirchenväter) findet man zwar häufig Überlegungen zu diesem weiten Herzen und zur Liebe, jedoch kaum eine solch präzise Zusammenfassung, die eine solche Glut der eigenen Erfahrung durchschimmern lässt. Cassian sagt, dass die Herzen eng werden durch Ungeduld und Kleinmut, dass sie sich weiten durch Langmut, Geduld und Liebe *(Coll. XVI, 27).* Wie Augustinus, so scheint auch Benedikt bewusst zwei ähnliche Ausdrücke gewählt zu haben: dilatato corde ... dilectionis dulcedine. Die Weite ist eben die Liebe, und dabei ist Freude. Augustinus sagt: »Die Weite des Herzens ist die Freude an der Gerechtigkeit (cordis dilatatio, iustitiae est delectatio) ... Wir sollen nicht durch die Angst vor der Strafe beengt werden, sondern in der Liebe und der Freude an der Gerechtigkeit uns weit machen« (dilectione et delectatione iustitiae dilatemur). Die Väter führen das weite Herz auf die Einwohnung Gottes bzw. des Heiligen Geistes oder der ganzen Dreifaltigkeit zurück. Der Heilige Geist ist die Liebe in Person. Ist im Menschen Raum geschaffen, dann kann das Herz eine Wohnung Gottes werden.

Aquinata Böckmann

Jesus im Anderen sehen

Es geht also nicht darum, den Namen Jesu im Gespräch mit den Menschen dauernd im Munde zu führen oder ständig über dieses Thema zu sprechen, es geht vielmehr um die innere Glaubens- und Gebetshaltung, in der man dem Menschen begegnen soll, um den Glauben an die Gegenwart

Christi im Bruder, der dem Bruder hilft, sich nach seiner inneren Christusgestalt auszurichten und zu verändern. Wenn wir Jesus im Anderen sehen, dann schauen wir nicht durch den Anderen hindurch. Der Andere erfährt sich nicht bloß als zufälliges Objekt, an dem wir unsere Christusliebe praktizieren, sondern er fühlt sich menschlich geachtet, ernst genommen und geliebt, er erfährt sich trotz seiner Fehler in einer so tiefen Weise angenommen, dass er nun fähig wird, sich zu ändern und der Christusgestalt in sich Raum zu geben.

Anselm Grün/Fidelis Ruppert

Die geistliche Provokation durch den Anderen

Der Andere kann mich zwingen, in mir positive Haltungen einzuüben, vor allem Geduld und Liebe. So erzählt Abbas Arwe von einem Bruder, der Tag für Tag seine Matten flocht und sie verkaufte. Jedes Mal, wenn er in die Stadt ging, um seine Matten zu verkaufen, stahl ihm der Bruder aus seiner Zelle das verdiente Geld. Dennoch verschloss er die Türe nicht, er teilte nur das Geld in zwei Teile und legte einen Zettel dazu: »Ich bitte dich durch die Liebe unseres Herrn, nimm einen Teil des Geldes und lasse mir den anderen, damit ich davon leben kann.« Doch der andere ging auf dieses Angebot nicht ein und nahm wieder alles. So ging es jahrelang. Da wurde der Dieb krank. Als er im Sterben lag, bat er seinen Bruder um Verzeihung. Und der nahm Hände und Füße des Kranken, küsste sie und sagte: »Der Herr segne diese Hände und Füße, denn sie haben mich gelehrt, Mönch zu werden.« Ausgerechnet der Mitbruder, der ihm am meisten Schwierigkeiten gemacht hat, hat ihm zu den heilsamsten Erfahrungen seines Lebens verholfen. Er hat ihn gezwungen, härter zu arbeiten, intensiver zu beten und in

Geduld zu lieben. Und so hat er ihn gelehrt, was es heißt, Mönch zu werden.

Für den Mönch ist es Christus selbst, der durch das negative Verhalten des Anderen an ihm gehandelt hat. Wir meinen manchmal, wir müssten an schwierigen Mitmenschen zerbrechen. Wir glauben, ohne sie wäre alles leichter, ohne sie könnten wir friedfertiger und frömmer sein. Doch gerade solche Mitmenschen können uns immer mehr für Gott aufbrechen und so letztlich Mittler zu unserem Heil werden. Entscheidend dafür, ob uns der Andere zum Heil werden kann, ist der Glaube, dass Gott uns den Anderen zumutet, dass es die göttliche Vorsehung ist, die ihn uns schickt, und dass Christus selbst durch den Anderen zu uns sprechen kann. Dieser Glaube bewahrt den hl. Benedikt, zu jammern, dass seine Mönche so wenig geistlich sind, sondern sich mit handfesten Konflikten das Leben gegenseitig schwer machen. In diesen täglichen Reibereien sieht Benedikt die Chance, geistlich zu wachsen. Sie decken mir meine Schattenseiten auf und zwingen mich, mich mehr und mehr für Gott zu öffnen. Die Auseinandersetzung mit schwierigen Mitbrüdern gehört zum geistlichen Weg des Mönches und kann eine Chance sein, seinen tiefsten Grund in Gott zu finden.

Anselm Grün/Fidelis Ruppert

Heilsame Ent-Täuschung

Die wichtigste Erfahrung, die ein neuer Bruder machen muss, ist die Ent-Täuschung über sich selbst und über die Brüder. Wenn er diese Enttäuschung nicht macht, dann verharrt er in der Täuschung und verweigert sich der Liebe und dem Frieden. Der Mönch ist nicht gerufen, die Brüder zu lieben, wie er sie gerne hätte, sondern wie sie sind. »Ihre körperlichen und charakterlichen Schwächen sollen sie mit unerschöpflicher Geduld ertragen« (Regula Benedicti 72,5). Schönfärberei ist Benedikts Sache auch gegenüber Kandidaten und Novizen nicht. »Offen rede man mit ihm über alles Harte und Schwere auf dem Weg zu Gott« (Regula Benedicti 58,8).

Was in dieser nüchternen und vielleicht auch ernüchternden Sicht des Regelwegs von Benedikt herausgearbeitet wird, ist die kommunitäre (= auf die Gemeinschaft bezogene) Perspektive des Heils. Wachstum auf Gott hin geschieht im Aufeinanderzu und im Miteinander. Dass das nicht reibungslos geschieht, ist kein Negativum, sondern es ist die Chance, die Kern-Kraft freizulegen. Über einen bestimmten Konvent hat einer seiner Mitbrüder einmal gesagt: »Früher lebten wir nebeneinander her – jetzt ärgern wir uns übereinander. Das ist ein Fortschritt!« Ein weiterer Schritt ist die Kunst des Streitens, und dann käme die Kür des Miteinander-reden-Könnens.

Albert Altenähr

Loben!

Das gute Wort, das Lob, erkennt die Herrlichkeit Gottes im Anderen an, glaubt an sie und gibt ihr dadurch die Möglichkeit, den Menschen zu durchdringen und immer mehr durch die sie verdeckende Hülle des Schwachen und allzu Menschlichen hindurchzuscheinen.

Es geht in der Annahme des Anderen um das Vertrauen in den positiven Kern des Anderen, und zwar um ein Vertrauen, das sich auch vom Anschein des Gegenteils nicht erschüttern lässt.

Anselm Grün/Fidelis Ruppert

Was Benedikt mit Liebe meint

Über das, was Benedikt mit Liebe meint, geben zunächst die von ihm verwendeten Vokabeln eine – und zwar bereits mehrstimmige – Auskunft. Sie, wenn auch keineswegs sie allein, bringen kennzeichnende Aspekte liebender Zuwendung zur Sprache, obwohl der lebendige Sprachfluss natürlich auch über die Grenzen der abgesteckten Bedeutungsfelder ausufert. So umgreift *amor* alle Dimensionen der Liebe, die sinnliche wie die geistige und geistlich-übernatürliche, akzentuiert aber besonders das Hingerissensein und die bis ins Leibhafte reichende Entflammung der Liebe. Gerade diesen Ausdruck reserviert die Benediktregel für die Liebe zu Gott bzw. Christus, präzisiert ihn auch zumeist dementsprechend. Dagegen zielt *caritas* auf die Wertschätzung. Sie meint das, was uns teuer – carus – ist, das Geliebte als das Teure im doppelten Sinn. Damit wird der metallene Kern aller wahren Liebe berührt: ob man sich die Gemeinschaft mit dem Geliebten etwas kosten lassen will und wie viel. Caritas ist also nichts Sentimentales, keine besondere Intensität des Gefühles, sondern das äußerst Reelle, Nüchterne der Wertschätzung und die Bereitschaft, für die Verbundenheit im Ernstfall einen hohen Preis zu zahlen. Benedikt gebraucht dieses Wort besonders häufig, beschränkt es aber praktisch auf den zwischenmenschlichen Bereich. Letzteres gilt auch für das Verb *diligere.* Das zugehörige Nomen *dilectio,* das Benedikt äußerst selten verwendet, verweist auf die personale, geistige Qualität menschlicher Liebe. Der Hauptakzent der Benediktregel liegt somit auf der spirituellen Praxis, auf der tätigen Nächstenliebe.

Georg Braulik

Gott spricht durch Menschen

»Mitmenschlichkeit«, das große Schlagwort unserer Zeit, ist für Benedikt kein Gegensatz zu einer frommen Liebe zu Gott. Die soziale Dimension ist immer schon religiös, denn im Bruder wie in der Schwester begegnen wir Christus selbst. Der Glaube an Gott konkretisiert sich für Benedikt im Glauben an den guten Kern im Mitmenschen. Daher drückt sich der Glaube aus in einem neuen Umgang miteinander. Das ist für Benedikt die Grundlage wahrer Humanität. Es ist keine erbauliche Idee, sondern Wirklichkeit, die uns in den alltäglichen Situationen immer wieder betrifft. So spricht Benedikt im Kapitel über den Brüderrat, dass der Abt alle Brüder zum Rat rufen sollte, »weil der Herr oft einem Jüngeren offenbart, was das Bessere ist« (Regula Benedicti 3,3). Für Benedikt ist es also klar, dass der Herr durch Menschen zu uns spricht, dass er durch jeden zu uns sprechen kann, auch durch einen Jüngeren, der vielleicht weniger Erfahrung und Wissen besitzt.

Anselm Grün

Das Göttliche im Anderen

Weil der Andere weiter an das Gute im Bruder geglaubt hat, konnte er sich von der Sünde lösen und dem Guten in sich wieder Raum geben. Auch die Psychologie bestätigt uns, dass sich die Menschen zum großen Teil nach unseren Erwartungen richten. Wenn ein Lehrer von seinen Schülern keine guten Leistungen erwartet, weil er sie für dumm und faul hält, werden sie keine Erfolge erzielen. Christus ist im Anderen deshalb so oft verdeckt, weil wir nicht an seine Gegenwart in ihm glauben. Wenn wir daran glauben könnten, dann könnte Christus im Anderen wieder sichtbar

werden. Unser Glaube kann die Christusgestalt in ihm frei-
setzen.

Anselm Grün/Fidelis Ruppert

Der neue Blick

So könnte uns Benedikt eine Hilfe sein, mit unserem
Glauben an die Gegenwart Christi im Bruder wie in der
Schwester Ernst zu machen, miteinander aus diesem Glauben heraus umzugehen, zwischenmenschliche Probleme,
Spannungen, Antipathien, Aggressionen von der Wirklichkeit Christi im Anderen her anzugehen. Wir spüren, dass
sich da in uns schier unüberwindliche Barrieren aufbauen.
Und mit viel Vernunft und Logik finden wir dann immer
genügend Gründe, dass man es doch nicht so einfach sehen
könne, dass man da unterscheiden müsse und so weiter. Benedikt spricht vom Glauben an die Gegenwart Gottes so, als
ob es das Natürlichste von der Welt wäre. Und vielleicht
kann uns das helfen, über unsere vernünftigen Gründe, über
unsere Vorwände hinweg den Schritt in die Realität zu
wagen und die Gegenwart Christi im Bruder so ernst zu
nehmen, dass sie unser Verhalten, unsere Gebärden, unsere
Worte und Blicke bestimmt.

Anselm Grün

Lectio divina –
die Arzneien der Heiligen Schrift

Der wöchentliche Dienst des Tischlesers

Beim Tisch der Brüder darf die Lesung nicht fehlen. Doch
soll nicht der Nächstbeste nach dem Buch greifen und lesen,
sondern der vorgesehene Leser beginne am Sonntag seinen
Dienst für die ganze Woche. Es herrsche größte Stille.
Kein Flüstern und kein Laut sei zu hören, nur die Stimme
des Lesers.

Regula Benedicti 38,1.5

Die Ordnung für Handarbeit und Lesung

In den Tagen der Fastenzeit aber sollen sie vom Morgen bis
zum Ende der dritten Stunde für ihre Lesung frei sein. Dann
verrichten sie bis zum Ende der zehnten Stunde, was ihnen
aufgetragen wird. In diesen Tagen der Fastenzeit erhält jeder
einen Band der Bibel, den er von Anfang bis Ende ganz lesen
soll. Diese Bände werden zu Beginn der Fastenzeit ausgege-
ben.

Regula Benedicti 48,14–16

Das Geschenk des Wortes

Man lese dem Gast die Weisung Gottes vor, um ihn im Glauben zu erbauen; dann nehme man sich mit aller Gastfreundschaft seiner an.

Regula Benedicti 53,9

Im Wort ist das Herz Gottes sichtbar

Was ist die Heilige Schrift anderes als ein Brief des allmächtigen Gottes an seine Schöpfung? Wenn du dich an irgendeinem Ort aufhalten würdest und einen Brief eines sterblichen Kaisers erhalten würdest, dann würdest du sicher nicht rasten noch ruhen noch deinen Augen Schlaf gönnen, solange du nicht weißt, was dir der irdische Herrscher geschrieben hat. Der Herr des Himmels, der Gebieter der Menschen und Engel, hat dir für dein Leben seine Informationen zustellen lassen, und doch bemühst du dich nicht, sie mit brennendem Verlangen zu lesen, mein ehrgeiziger Sohn. Sei also, bitte, bestrebt, täglich die Worte deines Schöpfers zu meditieren. Lerne im Wort Gottes das Herz Gottes kennen, damit dein Herz vor größerer Sehnsucht nach den Freuden des Himmels brennt. Umso größere Ruhe wird ihm dann einmal beschieden sein, je weniger Ruhe ihm jetzt aus Liebe zu seinem Schöpfer gewährt wird.

Gregor der Große

Sich entzünden lassen

Wenn wir die Heilige Schrift lesen, dann bedenken wir das Wort Gottes und haben den Sohn Gottes rätselhaft und wie in einem Spiegel vor Augen. Und in der Tat, wenn wir aufmerksame Leser und Hörer der Lesung sind, werden wir beim Lesen und Hören gleichsam in Brand gesetzt, lesend und hörend gehen wir der Liebe Gottes entgegen. Kommt uns denn nicht aus der Heiligen Schrift die Liebe Gottes entgegen? Was ist die Liebe Gottes anderes … als der Heilige Geist?

Rupert von Deutz

Im Garten Gottes

Ihr, die ihr Tag und Nacht über das Gesetz Gottes nach-
sinnt, wohnt gleichsam in einem Garten. So viele Bücher
ihr lest, so viele Gärten durchwandert ihr; so viele Lehren
ihr aufnehmt, so viele Früchte pflückt ihr. Selig sind die, für
die alle alten und neuen Früchte aufbewahrt sind, das heißt,
denen die Aussprüche der Propheten ebenso wie die der
Evangelisten und Apostel bereitgestellt wurden, so dass jenes Wort der Braut an den Bräutigam für jeden von euch
gesagt zu sein scheint: Alle Früchte, die frischen und die
vom Vorjahr, für dich hab ich sie aufgehoben, Geliebter
(Hld. 7,14).

Guerric von Igny

Süßer als Honig

Die reine Seele durcheilt wie eine Biene das Feld der Heiligen Schrift in beständiger Meditation. Dort sammelt sie in
den Worten und nach dem Beispiel der Heiligen bestimmte
geistliche Blüten, die in ihrem Herzen einen süßen himmlischen Duft hervorbringen. Sie erfährt, dass der Geist des
Herrn süßer als Honig ist.

Aelred von Rievaulx

Die Flügel der Kontemplation

Du, der du den Kuss der göttlichen Wahrheit in der glück-
lichsten Liebe suchst, öffne dich und sieh, der Herr ist süß
(Ps 45,11). Diese Sehnsucht ist nicht menschlich, sondern
wird nur den Bräuten gewährt, die Gott keusch lieben.
Wenn du fühlst, dass du für die göttliche Liebe entbrennst

durch die Worte der Heiligen Schrift, besonders und am leichtesten durch die, die die Schau Gottes betreffen, sollst du nicht zweifeln, Braut zu heißen.

Lies diese Worte immer wieder, besonders wenn dein Geist von himmlischer Sehnsucht entzündet ist, denn zu Recht soll der, der im tätigen Leben erprobt ist, die Flügel der Kontemplation schwingen.

Johannes von Fécamps

Schnell, beharrlich, mit Kraft

Im Werk erfülle sie (efficaciter conple). Zu diesen beiden Worten gibt es kaum Parallelen in der Bibel und patristischen Literatur. Wir dürfen darin eine Charakterisierung des Autors sehen. Was nützt alles Sich-Öffnen, wenn daraus keine Umsetzung ins Werk erfolgt? Vor der Tat liegt das Horchen, aber Horchen im Vollsinn soll Tun mit beinhalten. Efficaciter – darin liegt eine gewisse Energie; nicht halb, nicht lau, sondern schnell, beharrlich, mit Kraft soll es in die Tat umgesetzt werden. Benedikt will keine Theorie entwerfen, sondern praktisch zum Tun aneifern. Man erinnert sich an den Jakobusbrief, der ermahnt, nicht nur Hörer, sondern Vollbringer des Wortes zu sein *(Jak. 1,19–25).* Man kann diesen ersten Vers mit *Lk 11,28,* dem Wort Jesu über Maria, vergleichen: »Selig, die das Wort Gottes hören und es befolgen.« Sie ist die Horchende, die ihr Ohr willig neigte und das Wort Gottes in sich aufnahm. – In diesem ersten Vers ist auch die Spiritualität der lectio divina (= Lesung der Heiligen Schrift) ausgedrückt. Nach dem alten Mönchtum bedeutet es ebendies: Raum schaffen für das Wort, das Ohr an der Heiligen Schrift haben, es in die Mitte des Herzens aufnehmen, es darin bewahren und Frucht bringen lassen, so dass es in alle Venen hineindringt und im Alltag Fleisch wird. Die Regel Benedikts will zu diesem Verhalten gegenüber dem Wort Gottes anleiten.

Aquinata Böckmann

Sich durchdringen lassen

Wenn wir beten, sprechen wir mit Gott; wenn wir lesen, spricht Gott zu uns. Jeder Fortschritt kommt vom Lesen und Meditieren.

Es geschieht oft, dass jemand den mystischen Sinn der Worte der Heiligen Schrift durch die Gnade aufnimmt, wenn derjenige selbst, durch die Gnade der himmlischen Kontemplation entflammt, sich den himmlischen Dingen verschreibt. Die wunderbare und unaussprechliche Macht des Heiligen Wortes wird erkannt, wenn die Geistseele des Lesers von der Liebe aus den Höhen durchdrungen ist.

Smaragd von St. Mihiel

Benediktinische Gastfreundschaft – alle Fremden, die kommen, sollen aufgenommen werden wie Christus

Die Regeln der Gastfreundschaft

Alle Fremden, die kommen, sollen aufgenommen werden wie Christus; denn er wird sagen: »Ich war fremd, und ihr habt mich aufgenommen.« *(Mt 25,35)* Allen erweise man die angemessene Ehre, besonders den Brüdern im Glauben und den Pilgern. Sobald ein Gast gemeldet wird, sollen ihm daher der Obere und die Brüder voll dienstbereiter Liebe entgegeneilen. Zuerst sollen sie miteinander beten und dann als Zeichen der Gemeinschaft den Friedenskuss austauschen. Diesen Friedenskuss darf man wegen der Täuschungen des Teufels erst nach dem Gebet geben. Allen Gästen begegne man bei der Begrüßung und beim Abschied in tiefer Demut: Man verneige sich, werfe sich ganz zu Boden und verehre so in ihnen Christus, der in Wahrheit aufgenommen wird. Hat man die Gäste aufgenommen, nehme man sie mit zum Gebet; dann setze sich der Obere zu ihnen oder ein Bruder, dem er es aufträgt. Man lese dem Gast die Weisung Gottes vor, um ihn im Glauben zu erbauen; dann nehme man sich mit aller Aufmerksamkeit gastfreundlich seiner an. Das Fasten breche der Obere dem Gast zuliebe, nur nicht an einem allgemein vorgeschriebenen Fasttag, der eingehalten werden muss. Die Brüder aber fasten wie gewohnt. Der Abt gieße den Gästen Wasser über die Hände; Abt und Brüder zusammen sollen allen Gästen die Füße waschen. Nach der Fußwaschung beten sie den Psalmvers: »Wir haben, o Gott, deine Barmherzigkeit aufgenommen inmitten deines Tempels.« *(Ps 48,10)* Vor allem bei der Aufnahme von Armen und Fremden zeige man Eifer und Sorge, denn besonders in ihnen wird Christus aufgenommen. Das Auftreten der Reichen verschafft sich ja von selbst Beachtung. Abt und Gäste sollen eine eigene Küche haben; so stören Gäste, die unvorhergesehen kommen und dem Kloster nie fehlen, die Brüder nicht.

Regula Benedicti 53

Damit der Fremde zum Freund wird

Einige Überlegungen zum Wortsinn von Philoxenia – Hospitalitas – Gastfreundschaft. Xenos (lateinisch: peregrinus, hospes, hostis) ist der Fremde, der einmal zum bedrohenden

Feind (hostis), aber durch die Liebe auch zum Gast (hospes) werden kann. Der Fremde lebt fern von seiner Heimat und ist angewiesen auf Liebe und Schutz. Philoxenia (Hospitalitas) ist im Unterschied zur allgemeinen Menschenliebe, zur Freundes-, Kindes- und Elternliebe diejenige Liebe, die sich zum Fremden hin ausstreckt. Philoxenia ist die Bewegung, in der wir auf den Fremden zugehen, ihn einlassen, so dass er durch unsere Liebe und Freundlichkeit zum Freund wird. Diese Liebe überwindet den Graben, den die natürlichen Gefühle zum Fremden hin entstehen lassen. »Aus Fremden werden Freunde« – das ist genau der Vorgang der Hospitalitas. Es ist keine Beziehung von Kaufen und Bezahlen, sondern von freiem Schenken und Schenkenlassen.

Henry Nouwen sieht in diesem Begriff ein Sinnmodell all unserer Aufgaben am Menschen und meint, gerade er könne eine neue Dimension bieten für unser Verständnis von heilenden Beziehungen; Hospitalitas sei eine grundsätzliche Haltung zum Mitmenschen, die in sehr verschiedener Weise ausgedrückt werden könne. Die erste Bewegung ist nicht, auf jemanden einzureden, sondern ihn einzuladen, einzulassen. Das verlangt, offen zu sein für Unerwartetes, für Risiko, und setzt voraus, selbst bei sich daheim zu sein, die krampfhafte Angst um Selbstbewahrung aufgegeben zu haben. Wer so die eigene Identität gefunden hat, kann ganz präsent sein, teilen, dienen und Orientierungshilfe geben. Hospitalitas bereichert beide Partner. Im Fremden erkennt man ein Spiegelbild des eigenen Selbst. Auch der Helfer ist auf dem Wege, auch er bedarf existenziell der Hilfe. So wird er eher bereit, vom Fremden zu empfangen und die Hände aufzuhalten zum Geschenk, das der Andere bringt und selber ist.

Aquinata Böckmann

Auf den Kopf gestellt

Der Umgang mit Fremden ist ein brisantes politisches und gesellschaftliches Problem, mit dem sich die Staaten Europas in ihrer Zuwanderungs- und Asylpolitik zunehmend beschäftigen müssen. Dass es damals nicht leicht gefallen ist, beweist das 53. Kapitel über die Gastfreundschaft, eines der längsten und eindringlichsten Regelkapitel. Die Gastfreundschaft ist eines der zentralen Anliegen und prägt das benediktinische Selbstverständnis. Zur Klientel der Mönche auf dem Monte Cassino gehörten Römer, Goten und Langobarden, Flüchtlinge und Bettler, Reiche und Einflussreiche, Besiegte und Machthaber, Bischöfe und fremde Mönche, Äbte und Priester, Pilger und Leute aus der Umgebung, auch Kinder.

Für alle gilt: Sie sollen aufgenommen werden wie Christus. Mit dem ausdrücklichen Zitat des Herrenwortes »Ich war fremd, und ihr habt mich aufgenommen« *(Mt 25,35)* gibt Regula Benedicti 53 das leitende Interesse für die Fremdenaufnahme und die Gastfreundschaft an. Es geht Benedikt um die Einstellung zu jedem Menschen aufgrund seiner wie auch immer ausgeprägten Zugehörigkeit zu Christus.

Solche Ehrfurcht gebührt gerade den Allerärmsten: »… denn besonders in ihnen wird Christus aufgenommen« (Regula Benedicti 53,15).

Die Sicht Benedikts kehrt die normale Wertung geradezu um: Nicht dem Gast wird Ehre erwiesen, vielmehr erweist der Gast der klösterlichen Gemeinschaft Ehre, weil er die Gegenwart Gottes zu den Brüdern trägt. Sie sind die Geehrten, weil im Gast die Barmherzigkeit Gottes aufgenommen wird und in der Gemeinschaft bleibt (vgl. Regula Benedicti 53,14).

Michaela Puzicha

Mensch werden durch Begegnung

Wenn Benedikt sagt, die Mönche und der Abt sollen sich vor dem Gast ganz zu Boden neigen, dann heißt das, dass wir selber Kontakt mit unserem Menschsein finden müssen, damit menschliche Begegnung mit anderen gelingen kann. Das heißt, dass ich mir meiner Menschlichkeiten und Unmenschlichkeiten bewusst werden muss. Diese erste Begegnung mit einem Anderen wird immer auch geprägt sein von Unruhe, von Angst und Unsicherheit. Deshalb ist die erste Regel der Gastfreundschaft, sich selber und dem Anderen durch Menschlichkeit neue Sicherheit zu geben. Benedikt tut das auf seine Weise. Er will den Glauben des Gastes aufbauen. Es wird an mir sein, diese Anweisung zu übersetzen. Wie kann ich den Glauben eines Menschen sichern? Wie kann ich ihm in dieser Begegnung mit mir Sicherheit für sein Leben geben, mag er auch noch so sehr verunsichert sein oder nach außen hin Sicherheit vortäuschen?

Johannes Pausch

Über die Würde des Fremden

In den Gästen soll also Christus geradezu angebetet werden, wie Benedikt ausdrücklich sagt: Das Niederfallen zur Erde ist die Geste der Anbetung. Und als könnte man diese Hinweise zu oberflächlich oder nicht ganz so ernst gemeint betrachten, fügt er noch ausdrücklich hinzu, dass Christus »ja auch wirklich in ihnen aufgenommen wird«.
Diese Worte lassen an Deutlichkeit nichts zu wünschen übrig. Von Christus her kommt dem Gast eine Würde zu, welche die Mönche bis in ihre Gestik und ihre Umgangsformen ernst zu nehmen haben. Hier liegt auch der eigentliche

Grund für die viel besungene benediktinische Gastfreundschaft. Sie gründet sich nicht auf einer gewissen Leutseligkeit oder Weltoffenheit, sie hat auch zunächst nichts zu tun mit einem pastoralen Interesse an den Menschen, die zu Gast kommen. Die Gäste sollen deshalb mit so großer Ehrerbietung behandelt werden, weil in ihnen nicht nur Christus gelegentlich mal den Mönchen begegnen könnte, so wie er gelegentlich mal durch diesen oder jenen Menschen seinen Willen kundtun kann, sondern weil in jedem Menschen, der kommt, Christus aufgenommen werden will, ganz gleich, was für ein Mensch der Gast auch sei. Wer auch immer auf die Mönche zukommt, er soll wie Christus selbst behandelt werden. Gastfreundschaft ist hier Ausdruck einer tiefen christlichen Ehrfurcht vor der Würde jedes Menschen, der auf einen zukommt.

Anselm Grün/Fidelis Ruppert

Gastfreundschaft praktisch

Benedikt erweist sich als ein großer Lebenspraktiker. Er belässt es nicht nur beim Wort, das er dem Anderen gibt. Er will, dass alle sich mit größter Aufmerksamkeit des Gastes annehmen, und gibt dabei ganz einfache Anweisungen. Man soll für ihn ein gutes Essen machen. Sogar das Fasten soll man wegen des Gastes brechen. Der Abt und die Brüder sollen den Gästen die Hände und die Füße waschen und dabei beten und glauben, dass sie selber durch diese Handlung die Barmherzigkeit Gottes erfahren haben. Außerdem sagt er, dass bei der Aufnahme der Gäste nicht auf das Äußere, auf Reichtum und Ansehen geachtet werden soll, sondern dass vor allem die Armen und die Fremden mit großem Eifer und großer Sorgfalt aufgenommen werden sollen. So merkwürdig es ist, der Ausdruck der Gottessehnsucht eines Menschen, seine Sehnsucht insgesamt ist die Menschlichkeit und der menschliche Umgang. Allzu leicht verwechseln wir Menschlichkeit mit Betulichkeit. Das ist nicht gemeint. Gefordert wird, dass ich als Mensch einem Anderen in seinem Menschsein wirklich begegne. Dass dabei gutes Essen und praktische Annehmlichkeit eine Rolle spielen, ist keine Übertreibung, sondern einfache Notwendigkeit. Wie gut ist es, wenn ich hungrig in ein Haus komme, dass ich nicht zum Fasten, sondern zum Essen eingeladen werde. Wie gut ist es, wenn ein Anderer meine Hände, mein Handeln und Tun, und auch meine Füße, meine Bewegung und mein Unterwegssein, in seine Hände und damit auch in sein Herz hineinnimmt.

So verstandene Gastfreundschaft ist nicht nur ein äußeres Bewirten und Versorgen eines Menschen, sondern es ist ein echtes Anteilnehmen und Anteilgeben an der Person, vor allem an seiner Fremdheit und seiner Armut, mag sie auch noch so versteckt und sein Verhalten noch so verschroben sein. Wir überspielen häufig die Armut und die Fremdheit im eigenen Leben und im Leben des Anderen. Wir wollen sie nicht wahrhaben. Aber die Armut und die Fremdheit geben uns die Möglichkeit des Vertrautwerdens, wenn wir sie annehmen. Armut und Fremdheit sind die Einfallspforten für menschliches Handeln. Natürlich kann ich solches Handeln immer auch als Belastung sehen, wenn ich keine Beziehung zu dem Fremden und dem Gast aufbaue. Wenn es mir aber gelingt, die Chance zu erfassen, die mir der Fremde und das Fremde in meinem Leben gibt, werde ich selbst als Mensch lebendiger und menschlicher. Immer wieder erschüttert es mich tief, wenn Menschen Gewalt gegen Ausländer ausüben, sie schlagen, verprügeln, ja sogar ermorden. Diese Menschen hassen das Fremde, haben wohl auch Angst vor dem Fremden in sich selbst und sind ganz sicher in jeder Weise beziehungslos. Beziehungslosigkeit ist die Basis für

Gewalt bis hin zum Mord. Wer das Menschsein des Anderen nicht annehmen kann, vernichtet auch sein eigenes Menschsein.

Ich möchte nicht mit dem Finger auf diese Menschen zeigen, sondern frage mich, wie es mir möglich ist, nicht auf dem Leib und auf der Seele eines Anderen herumzutrampeln und fähig zu werden, die Hände und Füße des Anderen, sein Handeln und seinen Weg in meine eigenen Hände zu nehmen, um mir und ihm und in dieser Begegnung ganz sicher auch Gott zu begegnen. Gastfreundschaft braucht also auch das gute Maß, damit niemand sich durch Gäste überfordert fühlt. Auch Benedikt kennt diese Gefährdung durch Überforderung.

Johannes Pausch

Weisheit ist erforderlich

Ein Organisationshinweis Benedikts ist, dass die Betten in den Gästezimmern des Klosters von einem Weisen weise verwaltet werden. Natürlich ist es wichtig, dass die Räume für die Gäste sauber, ordentlich und freundlich gestaltet sind. Aber noch mehr ist es eine Notwendigkeit, dass diese Gastfreundschaft wirklich mit Weisheit geleistet wird. Nicht ein Technokrat, nicht eine perfekte Putzfrau soll den Raum für die Ruhe der Gäste vorbereiten, sondern ein weiser Mensch. Ein solcher weiß, dass der Andere, der unterwegs ist, ganz gleich wie lange und unter welchen Bedingungen, einen Ort der Ruhe braucht. Wenn ich selber diese Weisheit der inneren Ruhe nicht beachte, werde ich auch den Gast, der mich besucht, nicht in Ruhe lassen können. Nur ein Mensch, der in seinem Herzen selbst Ruhe gefunden hat, kann dem Anderen Ruhe gewähren. Deshalb ist es wichtig, nicht nur äußerlich ein Bett oder einen Stuhl anzubieten,

sondern dies mit der inneren Überzeugung zu tun, dass zum
Menschwerden diese innere Ruhe gehört.

Johannes Pausch

Feinfühlig sein

Die dritte Ordnungsregel der Gastfreundschaft des hl. Benedikt heißt, dass nur die mit den Gästen sprechen sollen, die dazu einen Auftrag haben. Die Anderen sollen um den Segen des Gastes bitten. Jeder von uns weiß, dass man auch einen Gast mit ungeordneter und überbordender Kommunikation erdrücken kann. Oft geschieht es, dass ich als Gast bei einem Menschen oder in einer Familie innerhalb weniger Minuten mit allen Sorgen, Nöten, Konflikten und ungelösten Problemen meiner Gastgeber konfrontiert bin. Ich glaube, es gehört zu den rücksichtsvollsten menschlichen Eigenschaften, einen Gast nicht sofort und immer mit allen eigenen Fragen und Anliegen zu belasten.

Das Wesentliche, das mir der Gast geben kann, ist sein Segen, sein gutes Wort. Dazu braucht es den Freiraum des Schweigens und des aufmerksamen Hörens. Das heißt nicht, dass ich in Verbitterung verstumme, sondern dass ich durch meine Aufmerksamkeit und Offenheit und auch mein Schweigen und Zuhören dem Gast einen inneren und äußeren Raum zur Ruhe, zum Denken und zum Sprechen gebe. In diesem Freiraum muss ich nicht Angst haben, dass ich zu kurz komme, denn der Freiraum für den Gast gibt mir selbst auch Freiheit.

Johannes Pausch

Gott selbst schickt den Fremden

Die Freundlichkeit hat mit der Furcht Gottes zu tun. Die
Furcht Gottes meint nicht Angst vor Gott, sondern vielmehr eine Haltung, in der ich mich betreffen und berühren
lasse von Gott. Im Gast soll der Pförtner sich also von Gott
selbst berühren lassen. Er soll Gott danken, wenn ein Fremder kommt oder ein Bettler um etwas bittet. Aus dieser Anweisung spricht die tiefe Ehrfurcht, die Benedikt Menschen
gegenüber zeigt, die zum Kloster kommen. Gott selbst
schickt sie, und in ihnen begegnet der Mönch Christus
selbst. Starez Siluan, der im letzten Jahrhundert auf dem
Berg Athos lebte, formuliert diese Erfahrung, dass Gott
uns den Bruder schenkt, damit wir ihm darin begegnen:
»Selig, wer seinen Bruder liebt, denn unser Bruder ist unser
Leben.«

Anselm Grün/Fidelis Ruppert

Liebe gegen Angst

Das Erste, das Benedikt seinen Mönchen rät, ist, dass sie
einem Gast mit großer Liebe entgegengehen sollen. Sie sollen mit ihm beten und dann den Friedensgruß tauschen. Der
Fremde und das Fremde in und außerhalb von mir macht
zuerst einmal Angst und hält mich zurück, einen Schritt
nach vorne zu tun. Wenn es mir gelingt, meine eigene Position zu verlassen, eine neue Perspektive zu gewinnen, auf-
zubrechen und neu zu werden, den ersten Schritt auf jemanden oder etwas zu zu tun, dann ereignet sich in mir schon
das Wunder der Verwandlung. Ich verlasse mich nicht mehr
auf meinen gesicherten Platz, sondern ich gehe auf jemanden zu, um mit ihm in Kontakt zu treten. Die Basis echter
Begegnung ist die Bereitschaft, die eigene äußere Position zu

verlassen, um eine neue gemeinsame innere Basis zu suchen und zu finden. Wenn Benedikt sagt, dass wir mit dem Gast beten sollen, dann heißt das für mich, dass wir versuchen müssen, mit ihm eine gemeinsame spirituelle, geistliche Basis zu finden, um eine innere Basis des Friedens und des Verstehens zu haben. Wenn es mir nicht gelingt, mit einem Menschen dies zu entwickeln, werden sich immer wieder Angst und Misstrauen einschleichen. Ich brauche den inneren Frieden mit jemandem, um ihn bei mir und in mir, in meinem Haus, in meinen Gedanken, in meinen Gefühlen aufzunehmen und ihm Platz zu geben. Wahrscheinlich sind wir oft zu schnell bereit, jemanden zu umarmen. Wir erdrücken ihn vielleicht mit unserer Liebe und ignorieren damit auch die tatsächlich vorhandenen Differenzen. Wenn ich aber versuche, diese in mir und mit anderen zu erkennen, ist es möglich, eine gemeinsame Basis zu finden.

Johannes Pausch

Die Pax Benedictina – suche den Frieden und jage ihm nach!

In seiner Güte

Meide das Böse und tu das Gute; suche den Frieden und jage ihm nach! *(Ps 34,16)* Wenn ihr das tut, blicken meine Augen auf euch, und meine Ohren hören auf eure Gebete; und noch bevor ihr zu mir ruft, sage ich euch: »Seht, ich bin da.« Liebe Brüder, was kann beglückender für uns sein als dieses Wort des Herrn, der uns einlädt? Seht, in seiner Güte zeigt uns der Herr den Weg des Lebens.

Regula Benedicti, Prolog 17–20

In Frieden leben

Sehr treffend heißt es: »Selig die Friedensstifter, denn sie werden Kinder Gottes heißen« *(Mt 5,9)*. In Frieden lebt der Mensch, der Gutes mit Gutem vergilt und, soviel an ihm liegt, niemand schädigen will. Ein Anderer ist geduldig, der nicht Böses mit Bösem vergilt und auch imstande ist, den Feind geduldig zu ertragen. Ein Friedensstifter aber ist, der Böses mit Gutem vergilt und bereit ist, sogar dem Feind zu nützen. Der Erste ist wie ein Kind und nimmt rasch Ärgernis. Ein solcher Mensch kann in dieser bösen, an Ärgernissen reichen Welt nicht leicht das Heil erlangen. Der Zweite besitzt, wie geschrieben steht, eine eigene Seele durch die eigene Geduld *(Lk 21,19)*. Der Dritte besitzt nicht nur seine Seele, sondern gewinnt auch die Seelen vieler *(vgl. 1 Kor 9,19)*. Der Erste hat den Frieden, soviel an ihm liegt. Der Zweite bewahrt den Frieden, der Dritte schafft den Frieden. Mit Recht also wird der mit dem Namen Kind selig gepriesen, weil er die Aufgaben eines Kindes erfüllt, indem er nach seiner Versöhnung mit Gott dankbaren Herzens auch andere mit seinem Vater versöhnt. Denn wer seinen Dienst gut geleistet hat, wird sich einen guten Platz erwerben *(1 Tim 3,13)*. Im Hause des Vaters gibt es keinen besseren Platz als den des Kindes. »Wenn wir aber Kinder sind, dann sind wir auch Erben, Gottes Erben und zugleich Miterben Christi« *(Röm 8,17)*, auf dass, wie er selbst sagt, der Diener dort sei, wo er selber ist *(Joh 12,26)*.

Bernhard von Clairvaux

Der heilige Weg der Versöhnung

Herr Jesus Christus, der du uns geboten hast, nicht Böses mit Bösem zu vergelten, sondern für die zu beten, die uns hassen und beneiden, mach, dass wir durch das Beispiel des Heiligen Geistes unsere Feinde lieben und insbesondere für sie beten. Mach, o Christus, Sohn Gottes, dass unser Gebet für die aufrichtig sei, von denen du weißt, dass sie uns Böses angetan haben.

Wenn wir in irgendeiner Weise der Grund gewesen sind für die Beleidigungen, die sie uns angetan haben, dann bessere uns und ebne uns den Weg zu einer heiligen Versöhnung. Mach, dass ihr Zorn nicht immer weiter gegen uns glühe, sondern befreie sie und uns von der bösen Gewalt des Hasses, auf dass wir bereit sind, die Vergehen auf beiden Seiten wiedergutzumachen. Mach, dass der Friede Gottes unser Herz und unseren Verstand lenke, jetzt und in alle Ewigkeit.

Anselm von Canterbury

Der Prozess der Versöhnung

Doch die Vergebung ist nicht ein bloßer Willensakt. Sie ist auch ein Prozess, der Zeit braucht. Dieser Prozess geht in vier Schritten: Zuerst muss ich den Schmerz nochmals zulassen, ohne den Anderen, der mich verletzt hat, vorschnell zu entschuldigen. Der zweite Schritt besteht darin, die Wut zuzulassen. Die Wut ist die Kraft, mich vom Anderen zu distanzieren. Der dritte Schritt besteht darin, objektiv wahrzunehmen, was in der Verletzung geschehen ist, warum der Andere sich so verhalten hat, was sein Hintergrund sein könnte und warum es mich so verletzt hat. Wenn ich die Situation verstehe, kann ich besser damit umgehen. Der vierte Schritt ist dann die Vergebung. Vergebung ist ein aktives Tun. Ich befreie mich von der Verletzung des Anderen. Ich lasse sie los. Wer nicht vergeben kann, ist noch an den Anderen gebunden.

Anselm Grün/Fidelis Ruppert

Erziehung zum Frieden

Die Zeit Benedikts war, von wenigen Jahren relativer Ruhe in Mittelitalien abgesehen, eine Zeit radikaler politischer und sozialer Zusammenbrüche, Umschichtungen und Untergänge, eine Zeit langwieriger militärischer Auseinandersetzungen. Mit seiner Regel hat er allerdings keine Abhandlung über den Frieden geschrieben, ihn vielmehr mitten im Alltag plaziert, die kleinen Schritte im alltäglichen Leben, die helfen, Unheil, Unrecht und Böses zu überwinden. »Suche den Frieden und jage ihm nach!«, zitiert er schon im Prolog seiner Regel den Psalmisten *(Ps 34,15).* Die Wahrung des Friedens ist nicht nur die Abwesenheit von Streit, sondern eine innere Haltung, die benediktinisches Leben formt und eine menschlich reife Kultur des gemeinsamen Lebens ermöglicht.

Dieser alltägliche Friede hat für Benedikt als Voraussetzung die Gerechtigkeit. Sie meint nicht: Für alle dasselbe, sondern seine Regel orientiert sich an dem, was jeder braucht, wie es ein jeder nötig hat. Das kann nach Maß und Inhalt sehr unterschiedlich sein. Erziehung zum Frieden heißt daher für ihn: Alle müssen verantwortlich mit dem umgehen, was sie brauchen, müssen wissen und abschätzen, was sie nicht brauchen, und es doch den anderen zugestehen. »So werden alle miteinander in Frieden bleiben« (Regula Benedicti 34,5). Zu diesem Frieden gehört der Weg der Versöhnung … Auch hier geht es um einen Prozess. Benedikt spricht davon aus Erfahrung und ermutigt seine Mönche, »mit dem Kontrahenten«, mit dem also, mit dem man gestritten hat, »noch vor Sonnenuntergang in den Frieden zurückzukehren« (Regula Benedicti 4,73). Das muss nicht als Zeitmaß verstanden werden, aber doch als Absehbarkeit des Friedensschlusses.

Michaela Puzicha

Einander annehmen

Wenn ich den Anderen im Danken annehme, so ermögliche ich es ihm, nun sich selbst anzunehmen. Denn oft ist er ja nur deswegen zu mir so stachelig und feindselig, weil er sich selbst nicht annehmen kann, weil er seine Fehler und Schwächen auf mich projiziert und sie bei mir bekämpft. Feindschaft entsteht ja zumeist aus der Projektion der eigenen Schattenseiten in den Anderen. Letztlich bekämpft man im Anderen immer sich selbst. Das Danken ermöglicht es dem Anderen, seine Projektion zurückzunehmen. Wenn er sich angenommen fühlt, kann er sich nun selbst mit seinen Schattenseiten annehmen und braucht sie nicht mehr in mir zu bekämpfen. Das gilt jedoch auch für uns selbst. Wir können den Feind, der uns von außen begegnet, nur lieben, wenn wir den Feind in uns lieben.

Anselm Grün/Fidelis Ruppert

Schweigen

Die Zunge im Zaum halten

Die neunte Stufe der Demut: Der Mönch hält seine Zunge vom Reden zurück, verharrt in der Schweigsamkeit und redet nicht, bis er gefragt wird. Zeigt doch die Schrift: »Bei vielem Reden entgeht man der Sünde nicht.« – »Der Schwätzer hat keine Richtung auf Erden.«

Regula Benedicti 7,56–57

Müßiges Geschwätz verbieten wir

Tun wir, was der Prophet sagt: »Ich sprach, ich will auf meine Wege achten, damit ich mich meiner Zunge nicht verfehle. Ich stellte eine Wache vor meinen Mund, ich verstummte, demütigte mich und schwieg sogar vom Guten.« Hier zeigt der Prophet: Man soll der Schweigsamkeit zuliebe bisweilen sogar auf gute Gespräche verzichten. Umso mehr müssen wir wegen der Bestrafung der Sünde von bösen Worten lassen.

Mag es sich also um noch so gute, heilige und aufbauende Gespräche handeln, vollkommenen Jüngern werde nur selten das Reden erlaubt wegen der Bedeutung der Schweigsamkeit. Steht doch geschrieben: »Beim vielen Reden wirst du der Sünde nicht entgehen«, und an anderer Stelle: »Tod und Leben stehen in der Macht der Zunge.« Denn Reden und Lehren kommen dem Meister zu, Schweigen und Hören dem Jünger. Muss man den Oberen um etwas bitten, soll es in aller Demut und ehrfürchtiger Unterordnung erbeten werden. Albernheiten aber, müßiges und zum Gelächter reizendes Geschwätz verbannen und verbieten wir für immer und überall. Wir gestatten nicht, dass der Jünger zu solchem Gerede den Mund öffne.

Regula Benedicti 6

Sich der Stille aussetzen

Der vielleicht größte deutsche Lyriker des 20. Jahrhunderts, Gottfried Benn, schreibt: »Wer allein ist, ist auch im Geheimnis.« Im Alleinsein, will er damit sagen, also im Erlebnis der Stille, der Auslöschung von Außenreizen, der Konzentration, erschließt sich uns jene Sphäre, die auch den Menschen ausmacht, obwohl sie mit seinem »Funktionieren« wenig zu tun hat, ihm möglicherweise sogar hinderlich ist: die Sphäre des Spirituellen, Metaphysischen, Religiösen nämlich. Und schon Luther wusste, dass es die lieben Mitmenschen und der Zwang, auf sie zu reagieren, sind, die uns die »Unmittelbarkeit zu Gott« unmöglich machen: »Wer unter Menschen geht, zu dem kommen die Engel nicht«, hat er einmal gesagt.

Tilman Krause

Richtig schweigen

Die größte Gefahr des unbedachten Redens ist z. B. Ablenkung, Flucht vor dem, was in mir ist, oder ein falsches Wort, das innere Unruhe zur Folge hat. Hildegard von Bingen hat zur Regel des heiligen Benedikt eine Auslegung – explanatio – geschrieben. Sie sagt: »Aber da es fast unmenschlich ist, dass der Mensch immer die Schweigsamkeit übt und nicht redet, überlässt es der Vater der Unterscheidungsgabe und der Macht des Abtes – wie er auch in anderen Fällen dem Abt die Entscheidung überlässt –, für seine Jünger die angemessene Stunde zu bestimmen, zu der sie das, was würdig und notwendig ist, miteinander besprechen. So empfinden sie keinen Überdruss durch unmäßiges Schweigen. Denn wenn das Reden miteinander auf diese Weise erlaubt wird, können sie nachher noch angemessener und ernsthafter auf die Schweigsamkeit und Stille achten und sich in Zucht nehmen« (Auslegung, S. 37). Nur zu schweigen ist unmenschlich – das weiß Benedikt; das weiß auch Hildegard. Es geht hier um das rechte Maß, um die discretio. Ein Schweigen ohne rechtes Maß ist unmenschlich, inhumanum. Es führt zu Überdruss und Ekel. In Hildegards Denken kommt hier die Menschwerdung Christi, des Wortes Gottes, zum Tragen: Das menschliche Wort soll gemeinschaftsstiftend, aufeinander bezogen sein, aus der Notwendigkeit heraus kommen (Not wendend sein) und aus der Liebe und Güte zueinander (Auslegung, S. 21). Dann kann auch das Schweigen ein gutes Schweigen werden bzw. sein. Aber all dies wächst wiederum aus einer engen Gottverbundenheit, einem starken Vertrauen auf Gott. So wird das Schweigen zum Raum des Wortes. Erst durch das Schweigen kommt das Wort zur Geltung: ein Schweigen, eine wohltuende Stille, in der Gott der Urgrund ist.

Lydia Stritzl

Der Filter des Schweigens

»Du hast die Worte der Vernünftigkeit noch nicht durchgesiebt. Wie eine Heuschrecke springst du dahin, hierher, dorthin. Wie Schneegestöber wirst du irgendwohin gewirbelt. Von der Speise der Weisheit hast du noch keinen Brocken gekostet, auch nichts vom Getränk wirklicher Maßhaltung genossen. Dein Leben gleicht gewissen Vögeln, die nirgends ein sicheres Nest und eine Heimat finden können …, und nirgendwo wirst du jemals zur Ruhe kommen.«

Hildegard von Bingen

Wieder Lesen lernen

In der Antike und im Mittelalter wurde noch eine Lesetechnik praktiziert, die ganz im Kontrast zu unserer heutigen steht: Man las in der Stille der Klosterzelle in einem ganz anderen praktischen Kontext, nicht wie heute hauptsächlich mit den Augen, sondern mit den Lippen, indem man das, was man sah, vor sich hin sagte, halblaut sprach und mit den Ohren dem gesprochenen Wort zuhörte. Man pflegte also das akustische Lesen. Legere, lesen, bedeutete gleichzeitig audire, hören. Da fallen dann Formulierungen wie: in lectione audio. Durch die akustische Lektüre werden im Menschen alle Sinne geweckt. Augen, Mund und Gehör werden in Aktion gesetzt. Lesen wird dann wie z. B. auch das Singen eine Aktion des ganzen Leibes, der den Geist ergreift und in Anspruch nimmt. Diese Technik entspricht dem Ursprung und dem Wesen des Wortes: Es wird von einer Person entsendet, an eine andere gerichtet und von ihr im Hören aufgenommen. Durch das akustische Lesen wird das geschriebene Wort lebendig und wieder neu zu einer Art dialogischen Geschehens. Hören ist ja in sich ein dialogisches Geschehen. Das gesprochene oder geschriebene Wort wird entsendet, entbindet dann unser Hören, macht uns zu Hörern des Wortes. Im Wort der Hl. Schrift spricht Gott selbst zu uns und macht uns dadurch zu Gott-zu-Gehörigen. Gott sandte sein Wort und sendet es heute noch jeweils in eine ganz konkrete geschichtliche Situation. Die Hl. Schrift ist der bevorzugte Ort der Begegnung mit Gott. Dem liegt eine tiefe Glaubensüberzeugung zugrunde, auf die hin auch wir uns prüfen müssten.

Christiane Rath

Ein Leben in Schweigen und Hören

Stille sagt mir nichts, hört man. Dabei kann ihre Gewalt verändern. Im Schweigen findet der Mönch zu sich selber, nimmt sich selbst ganz wahr, wie er ist, und erfährt seine Einsamkeit und Einmaligkeit. So wird er frei und kann Raum schaffen für den Ruf des Herrn. Im Schweigen wird der Mönch fähig zum Hören auf seine Berufung. Je tiefer er sich dem Ruf öffnet, desto mehr wird seine ganze geistliche Haltung ein Hören, ein Horchen, das zum Gehorchen wird und somit die Antwort des Mönches auf den Anruf Gottes ist.

Schweigen ist notwendig um des Wortes willen, damit das Wort Boden, Grund und Gewicht hat. Und ein Wort ist nur dann hilfreich, wenn es aus dem Schweigen kommt und zum Schweigen zurückführt. Darum bedeutet Schweigen Fülle, nicht Leere. Schweigen heißt für den Mönch nicht, nicht reden. Es ist vielmehr geistiger Ausdruck, der den ganzen Menschen betrifft, eine Haltung des Offenseins und Empfangenkönnens.

Homepage des Benediktinerklosters Metten

Die Provokation der Stille

Neben der Möglichkeit des Gebetes mit unserer Gemeinschaft ist vielleicht das bedeutendste Angebot eines Klosters die Stille. Sie ist in heutiger Zeit eine große Herausforderung geworden. Sie ist kein negativer Leerraum, den man »auf Teufel komm heraus« mit allem (Un-)Möglichen überbrückt, sondern positiv ein Freiraum für das Eintauchen in die eigene Tiefe. Die Herausforderung der Stille ist darum die »Herauf-Förderung« dessen, was in Ihnen ist.

Einladung auf der Internet-Seite
der Benediktinerabtei Kornelimünster

Leben in Gemeinschaft

Leben und Glauben teilen

Es ist hier auf der Erde kein geringer Trost, jemanden zu
haben, mit dem du in inniger Zuneigung und in der Gemeinschaft heiliger Liebe vereint sein darfst und auf dem dein
Geist ruht. Ihm kannst du dein Herz ausschütten, kannst
zu ermutigenden Gesprächen wie zu tröstlichen Liedern
unter all den Trauergesängen deine Zuflucht nehmen und
inmitten der vielen irdischen Ärgernisse zu seiner wohl-
tuenden Freundesliebe voll Zuversicht eilen. Seinem liebenden Herzen darfst du all deine innersten Gedanken wie dir
selber ohne Zögern anvertrauen. Er weint mit dir in deinen
Ängsten, freut sich mit dir im Glück und sucht mit dir im
Zweifeln. Ja, du bist ihm dort so nahe und verbunden und
vereinigst deine Seele mit der seinen, so dass aus zweien
einer wird.

Aelred von Rievaulx

Keine Gemeinschaft von Entpersönlichten

Wie sich der hl. Benedikt die ideale klösterliche Gemein-
schaft vorstellt, sagt er in den Kapiteln 71 (Der gegenseitige
Gehorsam) und 72 (Der gute Eifer der Mönche) seiner
Regel. Die klösterliche Gemeinschaft ist kein seelenloses
Kollektiv, keine Gemeinschaft von Entpersönlichten, von
Nullen, sondern eine Gemeinschaft von Brüdern, die aufgrund des Heiligen Geistes, den sie besitzen, in Liebe einander und dem Abba Christus und dessen Stellvertreter
geeint sind. Die klösterliche Gemeinschaft ist zuletzt eine
Liebesgemeinschaft: Die Brüder, unter sich Hand in Hand
verbunden, hängen in Liebe dem Abba Christus und dem

Abt an. Ihnen folgen sie. Ihrem väterlichen Rufe leisten sie kindlichen Gehorsam. Die Brüder anerkennen gegenseitig ihre Gnadengaben, sie erheben sich nicht übereinander. Sie ertragen die unvermeidlichen Schwächen, die jedem anhaften. Die Selbstsucht darf nicht zersetzen und spalten. Die einende Liebe umfasst alle: den Abt und die Brüder. Der Abba Christus ist die alles erhellende, belebende und wärmende Sonne.

Basilius Steidle

Lernziel: Angstfrei wachsen

Die Regula Benedicti legt nahe, dass eines unserer Hauptprobleme darin besteht, dass wir nicht wissen, wo die stabilen Beziehungen zu finden sind, die uns den Raum gewähren würden, um angstfrei zu wachsen. Die Kirche, die nicht nur den Bund mit Gott, sondern den Bund miteinander darstellen sollte, vermittelt nicht immer das Gefühl einer Gemeinschaft, wo Menschen unbegrenzt Zeit haben, miteinander zu wachsen, sich zu fördern und herauszufordern. Es gibt wenig Anreiz, offen miteinander zu sein, wenn wir in einem kirchlichen Klima leben, wo politischer Konflikt und diverse Schuldzuweisungen die dominierende Münze sind. Und unabhängig davon, ob wir gläubig oder ungläubig sind, möchten wir Friedensstifter ohne jene innere Arbeit sein, die allein den Frieden zu etwas mehr als einer Waffenruhe macht.

Rowan Williams

Kirche zur Erscheinung bringen

Das ist immer schon Grundauftrag monastischer Gemeinschaften gewesen, wenn auch nicht immer im Sinne der Reflexion, wie moderne Theologie und Mönchsgeschichte sie üben. Dieser Grundauftrag war vor allem nördlich der Alpen aktuell. Gemeinsam lebende Kleriker, Missionare und Mönche machen in den weitflächigen Gesellschafts- und Herrschaftsräumen des beginnenden Mittelalters den Menschen anschaulich, was Kirche ist: gemeinsam beten, miteinander arbeiten, einander dienen. In der Pflege des Landes, im Acker- und Weinbau, durch Kultur die oft rauhe und in Wildnis wuchernde Natur zu Landschaft gestalten, die etwas von der Schöpfungsordnung Gottes widerspiegelt; durch Unterricht den Menschen bilden, wie er seine Gaben und Fähigkeiten entwickeln kann; ihm zeigen, wie er sich als Verwalter ihm anvertrauten Gutes verstehen darf.

In diesem Sinne »Kirche zur Erscheinung bringen«, das galt für den Anfang. Es gilt gerade auch heute inmitten eines weitgehend von einem im Agnostizismus zur Orientierungsweise gewordenen Menschentums und in der Weltanschauung des praktischen Materialismus der Produktions- und Konsumgesellschaft.

Ereignis und Erscheinung der Kirche sind freilich undenkbar ohne die personale Gegenwart Christi. Die alte Frage, wie allgemein menschliche und allgemein religiöse Grundgegebenheiten zu christlichen Befindlichkeiten werden, kann auch hier nicht anders beantwortet werden als mit dem Hinweis auf die personale Gegenwart Christi.

Emmanuel von Severus

Der Preis der Gemeinschaft

Die Gemeinschaft, die in Freiheit verspricht, gemeinsam vor Gott zu leben, ist eine, in der sowohl Wahrhaftigkeit als auch Ehrfurcht teuer bewahrt werden: Ich verspreche, mich nicht vor euch zu verstecken und auch euch manchmal zu helfen, dass ihr euch nicht vor mir oder vor euch selbst zu verstecken braucht. Ich verspreche, dass euer Hineinwachsen in das Gute, das Gott für euch bereitet hat, für mich eine ganz natürliche und selbstverständliche Priorität hat, so wie ich darauf vertraue, dass ihr dasselbe versprochen habt. Wir haben ein ganzes Leben dafür. Ohne dieses Versprechen gibt es da immer die Versuchung, dass die Agenda unseres Ego die Oberhand gewinnt; und zwar aus Angst, dass ich verlassen werde, wenn die Wahrheit über mich bekannt wird. Es ist eine Angst, für die ich weder Zeit noch Mittel habe, sie zu ändern, wie ich zu meinen glaube. Keiner wird weglaufen, und die Ressourcen der Gemeinschaft sind meinetwegen da. Es ist mir klar, dass ich damit den Leib des Herrn beschreibe, nicht nur eine benediktinische Gemeinschaft. Aber wie oft denken wir an das Taufversprechen als etwas, das uns gerade in diese Gemeinschaft gebracht hat? Wie oft denken wir an die Kirche als einen Ort, wo wir keine Angst zu haben brauchen? Daher sind solche örtlich gebundenen, ja sogar spezialisierten Werkstätten wichtig; sie haben ihren Platz zwischen zwei sowohl gefährlichen als auch illusorischen Modellen des menschlichen Lebens. Auf der einen Seite haben wir das, wofür manche die Kirche halten (übrigens gehören, historisch gesehen, nicht gerade wenige dieser Gruppe an, die Leitungsfunktion haben …): eine Institution, wo der Kontrolle große Priorität zukommt, wo Experten das tun, was andere nicht können, wo geordnetes, gemeinsames Leben auf einer leicht magischen Befehlsstruktur beruht. Auf der anderen Seite haben wir die moderne und

postmoderne Sicht menschlicher Sozialität: einen Andrang
vielfältiger Verpflichtungen und Hoffnungen, mit zur Will-
kür tendierenden Instanzen, die Konfliktschäden zu be-
grenzen und die Rechte eines jeden auf Selbstverwirklichung
zu sichern bemüht sind; bis zu dem Punkt, wo sie Übergrif-
fe auf das Terrain anderer machen, so dass der andere praktisch als Störfaktor angesehen werden muss. Die Gemeinschaft der Regel geht davon aus, dass der Sinn von Autorität
nicht darin besteht, zwischen ganz bestimmten Interessen-
gruppen zu vermitteln, sondern sich um die Bedürfnisse und
Stärken eines jeden so zu kümmern, dass sie diese in Frieden leiten kann (wie die Abtskapitel verdeutlichen). Und
die Regel geht auch davon aus, dass jedes Mitglied der Gemeinschaft die Beziehung zum Anderen als den Stoff seiner
eigenen Heiligung ansieht, so dass es unmöglich ist, den Anderen notwendigerweise als Bedrohung zu sehen. Indem die
Regel weder einfach hierarchisch ist (da sie eine Autorität
voraussetzt, deren Aufgabe es ist, Einheit zu stiften, die im
Einklang mit einem vorherrschenden Willen steht) noch
individualistisch, erinnert die Regel die Kirche daran, wie
alternativ ihr Stil gemeinsamen Lebens sein kann.

Rowan Williams

Das rechte Maß
und die Unterscheidungsgabe

In der Schule des Herrn

Wir sollen also eine Schule für den Dienst des Herrn ein-
richten. Bei dieser Gründung hoffen wir, nichts Hartes und
nichts Schweres festzulegen. Sollte es jedoch aus wohlüber-

legtem Grund etwas strenger zugehen, um Fehler zu bessern und die Liebe zu bewahren, dann lass dich nicht sofort von Angst verwirren und fliehe nicht vom Weg des Heils; er kann am Anfang nicht anders sein als eng. Wer aber im klösterlichen Leben und im Glauben fortschreitet, dem wird das Herz weit, und er läuft in unsagbarem Glück der Liebe den Weg der Gebote Gottes.

Regula Benedicti, Prolog 45–49

Das maßlose Herz

Denn nichts steht so im Gegensatz zu einem Christen wie Unmäßigkeit, sagt doch unser Herr: »Nehmt euch in Acht, dass nicht Unmäßigkeit euer Herz belaste.«

Regula Benedicti 39,9

Besonnen und maßvoll

In seinen Befehlen sei er, der Abt, vorausschauend und besonnen. Bei geistlichen wie bei weltlichen Aufträgen unterscheide er genau und halte Maß. Er denke an die maßvolle Unterscheidung des heiligen Jakob, der sprach: »Wenn ich meine Herden unterwegs überanstrenge, werden alle an einem Tage zugrunde gehen.« Diese und andere Zeugnisse maßvoller Unterscheidung, der Mutter aller Tugenden, beherzige er. So halte er in allem Maß, damit die Starken finden, wonach sie verlangen, und die Schwachen nicht davonlaufen.

Regula Benedicti 64,17–19

Nicht starr

Die discretio (= Gabe der Unterscheidung) Benedikts hält nichts von starren Prinzipien. Benedikt geht auf den Einzelnen ein, passt sich der Eigenart eines jeden an. Er stellt zwar auch Grundsätze auf, durchbricht sie aber immer wieder, um auf den konkreten Menschen und die jeweilige Situation Rücksicht zu nehmen. Er unterwirft alles dem klugen Urteil des Abtes und nicht einer ein für alle Mal fixierten Regel. Daraus spricht ein großes Vertrauen in die Urteilskraft des Menschen, eine Urteilskraft, die aus der Unterscheidung der Geister, aus dem Hören auf Gottes Geist klar zu erkennen und zu urteilen vermag. Es stehen hinter diesen Sätzen die Erfahrung der eigenen Gebrechlichkeit und zugleich die Erfahrung von Gottes Gnade, die uns in unserer Schwachheit trägt und uns befähigt, einander zu tragen.

Anselm Grün

Sich nicht verlieren

Wo soll ich anfangen? Am besten bei Deinen zahlreichen Beschäftigungen, denn ihretwegen habe ich am meisten Mitleid mit Dir. Ich fürchte, dass Du, eingekeilt in Deine zahlreichen Beschäftigungen, keinen Ausweg mehr siehst und deshalb Deine Stirn verhärtest; dass Du Dich nach und nach des Gespürs für einen durchaus richtigen und heilsamen Schmerz entledigst. Es ist viel klüger, Du entziehst Dich von Zeit zu Zeit Deinen Beschäftigungen, als dass sie Dich ziehen und Dich nach und nach an einen Punkt führen, an dem Du nicht landen willst. Du fragst, an welchen Punkt? An den Punkt, wo das Herz anfängt, hart zu werden. Frage nicht weiter, was damit gemeint sei: wenn Du jetzt nicht erschrickst, ist Dein Herz schon so weit. Das harte Herz ist allein; es ist sich selbst nicht zuwider, weil es sich selbst nicht spürt. Was fragst Du mich? Keiner mit hartem Herzen hat jemals das Heil erlangt, es sei denn, Gott habe sich seiner erbarmt und ihm, wie der Prophet sagt, sein Herz aus Stein weggenommen und ihm ein Herz aus Fleisch gegeben. Wenn Du Dein ganzes Leben und Erleben völlig ins Tätigsein verlegst und keinen Raum mehr für Besinnung vorsiehst, soll ich Dich da loben? Darin lobe ich Dich nicht. Ich glaube, niemand wird Dich loben, der das Wort Salomons kennt: »Wer seine Tätigkeit einschränkt, erlangt Weisheit.« *(Sir 28,25)* Und bestimmt ist es der Tätigkeit selbst nicht förderlich, wenn ihr nicht die Besinnung vorausgeht. Wenn Du ganz und gar für alle da sein willst, nach dem Beispiel dessen, der allen alles geworden ist *(1. Kor 9,22)*, lobe ich Deine Menschlichkeit – aber nur, wenn sie voll und echt ist. Wie kannst Du aber voll und echt sein, wenn Du Dich selber verloren hast? Auch Du bist ein Mensch. Damit Deine Menschlichkeit allumfassend und vollkommen sein kann, musst Du also nicht nur für alle anderen, sondern auch für Dich selbst ein aufmerksames Herz haben. Denn, was würde es Dir nützen, wenn Du – nach dem Wort des Herrn *(Mt 16,26)* – alle gewinnen, aber als Einzigen Dich selbst verlieren würdest? Wenn also alle Menschen ein Recht auf Dich haben, dann sei auch Du selbst ein Mensch, der ein Recht auf sich selbst hat. Warum solltest einzig Du selbst nicht von Dir alles haben? Wie lange bist Du noch ein Geist, der auszieht und nie wieder heimkehrt *(Ps 78,39)*? Wie lange noch schenkst Du allen anderen Deine Aufmerksamkeit, nur nicht Dir selbst? Ja, wer mit sich schlecht umgeht, wem kann der gut sein? Denk also daran: Gönne Dich Dir selbst. Ich sage nicht: Tu das immer, ich sage nicht: Tu das oft, aber ich sage: Tu es immer wieder einmal. Sei wie für alle anderen auch für Dich selbst da, oder jedenfalls sei es nach allen anderen.

Bernhard von Clairvaux (1090–1153) an Papst Eugen III.,
seinen früheren Schüler

Nicht gewaltsam anstrengen

In ihrer Unvollkommenheit soll die Seele sich freilich nicht gewaltsam anstrengen, um rein im Geist zu wirken, sondern sie mag sich maßvoll der empfindbaren Hingabe bedienen, wenn Gott sie ihr als Hilfe für geistlichen Fortschritt zukommen lässt. Doch sollte sie sich nicht von Vorliebe und gieriger Neigung fortreißen lassen – hier werden ja Freuden gewährt, welche der menschlichen Natur angenehmer sind als jede Befriedigung der Sinne, so dass sie andere Pflichten ihrer Berufung vergisst, die Gott erfüllt haben will.

Augustine Baker

In Ruhe kämpfen

Die von Gott geschenkte Anlage zum Abbild muss also in die bewusste Tat und Wirklichkeit übergeführt werden. »Werde, was du bist!«, sagt Pindar. Nur aus der Anlage entwickelt sich jedes Ding. Das wussten die Alten, das wusste Goethe, als er von dem Menschen sprach als »geprägter Form, die lebend sich entwickelt«. Doch muss die tätige Entwicklung zur Anlage hinzutreten. Nicht aber kann die Entwicklung frei und willkürlich sein. Die Bahn jeder Entwicklung ist im Keim vorhanden und hört auf, wenn die volle Form erreicht ist. So kann auch der Christ sich nur nach der göttlichen Anlage, die in ihm ruht, entwickeln und kann seine Vollendung nur finden in der Angleichung an Gott. Denn der Mensch ist als Geschöpf immer unvollkommen; erst wenn Gott als letzte Form sich dem Geschöpf mitteilt – auf Erden durch die Gnade, im Jenseits durch die Glorie –, kann es durch Teilhabe am Vollkommenen in sich selbst vollkommen werden. Das gibt uns auf Erden einen steten Antrieb, da wir immer das Ideal vor Augen haben, es aber nie voll erreichen. Andererseits gibt es unserem Streben und Wünschen, Mühen und Kämpfen eine große Ruhe, da ja schließlich Gottes Form, die von Ewigkeit vorgezeichnete, sich an uns erfüllt. Unsere Aufgabe ist es nur, an der Erfüllung der göttlichen Form in Hingabe mitzuarbeiten. Nicht brauchen wir um uns zu schlagen, uns beständig zu kontrollieren, stets neue Pläne zu ersinnen, immer neuen Plänen nachzujagen. Dann kämen wir nie zur Ruhe, sondern müssten verzweifeln.

Eine Frömmigkeit, die menschliche Maßstäbe anlegt und stets neue Forderungen stellt, macht den Frommen unruhig und skrupulös. Die alte Art, die wir etwa am heiligen Benedikt bewundern, vertraut auf die Gnade, die den Menschen formt und ihm die Kraft gibt; sie lässt wachsen in Ruhe und Gleichmut und kommt dadurch sicher zum Ziel.

Odo Casel

Schwächen sind Stärken

In einem jeden Menschen liegen ganz verschiedene Kräfte und Neigungen. Allgemein kann man sagen: Wo unsere Schwächen liegen, da liegen auch unsere Stärken; und umgekehrt: Wo unsere Stärken liegen, da liegen auch unsere Schwächen. An diesem Punkt geschehen auch die häufigsten Sünden. Jemand sagte: Wir sündigen stets im Bereich unserer stärksten Gaben (Linn, Beschädigtes Leben heilen, S. 171). Und diese beiden Dinge hängen unlösbar zusammen. Die Erkenntnis unserer Sünden und die Erkenntnis der uns geschenkten Gaben.

Über die Sünde nachzudenken ist sinnvoll, denn dabei entdecken wir unsere große Bedürftigkeit vor Gott, unsere Leere und Armut, und die Sehnsucht nach Gott wächst daran – so wie man sich bisweilen an finsteren Tagen nach dem warmen Licht der Sonne sehnt.

Aber wir wollen jetzt einmal miteinander auch über die andere Seite, die damit zusammenhängenden Gaben nachdenken …

Auch mit den Gaben, die Gott uns schenkt, geht das ähnlich. Wir sollten das ganz nüchtern und demütig sehen. Wer empfindsam ist, ist auch leicht empfindlich. Wer kraftvoll ans Werk geht, wird manchmal auch grob. Wer wachen Sinn für Gerechtigkeit in der Welt hat, ist bisweilen schnell zu kritisch und mürrisch. Wem die Gabe des Sprechens, des Wortes eigen ist, der kann Gemeinschaft aufbauen damit, aber unter Umständen auch rasch das Gespräch an sich reißen, so dass die Menschen mit den leisen Tönen nicht durchkommen. Wer den Überblick hat und gut organisieren kann, redet den anderen auch leicht in deren Sache hinein. Stärken und Schwächen sind wie die zwei Seiten einer Münze. Was sollen wir also damit anfangen?

Ich meine, wir sollten anfangen, unsere starken und schwachen Seiten zu bejahen und anzunehmen wie eine Mutter ihre gottgeschenkten Kinder (in unserem Fall sind es Zwillinge), die die Zuwendung und Zärtlichkeit der Mutter übrigens gerade, wenn etwas schlimm ist und weh tut, am meisten brauchen. Beginnen wir wieder einmal damit, uns selbst anzunehmen. Nennen wir ruhig, ganz ehrlich und in großer Selbsterkenntnis die Stärke – Stärke und die Schwäche. Wir werden uns daran freuen können und daran zu leiden haben. Und dann wollen wir all das nehmen, was wir – wie eine Mutter ihre Kinder – in die Arme geschlossen haben, und es Gott hinhalten und schenken, so stark und schwach wie es ist, damit er alles segnet, wie er die Kinder der Mütter im Evangelium gesegnet hat. – Gerade die schwierigsten Kinder brauchen am meisten den Segen, gerade an unseren vermeintlich schwächsten Stellen brauchen wir den Herrn, der uns heilt und segnet.

Johanna Domek

Anhang

Literatur

Glaube

Grün, Anselm: Glauben als Umdeuten. Münsterschwarzach 1986

Grün, Anselm: Dimensionen des Glaubens. Münsterschwarzach 1987

Hoffnung

Bloch, Ernst: Das Prinzip Hoffnung. Frankfurt/M. 1959

Marcel, Gabriel: Homo Viator. Philosophie der Hoffnung. Düsseldorf 1949

Moltmann, Jürgen: Theologie der Hoffnung. München 1964

Péguy, Charles: Das Mysterium der Hoffnung. Wien 1952

Pieper, Josef: Über die Hoffnung. München 1949

Liebe

Bovon, François: Das Evangelium nach Lukas. EKK III/2, Zürich 1996

Grün, Anselm: Im Haus der Liebe wohnen. Stuttgart 1999

Klauck, Hans-Josef: Der erste Johannesbrief. EKK XXIII/1, Zürich 1991

Autorinnen und Autoren

Die Zitate aus der Benediktregel wurden folgender Übersetzung entnommen: Die Regel des heiligen Benedikt. Herausgegeben im Auftrag der Salzburger Äbtekonferenz, © Beuroner Kunstverlag, D-88631 Beuron.

Aelred von Rievaulx (1110–1167), Zisterzienser, Abt von Rievaulx
S. 200 aus: Sermo 19, PL 195, 320CD; S. 222 aus: Speculum caritatis 111,39,109

Altenähr, Albert, Abt der Benediktinerabtei Kornelimünster
S. 118, 126/127, 129, 149, 153/154, 194 aus: Mit Benedikt in der Welt – Benediktinische Wegperspektiven, www.abtei-kornelimuenster.de

Anselm von Canterbury (1033–1109), Abt von Bec, Erzbischof von Canterbury, Philosoph, Theologe
S. 119/120, 137, 139, 164, 165, 213/214 aus: Gebete, Einsiedeln 1965; S. 143/144 aus: Proslogion, Kap. 19

Baker, Augustine (1575–1641), englischer Benediktinermönch
S. 230 aus: Sancta Sophia/Holy Wisdom, Wheathampstead 1972

Beda Venerabilis (ca. 672–735), Benediktiner in Wearmouth und Jarrow, Kirchenlehrer
S. 176/177 aus: Kommentar zum Lukasevangelium, Buch 1, Kap. 46–55

Papst Benedikt XVI./Ratzinger, Josef (geb. 1927), Theologe
S. 117 aus: Auszug aus einer Rede des damaligen Kardinals Josef Ratzinger zum Thema »Europa in der Krise der Kulturen« am 1. April 2005 in Subiaco

Benedikt von Aniane (um 750–821), Klostergründer, verfasste 817 eine modifizierte Benedictusregel (Capitulare monasticum), die sich an den Verhältnissen im damaligen Frankenreich orientierte.
S. 140 aus: Jean Leclerq, Wissenschaft und Gottverlangen. Zur Mönchstheologie des Mittelalters, Düsseldorf 1963, 54

Bernhard von Clairvaux (1090–1153), Zisterzienserabt in Clairvaux, Mystiker, Kirchenlehrer, 1174 heiliggesprochen
S. 154/155, 187/188, 213 aus: Die Botschaft der Freude, Einsiedeln 1977; S. 178 aus: De gradibus humilitatis IV, 15, PL 182, 95OB; S. 180 aus: Super Cantica Canticorum 85,14, PL 183, 1194D; S. 182 aus: De praecepto et dispensatione VI,12, PL 182, 868A
S. 228/229 aus: Bernhard von Clairvaux, Gotteserfahrung und Weg in die Welt, Olten 1982

Böckmann, Aquinata (geb. 1937), Benediktinerin im Kloster Tutzing
S. 124–126 aus: Dies., Geistliche Hilfen aus der Regel Benedikts für
die Exerzitienbegleitung, in: Monastische Informationen, Nr. 60
(1989), 19; S. 150, 190/191, 201/202, 203/204 aus: Perspektiven der
Regula Benedicti, © Vier-Türme-Verlag Münsterschwarzach 1986,
S. 23 f., 25 f., 56 f., 213 f.

Braulik, Georg (geb. 1941), Dozent für Altes Testament an der Uni-
versität Wien, Benediktiner im Schottenstift in Wien
S. 195 aus: Georg Braulik, Leben in der Brudergemeinde des Klos-
ters, in: Georg Braulik (Hrsg.), Herausforderung der Mönche.
Benediktinische Spiritualität heute, © Herder Verlag Wien 1979,
S. 65–107, hier: S. 79

Bunge, Gabriel, Einsiedler im Tessin
S. 161/162 aus: Vom Sinn des eremitischen Lebens, in: Monastische
Informationen Nr. 59 (1989), 22 f.

Butler, Basil Christopher (1902–1986), Abt von Downside, theologischer und spiritueller Autor
S. 130 aus: Ders., Der Alltag des Gebets, Patmos Verlag, Düsseldorf
1963, 58

Butler, Cuthbert (1858–1934), Abt von Downside
S. 133 aus: Ders., Wege des christlichen Lebens, Benziger Verlag
Einsiedeln 1944, 308 f.

Casel, Odo (1886–1948), Benediktinermönch in Maria Laach
S. 131/132, 179 aus: Ders., Vom Spiegel als Symbol, Maria Laach
1961, 47 f., 60; S. 230/231 aus: Vom wahren Menschenbild, 35 f.

Domek, Johanna (geb. 1954), Priorin des Benediktinerinnenklosters
in Köln
S. 230/231 aus: Monastische Informationen, Nr. 49 (1986), 8 f.

Dumm, Demetrius (geb. 1923), am. Benediktiner, Hochschullehrer
S. 147/148 aus: Monastische Informationen Nr. 50 (1987), S. 16

Gordan, Paulus (1912–1999) Benediktiner in Beuron
S. 119 aus: Ders., Benedikt und Europa, in: EuA 51 (1975), 408

Gregor der Große (um 540–604), Papst, Kirchenlehrer, Kirchenvater
S. 112–116 aus: Gregor der Große, Vier Bücher der Dialoge über
die Wunder der italienischen Väter, Tom. II; S. 136 aus: In Ev 30,1;
S. 199 aus: Epistolarum liber IV, 31, PL 77, 706AB

Grün, Anselm (geb. 1945), Mönch der Benediktinerabtei Münsterschwarzach, Cellerar, theologischer Schriftsteller
S. 120/121, 132, 134, 148/149, 150–153, 169–170, 172, 196, 197, 228
aus: Benedikt von Nursia. Seine Botschaft heute, © Vier-Türme-
Verlag Münsterschwarzach 2004; 8, 37, 20, 21, 23 f., 34, 28, 30, 46;

S. 135, 160/161, 163, 164, 165, 167, 169, 185/186 aus: Anselm Grün, Bete und arbeite – Kurzformel benediktinischen Lebens, in: Georg Braulik (Hrsg.), Herausforderung der Mönche. Benediktinische Spiritualität heute, © Herder Verlag Wien 1979, 155–173, hier: 166 f., 168, 170, 171, 173

Grün, Sturmius (1904–1966), Klerikerpräfekt und Bibliothekar in der Abtei Münsterschwarzach, theologischer Schriftsteller
S. 145–147 aus: Glaube als Last und Erlösung, Münsterschwarzach 1951, 367–376

Guerric von Igny (1070/81–1157), Zisterzienser, Abt von Igny
S. 166/167 aus: In assumptione Beatae Mariae sermo III, PL 185, 196 CD; S. 200 aus: Sermo ad excitandam devotionem in psalmodia 2, PL 185, 211AB

Haeften, Benedikt (1588–1648), Benediktiner in Afflighem
S. 167/168 aus: Disquisitiones Monasticae 9,2,3

Herwegen, Ildefons (1874–1946), Abt von Maria Laach
S. 120 aus: Der heilige Benedikt, Düsseldorf 1917, 153; S. 126 aus: Sinn und Geist der Benediktinerregel, Einsiedeln 1944

Heufelder, Emmanuel (1898–1982), Benediktinerabt in Niederaltaich
S. 122/123 aus: Ders., Das Ordensleben im Dienste der heutige Kirche, in: Gloria Dei, 10–27, hier: 13 f.

Hickey, Maire, Äbtissin der Benediktinerinnenabtei St. Scholastika, Burg Dinklage
S.127/128 aus: Exercitia. Einleitungsvortrag beim 11. Dinklager Gespräch 11.–14.01.1988, in: Monastische Informationen Nr. 57 (1988), 20 f.

Hildegard von Bingen (1098–1179), Äbtissin in Eibingen, Mystikerin, Schriftstellerin
S. 117 aus: PL 197, 1055 AB; S. 141–143 aus: Scivias, Visio 2 und 3; S. 219 aus: Liber vitae Meritorum

Hume, Basil (1923–1999), Abt von Ampleforth, Kardinal
S. 177 aus: Gott suchen, Einsiedeln 1986

Johannes von Fécamps (gest. 1078), Benediktinerabt in Fécamps, Mystiker und theologischer Schriftsteller
S. 140, 200/201 aus: McGinn, Die Mystik im Abendland, Bd. 2.: Die Entfaltung, Freiburg 1996, 215, 224

Johannes von Kastl (lebte im 15. Jahrhundert), Benediktiner in Kastl, Mystiker
S. 138/139 aus: Vom ungeschaffenen Licht, Einsiedeln 1981, 59, 61 f.; S. 144/145, 156, 158, 162/163, 184, 185, 186 aus: Wie man Gott anhangen soll, Paderborn 1923, 25, 31, 67 f., 44, 46

Krause, Tilman (geb. 1959), Journalist, leitender Literaturredakteur der Tageszeitung »Die Welt«
S. 217/218 aus: Tilman Krause, Alleinsein im Geheimnis, in: Die Welt (29.08.02)

Lechner, Odilo (geb. 1931), ehemaliger Abt in St. Bonifaz, München, theologischer Schriftsteller
S. 121 aus: Odilo Lechner, Benedikt – Ursprung und Gegenwart eines Segens, in: Georg Braulik (Hrsg.), Herausforderung der Mönche, Benediktinische Spiritualität heute, © Herder Verlag Wien 1979, S. 27–40, hier: S. 39 f.; S. 123/124 aus: ebd.

Mechthild von Magdeburg (um 1208–1282), Begine, Mystikerin
S. 133 aus: Das fließende Licht der Gottheit, Einsiedeln 1955

Pausch, Johannes, Benediktiner, Gründer und Prior des Klosters »Gut Aich« in St. Gilgen am Wolfgangsee
S. 178, 206, 207–209, 209/210, 210, 211/212 aus: Rundbrief aus dem Jahr 2000

Petrus Damiani (1007–1072), Einsiedlermönch, später Kardinal
S. 138 aus: McGinn, Die Mystik im Abendland, Bd. 2: Entfaltung, Freiburg 1996, 220

Petrus Venerabilis (um 1094–1156), Abt von Cluny, theologischer Schriftsteller
S. 131 aus: Epistola 22

Puzicha, Michaela, Benediktinerin in der Abtei Varensell (Westfalen)
S. 189, 205, 215 aus: Monastische Informationen Nr. 120 (01.12.04)

Rath, Christiane, Benediktinerin der Abtei St. Hildegard, Rüdesheim/Rhein
S. 219/220 aus: www.abtei-st-hildegard.de

Rhabanus Maurus (780–856), Benediktinerabt, Schriftsteller, Bischof
S. 156/157 aus: Abhandlung über die vollkommene Gottesliebe, 3,4–5

Rupert von Deutz (1075/80–1129/30), Benediktinermönch, Abt in Deutz, theologischer Schriftsteller
S. 134/135 aus: Lesungen über Johannes 1, Trier 1977; S. 188 aus: Kommentar zum Johannesevangelium Lib 9, Cap. 9, Nr. 2 f.; S. 199 aus: De operibus Spiritus Sancti I,6, PL 167, 1575D/1576A

Ruppert, Fidelis (geb. 1938), Abt der Benediktinerabtei Münsterschwarzach
S. 189/190, 191/192, 192/193, 194, 196/197, 206/207, 211, 214, 216 aus: Anselm Grün / Fidelis Ruppert, Christus im Bruder, © Vier-Türme-Verlag Münsterschwarzach 2004, S. 28, 37, 39, 42, 43, 32 f., 34 f., 59

Scheler, Max (1874–1928), Philosoph
S. 168 aus: Christentum und Gesellschaft, 2. Halbbd., Leipzig 1924, 97

Schütz, Christian (geb. 1938), Hochschuldozent, Abt der Abtei Schweiklberg
S. 170–172 aus: Monastische Informationen Nr. 51 (1987), 22–28

Severus, Emmanuel von (1908–1997), Benediktiner in Maria Laach, theologischer Schriftsteller
S. 224 aus: Monastische Informationen Nr. 41 (1984), 14

Smaragd von St. Mihiel (gest. um 825), Abt in St. Mihiel, theologischer Schriftsteller
S. 131, 178, 202 aus: McGinn, Die Mystik im Abendland, Bd. 2: Entfaltung, Freiburg 1996

Steidle, Basilius (1903–1982), Benediktiner in Beuron
S. 222/223 aus: Die Regel St. Benedikts, Beuron 1952, 15 f.

Stolz, Anselm (1900–1942), Benediktiner, Professor für mystische Theologie am Pontificio Ateneo Sant'Anselmo, Rom
S. 158–160 aus: Theologie der Mystik, Regensburg 1936, 47–60

Stritzl, Lydia, Benediktinerin der Abtei St. Hildegard, Rüdesheim/Rhein
S. 218/219 aus: Hildegard von Bingen und die Stille, in: www.katholisch.internetseelsorge.de

Williams, Rowan (geb. 1950), Erzbischof von Canterbury
S. 182/183, 223, 225/226 aus: Vortrag über benediktinische Spiritualität, gehalten am 29. April 2003 in New York (Trinity Wall Street), in: Monastische Informationen Nr. 119 (01.09.04), übersetzt v. Sr. Monica Lawry, Marienrode

Wolter, Maurus (1825–1890), Gründer der Erzabtei St. Martin in Beuron
S. 182 aus: Elementa, Beuron 1955, 111